Happy Families
How to Protect and Support
Your Child's Mental Health

我们的孩子还好吗

Beth Mosley

[英] 贝丝·莫斯利 著　大南南 译

湖南教育出版社

·长沙·

献给我的三个孩子，

感谢他们教会了我爱与勇气。

前　言

Introduction

为人父母的责任非常重大，即使生活一帆风顺也是如此。尤其如果你或孩子的生活不尽如人意时，你会觉得这是不可能完成的任务。为人父母给我们带来的情绪起伏与其他事情不同。从生物学的角度来说，身为父母，我们最关心自己的孩子，想让他们健康地长大成人。因此，在这个过程中，我们苦乐交织——虽然将孩子抚养长大非常艰辛，但其中收获的快乐又让我们得以坚持下去。我们用爱养育他们，尽管有时候也会犯点小错（毕竟不可能凡事尽善尽美）。我们常常希望他们能拥有我们在成长过程中缺失的东西。简单来说，我们不仅希望看到他们长大成人（活着），我们更希望他们成为最好的自己（实现价值）。

我们与孩子身体和情感上的纽带既简单又复杂。为了让孩子最终能成长为独立的个体，我们的角色也不得不随着他们的成长阶段而改变。婴儿对我们完全依赖，需要我们提供一切。幼儿在大多数事情上依赖我们，但也需要在我们的鼓励下进行一些安全的探险，以了解世界和其他可信赖的人。孩子需要一个安全的平台去上学、融入集体、读书识字、结交朋友、表达想法并遵守规则。在他们成长为青少年之后，不再需要通过我们与外界建立联系，反而开始依赖朋友来了解世界。他们开始理解人类的复杂性，其中往往伴随着黑暗的层面，而我们要做的是帮他们储备知识和技能，让他们有决策能力，并且能照顾自己和他人。

在这一时期，孩子的身体和情感都在成长，同时经历着巨大的生理变化。有时，我们可能会难过地发现他们离我们越来越远，仿佛变成了陌生人。发生变化的不仅是他们的身体，还有他们的世界。和我们一样，孩子们也会逐渐尝到失去和失望的滋味。他们将不得不经历意料之外的变化（例如，失去重要的人），以及意料之内的变化（例如，升入中学）。他们将面临我们或许没有经历过的压力，如社交媒体和信息爆炸给他们带来的压力，但也可能不太会经历一些我们童年时经历过的事情，如体罚、延迟满足、信息闭塞等。所有这些都有好有坏，我们可能难以分辨其中哪些有益处，哪些是负担。

我们可以确信的一点是，当我们成为父母时，我们绝对不是一张白纸。在孩子出生之前，我们就已经经历了很多故事，并且在养育他们的过程中，经历了一段新的人生旅程。我们往往和孩子的另一位家长或新伴侣一同抚养孩子，而另一个人也有自己的故事、价值观、生活方式和养育孩子的方法。所以，作为父母，养育孩子的压力的确很大。

随着我们与孩子一起成长和适应，我们可能需要一些来自伴侣、朋友、家人、社区、网络或是专业人士的帮助。我们可能会担心孩子能否应对生活中的一些问题，以及这些问题对他们的影响。我们可能已经注意到孩子的行为发生了变化，但不确定这是否正常。我们想做正确的事，但不知道从何下手。我们可能发现，一个孩子出现的问题对另一个孩子产生了影响。或者，我们与伴侣的关系紧张或感情破裂，我们也许要在没有伴侣的情况下独自抚养孩子。又或者，我们自己出现的心理健康问题可能会影响我们回应或关心孩子的方式。你在阅读这本书时，很可能会想知道如何让你的孩子免受这些问题的影响，同时让他们具备好好生活的能力。

根据我的经验，我在工作中和个人生活中遇到的所有家庭都面临着这些困扰。通常，父母很难了解其他家庭的真实情况，因为我们倾向于向他人展示自己生活中最美好的一面，而不是生活的真实面。社会通过社交媒体进行交流的方式往往会强化这种倾向，这无疑给每个家庭成员带来了额外的压力，要求他们表现出色。

儿童心理健康是一个热门话题，近年来有很多关于青少年心理健康每况愈下的新闻报道。你可能也听说或亲身经历过，为孩子的心理健康寻求帮助有多么困难。这让家长们感到焦虑和沮丧，因为他们只想保护自己的孩子免受心理健康问题的困扰。

多年来，作为一名从事心理健康服务工作的临床心理学家，我遇到了数百名父母，他们对自己的孩子感到困惑和担忧，不确定自己的状态是"正常"还是"需要帮助"。他们常常担心是自己的所作所为导致孩子出现问题。我与这些家庭分享的信息往往会改变他们的生活。他们不仅得到了所需要的理解和安慰，也获得了实用的、有据可循的方法来帮助他们的孩子渡过难关。通过我的协助，父母们发现，孩子的心理健康问题并不像他们最初担心的那样令人生畏，他们意识到自己可以采取明确的行动来帮助孩子，这让他们宽心不少。他们经常说："如果早点知道这些，我们今天可能就不会在这里了。"

幸运的是，父母和孩子都意识到，这些方法并不仅仅适用于出现问题的时期，也可以变成生活技能，帮助他们成为最好的（尽管不是完美的）自己，让他们通过真实的感受和强大的思想，更深入地了解人类的本质，从而度过充满挑战的人生旅程。

这本书面向的读者是所有的父母，而不仅仅是我在治疗室里遇到的父母。我把我的建议写进这本书里，作为简单的指南，供所有父母使用，这样他们的问题就可以得到解答，而且能让他们主动关注孩子的心理健康，帮助孩子走出困境或防患于未然。无论你处于人生旅程的哪个阶段，我都希望这本书能给你力量，就像我能给我遇到的人力量一样。

尽管经过数十年的训练，我仍然不是一个完美的家长。我有三个孩子，作为一个单亲母亲，我不得不学会一边处理生活中意外的创伤，一边抚养他们。我的孩子们都遇到过不同的问题，因此我切身体会了将知识（我们知道我们应该做的事）转化为实践（我们实际做的事）有多么困难。就像你们中的许多人一样，我通过艰难的方式学会了如何渡过逆境，但我一直疲于生计，直到有一天，我的女儿问我："妈妈，你为什么总在焦虑？"在那一刻，我开始思考，生存对我和孩子们来说是否足够。我希望能够不再急于实现一个遥远的目标，即安全的生活、充足的经济保障，以及最终放松和享受生活的机会。作为一个母亲，我一直在说："等这件事解决了……"或者："只要渡过这个难关就好了。"然后，这件事刚刚解决，又会出现其他意想不到的新问题，我又开始说"等……就好了"。回顾孩子们的照片，我意识到我太专注于生存，以至于错过了当下，没有关注孩子们成长的每个时期，也没有成为我本想成为的那种母亲。

很多时候，我也在为人父母的平凡琐事中挣扎，有时整天都拼命地想把孩子们哄上床睡觉，这样我就可以"休息"了。孩子们睡着时，我似乎总是比他们醒着的时候更爱他们。当我真的要休息的时候，总会有一股熟悉的悔恨感涌上心头，我开始想是不是我太忙了，都没有时间向他们表达我的爱。

由于工作能给我带来更直接的回报，我经常从孩子身上分心，把自己投入工作之中。因此，我很容易陷入内疚之中。社会和家庭对父母这个角色有多重期望。我既要在经济上供养孩子，又要在思想上获得对我有益的启迪，还要在为人父母这个领域之外获得归属感和认同感。但不知为何，我对此感到内疚，也许是因为，说实话，有时比起照顾孩子，我更想去工作。工作往往更直接，劳动成果也更可观，我在工作中能做到游刃有余，但在家里却做不到！尽管我热爱我的工作，但在不顺心的日子里，当我感到没有实现价值时，我可能会莫名地迁怒于我的孩子们（他们可能也在怨恨我对工作的专注），因为我觉得他们忽视我为让大家过上更好的生活而所付出的努力。无论你是否有工作，无论你是否喜欢自己的工作，大家都在抚养孩子的同时承担着生活的压力，这不可避免地给我们的内心带来了复杂的感受，增加压力。

在应对育儿带给我的所有困境和情绪时，我突然意识到，如果我不把每天教给别人的理论付诸实践，我最终会身心俱疲，成为一个没有爱心、不好的妈妈，也无法在我的孩子、朋友和家人面前展现更好的自己。我开始明白，发生的事情，或者我对时间的需求，不是我的孩子们出现心理问题的原因，我对这些事情的处理方式才是。

讽刺的是，追求完美和不能出错的压力让我这个缺席的母亲雪上加霜。我确实陪在孩子们身边了，但总是沉浸在自己的思绪和担忧中。这可能听起来很熟悉，也可能根本不适用于你，无论如何，我想传达的是，我不仅仅是从专业人士的视角，更是从一个深知生活艰辛的同样身为父母的人的角度，撰写了这本书。

作者注

Author Note

在本书中，我运用自己二十年的培训和经验，汇集了一系列的理念和技巧，帮助父母理解和使用。本书将提到多种循证疗法的理论和技术，包括认知行为疗法（CBT）、接纳与承诺疗法（ACT）、辩证行为疗法（DBT）、行为激活疗法（BAT）和人际关系疗法（IPT）。

这些疗法主要由训练有素的专业人士提供，其可行性和有效性曾在完整的项目中得到过证实。在我的工作中，我发现不同的疗法技巧会对不同的家庭产生效果。我分享的这些疗法都是经过与我合作过的家庭验证有效的。这不是让你成为孩子的治疗师，而是为你提供一系列方法，帮助你与孩子沟通，让你能够在他们需要时帮助他们。每个父母和孩子都是独一无二的，所以找到适合你们的方法尤为重要。

如果你担心你的孩子，请向专业医疗人士或孩子所在学校寻求建议和指导。如果这本书加深了你的一些困扰，也请向他人寻求帮助。生活是复杂的，我们都会经历伤害和痛苦。我们可能生活在一个持续伤害我们的环境中，摆脱这些困扰需要时间和支持。找出问题是走向治愈的关键第一步，寻求帮助或支持也是至关重要的一环，这需要勇气。我希望这本书能让你了解大家真正需要的是什么，让你有能力照顾好自己，从而让你自己、你的孩子、你的家庭受益。

这本书中提供了一些供你反思的问题，以及建议进行的活动，你可以自己完成，也可以与孩子共同完成。为了达到最佳阅读效果，你可能需要准备笔、记事本、手机、平板电脑或其他设备作为辅助工具。尽量在舒适的环境下阅读这本书。请注意，孩子和生活是充满情感的话题，可能会引起你强烈的情绪反应，请在适当的时间、适当的地点，以适合你的节奏阅读这本书。本书的编写方式让你可以轻松阅读与你自身或你的家庭密切相关的章节。如果这本书引起了你的情绪波动，请向值得信赖的人寻求支持。书末尾的指导适用于所有人。

我所指的"父母"，可以是任何以父母/照顾者的角色看护青少年的人。

CONTENTS

第一部分

儿童心理健康：为什么重要？

第一章　哪里出现了问题　　002

第二章　必做事项　　016

第三章　电子产品——玩多久算太久　　042

第二部分

难受的感觉：好的、坏的和难以启齿的

第四章　感觉与行为之间的联系　　074

第五章　先连接情感，再纠正行为　　095

第六章　找出什么是重要的　　113

第三部分

焦虑：如何让焦虑不再控制孩子的生活

第七章　恐惧和身体　　136

第八章　如何应对忧虑　　161

第九章　勇气之举　　185

CONTENTS

第四部分

情绪低落：如何走出低落

第十章	情绪低落陷阱	206
第十一章	做有意义的事	228
第十二章	自我伤害	246

第五部分

帮助：给予和获得的秘诀

第十三章	建立牢固的关系——沟通技巧	264
第十四章	青春期——风险和机遇并存的时期	286

后　记	313
练习表和活动	315
推荐阅读	328
参考文献	329
致　谢	337

第一部分

儿童心理健康：

为什么重要？

第一章
哪里出现了问题

奥利维亚的父母坐在我面前，他们的脸上写满了担忧和困惑。我能从他们的表情中看出，他们已经筋疲力尽、走投无路，他们很绝望，迫切希望有一位专业人士能帮他们走出困境。奥利维亚一家的家庭生活发生了翻天覆地的变化：家，曾经的港湾，现在却成了矛盾一触即发的地方。一家人每天寝食难安，奥利维亚的妈妈也不得不辞去了工作。几个月前还在鼓励他们的亲朋好友，如今却消失得无影无踪。曾经的看电影、前往海滩度假这种一家人一起享受的家庭活动，已经遥远得像上辈子的回忆。奥利维亚弟弟的日子也很难过，因为他时刻惦记着姐姐的事。他刚上中学，但他不想让本就辛苦的父母再为他操心，于是他很努力地调整自己，但他的父母还是注意到他独处的时间越来越长，不愿与朋友见面。父母开始担心他了。"我们曾经是个幸福的家庭，"爸爸说，"要是我们早点知道怎么帮奥利维亚就好了……"

我能感受到这一家人的爱和绝望。即便家人们爱奥利维亚，他们还是难以理解她，无法保护她免受痛苦。最令人沮丧的是，他们有心无力，不知道如何帮助她。

这个家庭从曾经的"幸福"之家变成了痛苦和困惑之家，是什么导致了这样的转变呢？从拿起这本书开始，你大概就已经猜到，这个家庭一直在与奥利维亚的心理健康问题作斗争。

就像我们之前提到的，近年来，人们日益关注青少年的心理健康问题，而这个问题也的确值得关注。儿童的心理健康问题（如焦虑和抑郁）似乎正以指数式速度增长。2021年，6至16岁的青少年儿童中，有六分之一的青少年儿童可能存在心理健康问题，而2017年这一比例为九分之一[1]。增长率高达60%，令人担忧。此外，2022年，英国儿童和青少年心理健康服务机构的转诊人数比2020年增加了77%[2]。

如果这些数据体现在身体健康领域（比如，如果在两年内，儿童癌症服务机构的转诊人数增加了77%），我们会立即提出两个问题：（1）我们的孩子出了什么事；（2）我们该怎么办？

这本书并不能解决所有问题，但它能提供方法，帮助你在日常生活中预防和应对孩子的心理健康问题。这是一本关于希望的书，也是一本指引你通往幸福家庭的指南。我不能保证这将是一段轻松的路程，但我可以保证，你对孩子的爱以及对未来的憧憬将给你一路向前的力量。

如何回到正轨

奥利维亚曾经感到孤立无援。她的家庭坠入黑暗，但家人的理解和支持最终又把她重新带回了家人的身边。她母亲对我说："真正的奥利维亚终于回到了我们身边，她现在对未来充满希望。未来还会有挑战，但她觉得自己以后有能力去认知并谈论自己的感受。您对我们家庭的影响是无法估量的。"

奥利维亚如今已成为她梦想中的企业家。我永远记得她和我告别时说的话："我会用您在生活中教给我的一切来克服困难。我和从前的自己完全不一样了。我感觉自己变成了一个更好的人。"

对于奥利维亚来说,她能够认为自己过去的痛苦使她现在变成了更好的人,这说明人类精神和思想具有非凡的力量,能够战胜逆境并将其运用在积极方面。我希望帮助你走近你的孩子,就像我帮助这个家庭走近奥利维亚一样。他们已经学会使用我的方法去照顾自己并应对挑战,我也希望你能了解这些方法,从而解决问题。奥利维亚的家人发现:微小的改变可以产生巨大的影响。这正是本书的主旨。

最重要的是,我想让你相信,在掌握一定的知识并且条件适当的情况下,你有能力帮助你的孩子,正视他们的困难,创造一种幸福而有意义的生活。

⏳ 反思时刻

请闭上眼睛,想一想你的孩子。在脑海中勾勒出他(们)的样子。你对他(们)目前的心理健康状况有哪些担忧?你对未来可能会有哪些担忧?这些担忧给你的身体带来了什么感觉?请把这些担忧写下来。

现在再次闭上眼睛,依然在脑海中想象你的孩子。你对他(们)有哪些期望?他(们)的优点对达成你的期望有何助力?这些期望给你的身体带来了什么感觉?请把这些写下来。

作为父母,你认为自己有什么优点可以帮助你的孩子?请写下来。

读完这本书之后,你可以再做一次这个练习,看看你的思维是否有所转变。

什么是心理健康？

心理健康通常被定义为一个人情感、心理和社交健康的状态：我们的思维、感受和机能状态，以及我们应对生活中压力的能力。心理健康不仅仅是没有疾病。

根据这个定义，如果我问你："你孩子的心理健康状况如何？"你可能会皱眉，有些不确定地回答："这要看情况。"

在与许多担心子女的父母见面后，我认为作为父母，首先考虑你关心的事情会更容易一些。以下是我见到这些父母时向他们提出的一些问题。

♞ 活动时间

请看下面的问题。在回答这些问题时，请考虑你认为孩子在哪些方面是强项，哪些方面需要帮助。

★ 我的孩子是否从他们的生活中获得快乐和意义？
★ 他们能否识别、表达和调节与其发育年龄相符的情绪？
★ 他们能否识别他人的情绪（共情）？
★ 他们是否对学习认知技能（思考、学习和记忆）和社交技能（与他人口头／书面交流）表现出兴趣？
★ 他们能否忍受挫折并遵守规则？
★ 他们能否承担社会角色（例如学校学生会或社团成员）？
★ 他们能否应对变化和处理不确定性？

读了这些问题，你可能会惊讶地发现，与心理健康有关的问题似乎也和儿童成长的年龄段密切相关。因此，如果我问你这些关于孩子的问题，我需要知道他们的年龄和其他因素（比如发育障碍），这样我才可以判断你的回答是否与我对该年龄段儿童的大致期望一致。

让我们以我 17 岁的儿子为例，将他目前的行为与他年幼时的行为进行比较，来探讨这个问题。在他 2 岁时，如果没有得到饼干，他可能会扑倒在地上大哭；但 17 岁时，我认为他应该以完全不同的方式表达这种沮丧和失望的情绪。在他 6 岁时，我需要安排特定的时间让他和朋友一起玩（偶尔也需要我参与其中帮他分享玩具）；现在，他独立地与朋友见面。在他幼年时期（2 岁到 6 岁），意想不到的变化会给他带来巨大的情绪波动和一定程度的抵触情绪；而作为一个 17 岁的孩子，面对意料之外的变化，他只会嘟哝一声，然后去解决问题，表示他接受这个变化。在他 2 岁时，他从生活中获得快乐和意义的方式是坐在我腿上，边吃喜欢的零食边看《小猪佩奇》；而 17 岁的他需要通过和队友一起赢得球赛来获取快乐和生活的意义。

你或许已经发现，你的孩子在某一领域的优势可能会弥补另一领域的不足（例如，你孩子的社交技能可能会弥补他们在认知方面的某些弱点）。

当我们了解到孩子的心理健康与他们的成长阶段有着本质上的联系时，就会明白我们作为父母的重要性。我们还可以看到其他因素带来的冲击，比如孩子的性格、经历（有好有坏）以及周围的支持和影响。请看下面的活动，进一步了解这一点。

> **🔔 活动时间**
>
> **养育孩子需要整个"村子"的力量**
>
> 你的孩子生活在一个有许多人支持和影响他们的世界里。请写下你认为在孩子成长过程中非常重要的关键人物,他们可能是家庭成员、你的朋友或孩子的朋友、值得信赖的成年人,包括老师、教练、医生、社会工作者、治疗师或生活圈内的成员。这些关系中有些可能是积极的,有些则不然。我们将在第 14 章中重新讨论这一点,并考虑如何建立牢固、可信的关系。

心理健康并非……

心理健康并非一成不变,也不是与生俱来的。它会随着我们生活中发生的事情以及影响我们的感受和机能的技能、能力而波动。有些人发现,把它画成一条连续的线会更好理解——健康的心理状态位于一端,不健康的心理状态位于另一端。

心理健康并不是指摆脱所有的情感痛苦。健康的心理状态仍然伴随着挣扎和痛苦的时期。正如我们将在本书中探讨的,我们的孩子会经历逆境和失去,这些压力因素会影响他们的思想、情感和行为。有快乐,也有情感上的痛苦和失落。情绪是人类用来适应这个不完美世界的工具,我们的孩子需要身边重要的成年人来帮助他们理解这些情绪,并运用情绪来调节他们的身心。

当我们的孩子在艰难的事情和痛苦情绪中挣扎时,我们总是会问:"这正常吗?我需要担心吗?"以及:"我该怎么帮他呢?"这本书将揭晓这些问题的答案,并为你提供帮助孩子的方法。

心理疾病

心理疾病是一个术语,用来解释一系列影响人的情绪、思维和行为的精神障碍。通常情况下,心理疾病与高度痛苦以及在社交、学校(工作)和家庭活动中的功能障碍有关。这些干扰会在一段时间内持续影响情绪和机能,以至于儿童在生活各个领域的适应能力受到损害。

本书后面将详细介绍与焦虑、情绪低落和自残有关的迹象。与此同时,以下一些线索可能表明,儿童正在努力应对他们面临的一些挑战,可能需要更多帮助:

- ★ 行为变化(情绪高涨或情感匮乏)
- ★ 失眠
- ★ 不做平时喜欢的事情
- ★ 与他人断绝联系
- ★ 不照顾自己

如果出现以下情况,则孩子更有可能出现问题:(1)这些变化已经持续了很长时间(例如,几周/几个月,而不是几天);(2)多种情况同时发生；(3) 它已经影响到了孩子的学校生活、家庭生活，或是影响了他与家人朋友们的关系。在本书中，我们将探讨如何理解孩子生活中发生的事情，找到他们发生这些变化的原因，以及你如何提供帮助。

童年和青春期为何很重要

童年和青春期是身体和大脑发育最显著的阶段。大脑的生长发育早在出生前就开始了，并伴随着整个成长时期，一直持续到24岁左右。它既不是一张白纸，也不是一件完成的作品。基因和经历共同促进大脑生长发育，而大脑是孩子行动、调节情绪、学习和解决问题能力的基础。他们如何思考和感受生活，以及如何应对生活中的挑战，都受到大脑发育的影响。

身体和大脑的发育在童年和青春期最为显著，难怪他们在这两个阶段对影响心理健康的经历最为敏感。

统计数据证实，成年人中75%的心理健康问题在24岁之前开始出现，50%的心理健康问题在15岁之前就开始出现。如果说心理健康是"情感、思维、沟通、学习、适应力、希望和自尊心的基石"[3]，那么童年和青春期就是建造基石的重要时期。

哪些因素会影响心理健康

为了让孩子身心健康地成长发育，有些需求是必不可少的。

生存需求

他们需要有安全的住所、营养丰富的食物、新鲜的空气和干净的饮用水。他们需要能够保持卫生、保暖或凉爽（取决于天气），并有合适的衣服可穿。他们还需要免受（身体、情感、性方面的）虐待、远离冲突。

依恋需求

孩子们不仅依赖成年人满足他们的生理需求并保证他们的安全，还需要成年人给他们提供情感上的温暖和关怀，也就是爱。父母和孩子之间的依恋情感联系对于情感、心理和认知发展至关重要。根据医生加博尔·马特（Gabor Maté）的说法，在这种依恋情感中，孩子需要从父母那里感受到他们"被爱、被欢迎和被需要"[4]。理想情况下，孩子通过与父母培养这种关系来了解世界、创建积极的自我意识，并建立对他人的信任，以满足他们的情感和生理需求。这种关系还应该提供一个安全领域，让孩子从中学习如何保持安全、玩耍和遵守适当的规则。本质上，在这种关系中，孩子学会了爱与被爱。

社交和认知需求

孩子需要在他们的生活圈子中感到安全，并拓展知识。在这些圈子中，他们有机会建立关系、培养情感和社交技能，并与他人建立有意义的联系。

孩子在依恋需求和社交需求中都需要有一种能动性，让他们觉得自己可以积极地影响周围的世界。所有这些因素都在不同程度上促进了儿童健康成长，保护了他们的心理健康。

危害心理健康的因素

威胁身体、情感和心理需求的情况或事件（要么是从一开始就没有这些需求，要么是中途有可能失去这些需求）会给孩子的大脑和身体造成压力（详见第 141~143 页）。这很有可能危害儿童的健康成长和心理健康。

对于经历过贫困生活、严苛的父母教育、歧视、霸凌和任何形式虐待的儿童，父母有精神疾病、遭受家暴、与酗酒者或吸毒者生活在一起的儿童，因父母离婚、死亡、遗弃而失去父母的儿童，以及经历过冲突（如战争和灾难）的儿童来说，由于受到额外的压力因素，他们更容易出现心理健康问题。对于这些儿童中的大多数来讲，生活中得到的支持和帮助将减轻这些压力带给他们的影响。

有些孩子可能会经历一些意外或引发压力的事件，让他们不再感到安全和被爱（例如，事故、父母离异、搬家或转学、兄弟姐妹的到来或离开、身体疾病等）。在这段时间，孩子可能需要更多的安抚和关怀。有些孩子可能只会经历一小段痛苦，就能适应这个变化，但其他孩子可能需要更长时间来适应，并需要额外的帮助。

新冠肺炎对许多年轻人的心理健康造成了影响，因为疫情迫使他们的生活发生了变化。失控、不能正常上学、无法进行有意义的活动都会引发不安和不快感。

许多孩子表示，日常生活中的压力因素——学业、考试、应对数字化世界的快速发展——都对他们的心理健康产生了负面影响。

你的孩子独一无二

没有两个孩子是相同的。我们孩子的独特性是由他们的个体基因、生理构造和成长环境所决定的。这些因素将促进他们的生理、心理和社交属性的成长。这本身就是一个宏大的话题，所以我只谈及我认为你们最想知道的一些关键点：

★ 孩子在子宫里中的经历会影响大脑的发育：母亲和胎儿通过子宫紧密相连，因此母亲的生理应激反应会影响胎儿的发育。

★ 如果父母一方出现过心理健康问题，那么孩子出现心理健康问题的风险就会增加。这种风险不仅受到基因的影响，还受到其他生物因素和孩子成长环境的影响。

★ 有些孩子的性格会影响他们对世界的感受[5]。你的孩子可能特别敏感，在婴儿时期就很难哄。他们可能对变化和环境更敏感、反应更大。如果你发现你的孩子很容易被痛苦的情绪影响，那么大概率当他们感到痛苦时，你也很难帮助他们。如果你有不止一个孩子，你可能会发现，并不是每个孩子都这么敏感，这可能只是其中一个孩子独有的特征。

★ 患有智力障碍、学习困难（例如，阅读障碍、运动障碍）、神经多样性（例如，注意力缺陷或沟通障碍）的儿童在成长过程中面临更多挑战。因此，他们的发展轨迹可能与神经正常的儿童不同。这可能会增加他们在心理健康方面的风险，特别是如果他们没有得到适当的帮助或没有生活在合适的环境的话。

★ 患有慢性疾病（包括哮喘）的儿童更有可能出现心理健康障碍。上学出勤率低和遭受霸凌概率高是造成这种情况的原因[6]。

★ 性少数群体（LGBTQIA+）、少数民族或其他少数群体的青少年，心理健康状况不佳的风险更高，原因多种多样，其中包括更容易受到歧视、社会孤立和排斥。

正如你想的那样，一个孩子经历的挫折和逆境越多，对其心理健康的影响就越大。

什么是神经可塑性？

如果你认为你的孩子在生活中经历过一些困境，如果你的家族中曾有人出现过心理健康问题，如果你认为孩子太过敏感，请不要惊慌。大脑的神奇之处在于，它具有灵活性，在我们的一生中都在不断地适应。它可以建立新的联系，学习新的方式来与他人和自己相处——这就是神经可塑性。

在童年和青春期，大脑特别灵活，善于学习新事物。作为父母，我们有两次机会引导孩子学习新技能和改善大脑连接，同时，我们也可以开发自己大脑中的这些区域。

我们的孩子怎么了？

诸如"新冠疫情导致全球焦虑和抑郁症患病率增加25%"[7]之类的新闻证实，心理健康受到个人所面临的压力因素以及他们如何适应这些压力因素的巨大影响。可以肯定地说，焦虑和情绪低落是对疫情给大多数人带来的不确定性、巨大变化和额外压力因素的自然反应。

当我们回顾本章开头的不太乐观的数据，探究我们的孩子发生了什么，也许这些心理健康问题的增加就反映了我们所生活的世界——一个压力越来越大，破坏心理健康的世界。

我们能做些什么呢？

如果你深入思考这个问题一分钟，你会深切地感受到作为父母的无力感。每天晚上，我们都知道孩子会在这一天经历我们无法控制的压力因素，而社会压力、经济和流行文化会加剧这些压力。那么，这对我们到底意味着什么呢？我们能做些什么呢？

首先要意识到，当孩子们面临困难时，并不意味着他们一定有什么"问题"，这一点很重要。孩子的痛苦可能是他们在日益复杂的世界中面对挑战的自然反应。其次，不管他们的心理健康状况如何，作为父母，我们拥有的最大力量就是我们与他们之间的关系——彼此之间无法割舍的纽带。最后，我们如何理解孩子（他们的思想、情感和行为）、我们如何与他们相处、我们给他们的感觉如何以及我们如何支持和引导他们，这些都可以极大程度地提高他们的适应能力和应对挑战的能力。

本书将帮助你更好地理解孩子，与孩子建立良好的关系，帮助孩子健康成长，以缓冲压力对孩子的影响，并在孩子面临心理健康问题时为他们提供支持和指导。

小 结

- 全球范围内出现心理健康障碍的年轻人数量不断增加,因此,关注所有儿童的心理健康是我们的首要任务。
- 心理健康反映了一个人情感、心理和社交健康的状态:我们的思维、感受和机能状态,以及我们应对生活中压力因素的能力。儿童成长过程会影响心理健康。
- 精神疾病是指影响一个人的情绪、思维和行为的精神障碍,这种精神障碍使他们感到极度痛苦,难以参加社会、学校和家庭活动。
- 童年和青春期是身体和大脑发育最显著的阶段。这使得大脑对可能影响心理健康的经历特别敏感。
- 如果孩子在家庭、学校和生活圈中得到保护和支持,有利于保护他们的心理健康。
- 逆境、意外的压力事件以及一系列与孩子个性有关的因素都会影响心理健康。
- 父母是孩子成长过程中不可或缺的一部分,因此父母有能力:
  - ★ 引导孩子健康成长,缓冲压力带来的影响;
  - ★ 为在心理健康方面遇到困难的孩子提供支持和指导。

第二章
必做事项

作为父母，我们处于一个重要位置，可以帮助预防孩子出现心理健康问题。如果孩子真的遇到困难，我们可以为他们提供所需的支持和指导，帮助他们恢复心理健康。在本章中，我们将探讨"幸福算盘"。"幸福算盘"解释了压力如何影响幸福感，以及我们怎样在日常生活中保护孩子和自己免受这些压力因素的影响。

心理幸福感

心理幸福感指的是我们对自己、他人和生活的感受以及我们的机能状态（体验积极的人际关系、对生活有一定的控制力、有目标感）。心理幸福感受到我们生活中发生的事情（包括第1章提到的压力因素）以及我们自身的技能和能力的影响，最终影响我们的感受和生活。

幸福感的一个重要因素是我们能够感受和理解各种情绪，包括让我们感觉良好的情绪（例如，幸福、快乐）和让我们感觉不好的情绪（例如，悲伤、遗憾）。当我们拥有良好的心理幸福感时，我们一般会花更多的时间去体验让我们感觉良好的情绪，做一些给我们的生活带来意义和目标的事情。

我们要怎么获得心理幸福感并保护心理健康？

研究表明，做以下五件事情会产生幸福感（感觉良好、机能正常）[8]：

- ★ 与他人建立联系
- ★ 体育活动
- ★ 保持专注
- ★ 不断学习
- ★ 给予

在本书中，你会发现这五种产生幸福感的方式贯穿始终。我在体育活动和保持专注之间又增加了两个方面——睡眠和饮食，因为它们都是心理健康的关键因素，也是我们作为父母可以控制和影响的。

了解这七个方面的重要性很有价值，因为它们不仅能带来幸福感，而且这些方面遇到的难题可以帮助我们识别心理健康问题。我将简要介绍这七个方面，然后探讨奥利维亚的心理健康问题（在第1章中提到的）是如何反映在这七个领域的。

与他人建立联系

有意义、积极的人际关系对人类至关重要。它们以多种方式让我们感到幸福：

- ★ 生理上（有助于减少压力反应，提高免疫功能）
- ★ 心理上（帮助我们调节情绪，提供学习和指导的机会）
- ★ 社交方面（给我们一种归属感，觉得自己能给他人带来幸福）

因此，与他人建立积极和相互支持的关系毫无疑问是最能提升幸福感的方式。对于孩子的幸福感来说，感受到被爱和关心、拥有归属感以及与他人建立联系至关重要，这些人可以是家人（父母、兄弟姐妹、亲戚），可以是值得信赖的成年人（学校工作人员、青年工作者），也可以是朋友。重要的是，安全感和发展良好的关系（即使只是其中之一）已被发现可以避免年轻人受到不良童年经历的某些生理和心理影响。

布鲁斯·佩里[9]（Bruce Perry）和无数杰出的儿童医生及治疗师阐述了孩子与主要照顾者之间依恋关系（也就是情感的质量）的重要性。在这本书中，我虽然没有专门介绍依恋理论，但是通篇都使用了依恋原则。

简而言之，这项研究告诉我们，父母（和其他成年人）通过情感上的温暖（亲情、善意，在需要时给予指导、时间和关注）来向孩子传达接纳性和可获得性，让他们即使在面对童年的逆境时，也能感到幸福，从而保护心理健康。相反，父母的消极情感、高控制欲或对孩子的忽视（冷酷、撒手不管）以及过度保护，都会导致孩子缺乏自尊心和心理活力。自尊心和心理活力（即使在情绪不佳时也能处理当下要做的事，并且不会做出违背价值观的举动）是幸福感的关键决定因素。[10]

如第 1 章所述，因排斥（例如歧视、霸凌）、重要关系的中断（例如失去亲人、父母分开）或关系内部冲突（例如与父母/朋友争吵）引起的压力可能导致心理健康问题。

当人们的心理健康出现问题时，他们可能更难以与他人沟通或建立联系。同样，其他人与他们进行沟通和联系也会变得更加困难。父母们见到我时，最关心的就是："我的孩子怎么了？我希望能够与他们建立联系并帮助他们。"

当孩子感到焦虑或情绪低落时，他们经常感到被误解，于是他们的人际关系质量就会降低，然而这正是他们最需要积极关系的时候。作为父母，了解强烈的情绪、焦虑或情绪低落如何影响孩子（帮助你透过表面现象看本质），知道如何与他们建立联系、如何给出最好的建议，会对孩子产生很大的影响，决定了他们的问题是愈演愈烈还是妥善解决。

体育活动

我们常常将身体健康和心理健康视为两码事，但随着这两个领域的研究逐渐深入，越来越多的证据表明它们是密不可分的。压力会对我们的身体产生生理影响，影响我们的免疫系统和炎症反应等。它让我们想要通过身体运动来摆脱威胁（参阅第142页的"战斗或逃离"）。

如今的生活方式既充满压力又缺乏运动，这就带来了一个问题。运动是帮助我们处理积聚在体内的压力化学物质的最有效方法，同时还能产生令人感觉良好的化学物质，为我们提供动力并保护我们的身心健康（详见第153页）。无论我们的孩子是否有压力，他们通常都没有足够的机会运动，或缺乏运动的动力。后续我们将探讨心理和身体之间的联系，以及如何改善情绪低落和焦虑，让身心状态俱佳。

睡眠

良好的睡眠能让我们的身体从一天的活动和压力中恢复过来。如果睡眠时间不足，我们大脑的威胁反应（杏仁核）会更加敏感。因此，如果我们或孩子的睡眠不好，我们会更加易怒、更加消极、更加焦虑、记忆力减退并且难以集中注意力。睡眠会影响我们的身体应对压力的方式，同样，高压力水平也会扰乱我们的睡眠。这可能会形成一个恶性循环，睡眠不足会加剧焦虑和情绪低落，而焦虑和情绪低落又会进一步影响睡眠（详见第149页）。

由于昼夜节律的变化，青少年更容易出现睡眠困难（他们释放的激素会让他们的困意来得更晚——参阅第293页）。

偶尔经历睡眠困难很正常，尤其是在童年和青春期。而持续的睡眠不佳（难以入睡或半夜经常醒来）则可能会影响健康，也可能是你的孩子出现心理问题的迹象。通常情况下，我们可能意识不到青少年的睡眠出现问题。然而，你很容易就可以检查他们的睡眠情况——以友善而好奇的方式询问他们（这样他们就不会认为自己遇到了麻烦）。你可以使用"幸福算盘"表格（第316页）作为对话工具。

向年轻人介绍有关睡眠的知识和一些改变睡眠习惯的简单方法可以产生很大的影响（更多帮助请参阅第219页）。

饮食

孩子的饮食习惯可能会给他们带来潜在的快乐（喜欢分享食物和一起进餐）或压力（为了健康成长必须吃正确的食物、吃足够多的食物种类、在正确时间用餐）。我们可能经常担心孩子是否吃了足够多正确的食物，而不是吃太多不该吃的东西。我们有那么多食物可以选择，而孩子们喜欢吃的食物正是我们担心可能不健康的，这有点像数字技术（我们将在第 3 章中讨论）。

一般来说，我们的饮食和饮食时间都会影响我们的健康和幸福感。同时，我们的饮食模式和食物种类也会对我们的大脑产生短期和长期的影响，影响我们的情绪、注意力、学习能力、精力和睡眠。

对于孩子们吃什么、不吃什么太过敏感，很可能会适得其反。在以下几个方面做出的微小改变可能会产生很大的不同，能帮助你减轻这方面的压力。

营养

发达国家的现代饮食通常可以让我们获得各种各样的食物。许多食物都经过高度加工，缺乏能够维持我们血液正常的微量营养素和肠道微生物群（细菌和微生物的平衡）的营养。加工食品失去了其天然成分，其中的油脂、糖分、热量过高，缺乏我们身体所需的营养和纤维（想想带皮土豆和薯片的区别）。纤维能让食物提供的能量更持久，并维护我们的肠道健康。这对健康和幸福感很重要。

营养专家大卫·雷克斯（David Rex）建议，在鼓励孩子吃东西时，最重要的是鼓励他们多样化进食（而不是纠结于食物的好坏）[11]。准备种类丰富的新鲜食物，并且自己先示范把这些食物吃掉，可以鼓励孩子：（1）吃更有营养的食物；（2）吃他们一开始不愿意尝试的食物。

食物是情绪过山车

我们的饮食质量和进食时间会影响我们的血糖,从而影响我们的注意力、脾气和精力。全天有规律地进餐(保证三餐和餐间小吃)有助于维持稳定的血糖水平。不吃饭会导致血糖水平下降,这可能会影响注意力、精力和脾气(饿怒症)。我发现家里最大的争吵往往发生在晚餐时或用餐前,尤其是在放学回家之后的那段时间。如果孩子在学校不吃东西(可能是因为焦虑),父母会担心影响学习,也会担心他们对压力更加敏感。如果你的孩子即将做一件耗费精力的事,即使是与你进行严肃的谈话、做家务或者写作业,你都要记清楚他们上次吃饭的时间。这可能会影响他们的忍耐度和专注力。正确的进食时间和适度的零食,可以让事情进展良好,反之则可能会让事态升级,两者之间的差别是巨大的。

大脑健康

大脑受许多微量营养素的影响,其中四种是镁、铁、维生素D和欧米伽-3(见下表)。现代化饮食可能导致我们的孩子缺乏这四种微量营养素,影响他们的大脑健康(情绪、学习和注意力)。富含这些营养素的食物可能很难加入孩子的日常饮食中,但可以通过吃补充剂的方式解决。请咨询医生或药剂师,了解最适合孩子(或者你自己,如果你认为自己可能缺乏营养素的话)的补充剂方案。

人类的大脑中含有许多的脂肪,因此适当补充正确类型的脂肪可以让大脑更有效地工作。我们的饮食往往缺乏富含欧米伽-3脂肪酸的食物(主要来自油性鱼类)。一些研究发现,合理服用高质量的欧米伽-3补充剂可以减轻多动症（ADHD）症状，提高注意力，改善行为和睡眠，并且对于阅读能力差的人来说，还可以提高阅读能力。

大脑所需微量营养素	大脑健康
镁（全麦食品、绿叶蔬菜、豆类、坚果和种子）	许多儿童缺镁，因为他们没有吃足够的富含镁的食物。镁缺乏与儿童的行为障碍和焦虑有关。如果你考虑给孩子服用高质量的镁补充剂，请咨询医生或药剂师
铁（红肉、动物内脏、蛋黄）	铁对红细胞的生成至关重要。缺铁会导致疲劳和乏力。青春期女孩对铁的需求量更高，缺铁（可能造成贫血）的风险也更大。如果对此感到担心，可以咨询医生如何补铁
维生素 D（10% 来自油性鱼类等食物，90% 来自晒太阳）	维生素 D 对骨骼健康非常重要，有助于身体对钙的吸收。人们正在研究它对心理健康的影响。在英国，每六名儿童中就有一名缺乏维生素 D。保证我们的孩子进行足够的户外运动，并在秋季和冬季补充维生素 D（每天 10 微克），有助于避免缺乏维生素 D
欧米伽 -3（鱼类/海鲜、菜籽油/亚麻籽油）	欧米伽 -3 是一种具有抗炎和抗凝血（防止血栓形成）作用的营养物质，是保证我们大脑健康的重要组成部分。如果你的孩子不吃油性鱼类，优质的补充剂可以作为替代品。如果你的孩子有任何健康问题，请咨询医生获取最佳补充剂方案

对大脑健康有益的微量营养素表

焦虑和情绪低落会影响食欲，这一点我们将在本书后面详细探讨。对于少数年轻人来说，过度控制饮食可能是应对压力的一种方式。感官敏感也可能导致限制性饮食。观察孩子的饮食变化，可以判断他们是否出现健康问题。

保持专注

当今的年轻人很难集中注意力，成年人亦是如此。在这个充满刺激和信息爆炸的世界里，我们很难集中注意力于一件事。电子产品就是个很好的例子，孩子们经常出于不同的目的同时使用多个电子产品（例如，一个用来玩游戏，同时用另一个看视频或者给朋友发消息）。专注于当下可以让大脑有机会休息，而不是不断地思考接下来会发生什么，或已经发生了什么。定期进行正念练习——"有意识地、无杂念地集中注意力并专注当下"[12]——已被证明对一些人的健康有积极影响，但并不适用于所有人。

心理健康问题与我们的思维有关。在出现心理健康问题时，我们往往倾向于关注负面的事情，并且反复思考困扰我们的事情。提高注意力、不被困在消极的思绪之中，是用于治理心理健康问题的循证疗法的关键组成部分。[13]

不断学习

学习能让人丰富知识和技能，可以提升成就感、掌控感、独立性，最终提高幸福感。随着孩子的成长和发展，他们需要学习很多东西，从而了解自己、他人和这个世界。孩子在家里、学校和生活中都有机会学习。

压力会影响学习能力，因为压力可以引发大脑关闭我们用来思考和处理新信息的大脑区域（见第4章）。如果孩子在承受压力，他们可能会无法进入学习状态，也难以获得成就感。这就形成了一个恶性循环，导致更多压力，进一步影响孩子的学习成绩和出勤率。

如果孩子因难以集中注意力、协调能力差、组织能力差、理解能力差，或者经受压力而导致学习能力差，他们在学习环境中会一直受挫。这可能对孩子的自我意识和学习能力造成伤害，很难学习新技能来解决这些问题。

我们可以通过为孩子提供体验成功的机会来帮助他们建立成长型思维模式，这样可以减少他们的痛苦，并鼓励他们将失败重新定义为学习的机会。

小鼠陷阱：习得性无助

对小鼠的研究表明，面对无法逃避和无法控制的痛苦，反复失败对心理的打击是巨大的。"习得性无助"一词源于该领域的早期研究。让我们通过对两只小鼠的研究来解释这一概念。

把 1 号小鼠放进笼子，笼子的地板会释放轻微的电击，这让小鼠感到不舒服。1 号小鼠在笼子里反复摸索。当笼门打开时，它就逃走了。下一次再把它放进笼子，让地板释放电击，它还是先在笼子里摸索，然后趁门打开时赶紧逃走。

把 2 号小鼠放进同一个笼子。它起初会在笼子里摸索，但是门一直关着。它会一直感受这种不舒服的电击，直到被拿出笼子。反复进行这个操作。最后，当笼门打开时，它也没有主动逃走。

1 号小鼠有机会逃离无法控制的压力源，而 2 号小鼠既无法控制压力源，也没有机会逃离，它最好的办法就是保存体力。最终，即使有逃脱的机会，它也没有选择离开。

> **⏳ 反思时刻**
>
> 你的孩子是否曾因屡次失败而放弃？他们如何应对这种挫折和痛苦？这对他们完成其他事情有什么影响？
>
> 你自己有过这样的经历吗？可以做哪些小事来帮助你的孩子体验成功的感觉（实际行动和精神支持）？

正如这个实验表明的一样，我们应对挑战的方法来自成功的经验。抗挫折能力也是如此，它来自成功地做成了一件难事（而不是屡次失败）。鼓励孩子勇于尝试新事物，或者在第一次遇到困难时鼓励他们再试一次，这一点很重要。然而，成年人的作用更重要，他们需要确保孩子有能力完成当前的任务，并在必要时为其提供足够的支持（心理学家称之为"脚手架"）。

如果你的孩子在某个学习领域遇到困难，可能是因为他们缺乏技能，而不是缺乏意志。如果是这样，请先帮他们培养这项技能，同时为他们提供获得成功的机会。这能提高他们对学习的信心，并热爱学习。有时候，在孩子出现问题的领域，我们可能需要寻求专业人士的帮助（例如，针对沟通困难的语言治疗师，或针对协调困难的专业治疗师）。

给予

赠人玫瑰，手有余香。向别人传递善意，即使只是一个温暖的微笑和一句简单的"谢谢"，都能释放令人感觉良好的神经化学物质。看到别人做好事，也会对我们的生理产生同样的影响。该领域的最新研究表明，简单的善举比其他两种被证明有效的方法更能有效缓解抑郁和焦虑！领导这项研究的心理学家大卫·克雷格（David Cregg）和詹妮弗·切文斯（Jennifer Cheavens）认为，这是因为人们通过善意感到与他人的联系更为紧密[14]。他们还发现，善意对那些性格较难相处的人影响最大。

作为一名家长，你每天都在不断地为自己关心的人付出。在这种服务行为中，"给予"给我们的感觉可能不太积极，因为我们所做的事往往都很平凡，而且会被视为理所当然。一般来说，我们做事的情绪与行为本身同样重要。或许，如果我们把这些事情当作善举，而不是义务，我们不仅自身感觉会更好，还可能得到周围人更多的赞赏和回报。（今天回家就请试试这样做！）

活动时间

每个家庭成员挑战在每周中的两天，每天完成三个善举（无论大小），也就是让他人开心的事情。和你的孩子一起列一个想法清单，让挑战变得有趣（他们可能不知道可以为你做哪些简单小事，这些事情会让你感觉到善意）。在一天结束时（比如在晚餐时间或睡前进行），回顾这些善举，可以加强孩子对感恩和积极性的认识（请参阅第315页的"简单善举"活动表格）。

"幸福算盘"

关注七个幸福感领域中发生的事情可能对以下方面有所帮助:

★ 当生活中的压力可能妨碍我们去做有益于幸福感的事情时,给我们及时的提醒;

★ 帮助我们思考如何通过做更多有意义的事情来积极维持我们的幸福感。

我开发了"幸福算盘",用来教你的孩子用七种方式保持幸福(请参阅第316页的"幸福算盘"活动表格)。

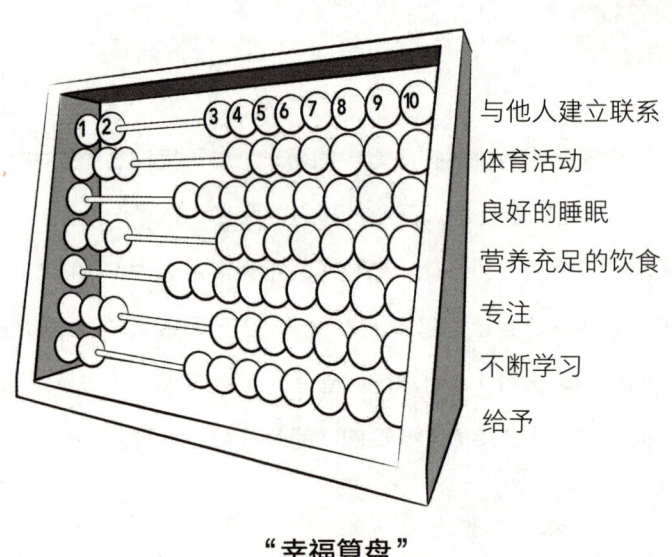

与他人建立联系
体育活动
良好的睡眠
营养充足的饮食
专注
不断学习
给予

"幸福算盘"

将算盘的每一行视为从1到10的连续体,其中10表示我们在该领域做得最好,而1表示做得最差。思考在特定时间下,这七个领域的情况,以及它们对幸福感的影响。请注意，得分不是固定不变的，可以通过经验、想法和感受而改变。

如果你或孩子在某一领域得分较低，考虑以下两点：(1)造成这种问题的原因；(2)如何通过采取行动、等待时间的流逝或环境的变化来提高分数。

多米诺骨牌效应

你可能会注意到，当算盘上的一颗珠子向下滑动时，另一颗珠子也会自然向下滑动。例如，昨晚我睡得不好，这对我接下来的一天都有影响。我错过了早餐，导致很难集中精力工作，即使我感兴趣的事情摆在我眼前，我也不太想做。我对孩子也更容易发脾气，导致我们的关系紧张或产生冲突。因为精力不济，所以我决定不去健身房。结果，我一整天的幸福感都下降了。幸好，经过一夜好眠，第二天我的算盘珠子向分数更高的方向滑动，我感觉自己的幸福感（我对这一天的享受感和完成任务的能力）有所提升。

同样的，算盘上一颗珠子向上滑动，也可以带动其他方面的进步。例如，当我儿子加入一个新的篮球俱乐部时，他对体育活动的兴趣提高了，与别人的联系也增强了（他结交了新朋友，感觉自己是团队的一员），也有了学习新事物的意识。他对一名摔倒受伤的球员表达关心，增加了他自己的幸福感。他体力消耗很大，身体也很累，所以晚上也睡得很好。

我们的算盘珠子在一天中不断滑动，这取决于我们的经历和我们对这些经历的反应。

> **重要提示：评量询问**

很多时候，当我们问孩子一天过得怎么样，或者他们生活的某个方面怎么样时，他们的回答可能相当平淡无奇（例如，"还行""还可以"），或者非常极端（例如，"非常糟糕"或者"很好"）。这会让你感到很难进行有意义的对话，或者很难了解孩子的情况是好还是不好。以解决方案为导向的疗法使用评量询问来帮助那些感到不知所措的人，并给他们的情况或感受打分（通常最高为10分）。这样做有以下几点好处。首先，它能让人退一步好好思考。其次，通过打分，它能帮你更了解自己的孩子，并思考解决问题的实际方法。

评量询问是让某人对某事进行评分，最高为10分，通过分数来衡量事物的进展或情感的强度。例如，为了评估"幸福算盘"里的睡眠这一项，我可能会问我的孩子："如果1分表示睡眠最差，10分表示睡眠最好，你给现在的睡眠质量打几分？"你也可以用评量询问来衡量感受和情况。不一定非要用数字，你可以在纸上画一条线（一端是"最差"，另一端是"最好"），让他们标出自己认为所处的位置。

接下来，你可以提出更多评量询问，从而更好地了解孩子的情况，帮助事情向积极的方向转变。假设我儿子说他的睡眠是5分。我可以问他："是什么让它没有变成4分？"他就会解释他做的一些对睡眠有帮助的事情。他大概会说："可能因为我没有太早上床，不然我会躺在床上好长时间睡不着。那样的话就是 4 分了。"

为了帮助他思考如何改善睡眠，我会问："为什么是 5 分而不是 6 分呢？"然后他可能会告诉我："因为我的脑子总是胡思乱想，导致很难入睡。如果没有这些胡思乱想，可能就是 6 分或者 7 分了。"现在我和孩子可以共同思考如何鼓励有益的事情，并解决一些无益的事情。在第 316 页，"幸福算盘"表格给出了一些你可以尝试的评量询问示例。

压力的影响

影响我们"幸福算盘"上珠子的不仅仅是我们度过时间的方式和我们所做的事情，还有我们在生活中经历的压力和逆境。正如第 1 章所述，慢性（持续性）和急性（一次性）压力都会影响我们的身心健康。正因为如此，在我们遇到困难或应对困难的时候，我们的算盘珠可能会向低分滑动。

最重要的是要明白，这种下滑是我们在面对这些压力时感受到的负面情绪（悲伤、愤怒、孤独、恐惧）的自然反应。理解并接受这些负面情绪，能让我们在生活中做出重要改变，并解决造成痛苦的情况。如果无法解决，至少我们可以接受它们并考虑："现在该怎么办？"如果我们所做的事情：

1. 并不能改变导致我们痛苦的情况；

2. 可能会保护我们免受导致痛苦的特定情况的影响（例如，强行切断痛苦的感觉，不再与朋友见面），但可能会对我们生活的其他方面产生负面影响（例如，无法感受到快乐，孤独感越来越强）。

那么问题就来了。

奥利维亚痛苦（请回到第 2 页重温这个故事）的导火索是学校和网络上持续不断的欺凌。让我们通过下面的表格，看看由于这种长期压力，奥利维亚的"幸福算盘"发生了什么变化。

奥利维亚的故事 和她的"幸福算盘"分数	过去	现在
与他人建立联系：奥利维亚以前很喜欢和朋友们待在一起，但自从欺凌事件发生后，为了保护自己免受（身体和情感上的）伤害，她已经不再和朋友们来往了。由于情绪反应愈发强烈，她不愿与成年人合作，导致与老师、父母发生分歧，并且在学校和家里都受到批评。她不再觉得自己是个对家人和朋友有益的人	7	2
体育活动：奥利维亚过去经常参加团队运动。她很喜欢打篮球。她与朋友之间的问题导致她不再去篮球队了。她很少运动，因为她也不想和家人一起做运动，于是花了很多时间坐着或躺着，不做任何运动	9	3
睡眠：奥利维亚一直睡眠不好，现在情况更糟了。她晚上睡不着，因为当她试图入睡时，所有最坏的场景就会出现在她的脑海里，让她感到不舒服、心跳加速。她只能用手机来分散注意力，在网上和陌生人聊天到凌晨，寻求安慰。因此，早上也很难叫醒她	6	1

（续表）

奥利维亚的故事 和她的"幸福算盘"分数	过去	现在
饮食：奥利维亚以前喜欢吃各种食物，但现在她的食欲明显下降，两餐之间的间隔时间很长。由于缺乏规律的饮食和睡眠紊乱，她在下午只能靠能量饮料来保持清醒	7	3
专注：奥利维亚是个好奇的孩子。她过去喜欢对事物提出质疑，关注周围的世界。当她和亲朋好友出去玩时，她的观察力很强，总会拍一些特别的照片。但最近，奥利维亚觉得她的世界蒙上了一层"雾"。她不再享受美食，脑子里永远被消极的想法占据	7	1
不断学习：奥利维亚过去比较喜欢上学，尤其喜欢学计算机编程。现在，她在课堂上很难集中注意力，把更多的时间花在担忧怎么度过课间休息和午餐时间上。她的成绩开始落后，并对自己的能力失去了信心。她以前喜欢弹吉他学新曲子，但现在已经失去弹吉他的动力	7	3
给予：奥利维亚过去喜欢帮奶奶修剪草坪。当朋友遇到困难时，她也会给他们发短信来帮助他们。但现在的她发现自己很难给予别人善意。她沉浸在自己的思绪中消耗自己，已经无暇顾及别人的想法和感受，更不用提去帮助别人或给予别人善意了	7	2

奥利维亚的"幸福算盘"分数下降和她行为上的变化都表明，她的世界出现了严重的问题。这给我们提供了线索，表明奥利维亚正在经历一些痛苦，影响了她享受生活和继续生活的能力。借助来自"幸福算盘"的信息，奥利维亚的父母可以查看第8页的"心理疾病"，帮助他们了解奥利维亚现在情况到底如何，以及怎样帮助她。

行为背后的含义

"幸福算盘"上的七个领域只能告诉我们一个人的行为表现,但没有告诉我们行为背后的意义或目的。作为父母,我们首先注意到的是孩子的行为,这有时会分散我们的注意力,忽略背后的原因。这些行为给我们带来的感受(例如,生气、害怕)会影响我们和孩子沟通的方式,从而无意间加重了孩子的负面情绪。

在奥利维亚的例子中,她的行为告诉人们她已经无法自控,不遵守学校和家庭的规则,不愿意发展人际关系。表面上看,她在挑战权威,但这种行为背后的感受是恐惧、被拒绝的痛苦和孤独。由于受到欺凌,她为了保护自己不再被进一步拒绝,采取了远离他人并猛烈抨击他们的防御措施。虽然这样做可能会保护她免受霸凌者的侵扰,但对她的其他幸福领域也产生了负面连锁效应,让她无法得到所需的支持。此外,她周围的成年人的反应是基于他们认为她的行为表明她需要什么(例如,界限和后果),这种做法无意中加剧了她的自卑和被拒绝的感受。

> **反思时刻**
>
> 想想你的孩子有哪些行为让你觉得出了问题。这些行为给你带来什么感觉?这些感受和行为的背后可能隐藏着什么?

直面痛苦

在奥利维亚开始看到她的幸福感有所改善之前,我们(作为她周围的成年人)需要:

1. 了解造成孩子困扰的原因,并在可能的情况下加以阻止(在本例中为网络和现实欺凌);
2. 帮助奥利维亚感受与欺凌相关的痛苦情绪,了解这些感受对她意味着什么("我讨厌被拒绝和孤独的感觉"),并清楚地向支持她的人传达这些情绪,以满足她对归属感和建立联系的需求。

如果奥利维亚重获安全感,并得到父母和生活中其他成年人的支持和理解,那么她就可以在父母的帮助下,考虑"幸福算盘"上七个领域的微小变化如何改善她的幸福感。

以下是一些简单的想法,可以帮助奥利维亚的幸福指数上升(这些想法累积起来,会对她的心理健康产生重大影响):

1. 与他人建立联系

和父母交谈,感受到被父母理解,在学校有值得信赖的成年人给予她支持。

2. 体育活动/不断学习/保持专注

每周与叔叔和表弟一起去几次健身房(给她锻炼的机会),在健身房学习新技能,并通过健身专注当下。

3. 睡眠

请遵循第219页的睡眠建议。

4. 饮食

饮食更有规律，不喝能量饮料（可能导致睡眠问题）。

5. 给予

每天做一件简单的善事，比如给妈妈泡杯茶，或者帮她拆快递。

在奥利维亚得到帮助、打开自己的内心世界之前，她感觉自己和父母之间有很深的隔阂。

在感受到被理解之后，奥利维亚能够重新与父母（父母也与她）建立联系。然后，他们能够一起做一些可控的小改变，帮助她更好地掌控自己的生活并提升她的幸福感。

为人父母：棘手之处

看书的时候，总觉得让孩子感到幸福非常简单。事实上，就像奥利维亚父母眼中的她一样，我们的孩子对我们来说也常常是一个谜，不接受我们的教导。他们的行为可能令我们愤怒，让我们疲惫不堪，并且非常令人困惑。在我的生命中，没有其他人能像我的三个孩子一样，无意中就能激起我的怒火。

别忘了，我们每个人都曾是个孩子。我们的童年充满了第11~13页所描述的事物，这些事物让我们变成了今天的样子。这些经历塑造了我们的优点和缺点，也塑造了我们对当前家庭的期望和希望。我们必须记住，作为父母，我们要善待自己。为人父母是一项艰巨的工作，感觉自己没有价值会引发压力和孤独感。

　　压力不仅影响我们的孩子，也影响我们自己。当你阅读这本书时，可能正在努力应对日常生活中的各种压力。或许你还有更多的事情要顾虑：金钱、人际关系、工作、歧视、身体健康或心理健康。如果我们自身处在压力和逆境之中，我们只能关注自己和孩子能否吃饱穿暖、是否安全，很难有额外的精力维护和孩子的关系。我们只能保证物质生活，无暇顾及精神层面。回顾孩子们的照片，我非常难过地意识到，我常常忙于生计，以至于错过了当下，没有完整地陪伴孩子们走过每个时期，最终也没有成为本想成为的那种情感上可靠的母亲。但我没有过分苛责自己，因为我知道当时我已经做了力所能及的最大努力，并且我还有改过的决心。

　　作为父母，作为人类，我们并不完美，我们每个人都有自己的故事。重要的是要知道，我们不必每次都要做对，只要有些时候能做到就足够了。生活的混乱常常会让我们忽视一个简单的事实：我们的孩子想要的其实是我们更多的爱和亲情。这是孩子幸福的最大可预见因素之一，此外还有我们如何管理自己的压力。

　　这本书中分享的原则将帮助你更好地关注自己作为父母的需求，从而更好地关注孩子的需求。我承认，在如今的大环境下，我们许多人要面对社会、经济、健康等各方面的压力，有时很难做到这一点。对大多数人而言，过往的经历和当下的挑战错综复杂，往往超出了个人控制范围，这意味着生活本身就不简单。但我想说，在阅读本书的过程中，如果你将其中的一些原则应用到自己身上，就能给你的孩子和你的家庭带来改变。请记住，身教大于言传。

你可能是孤独的：找到你的啦啦队员

当我独自一人面对三个年幼的孩子时，我感到了前所未有的孤独。我不再有自己的生活，也逐渐失去了和别人的联系。没有我，世界还在运转，我甚至不觉得自己是世界的一分子。照顾孩子的任务之艰巨几乎把我压垮。时间被重新定义，黑夜与白天融为一体。我经常想，这段时间是我与孩子联系最紧密的时刻，同时也是我生命中最孤独的时刻。

从进化的角度来看，我们不应该独立地养育子女。我们的祖先在部落里共同抚养孩子，得到了多代人的支持，以应对养育孩子的压力和需求。这是一项集体任务，他人的支持和联系是必不可少的。

我给你的最好建议是找到你的啦啦队员：那些在你情绪低落时鼓励你、在你即将放弃时让你相信"你能行"、在你信心动摇时让你保持希望的人。当你迷茫时，他们会善意地帮你看清这个世界。一定要找到这样的人。对他们坦诚相待，让他们成为你的啦啦队员。珍惜他们，也让他们珍惜你。相信自己足够优秀，值得拥有他们。如果可以，找一个让你想做他的啦啦队员的人。给予和得到一样美好。

如果你觉得在你的生活中，啦啦队员很少，反倒是裁判、评论家或者欺凌者很多（说实话，生活中到处都是这样的人），那就把寻找啦啦队员作为首要任务。你可能会发现，那些你经常求助的人——朋友、家人、同事、专业人士，大概率会欣然接受这个角色。网上有影响力的人也可以成为你的啦啦队员，在你的生活艰难时，他们能让你振作起来。来自不同生活领域的啦啦队员越多，你学习和成长的机会就越多，抵御风暴的能力也就越强。最重要的是，你会有更多的精力成为孩子的啦啦队员。

> 🔔 **活动时间**

深入了解我们的日常生活,以及它们在七种幸福领域中的波动情况,这对我们的健康很有帮助。在整本书中,你都可以使用"幸福算盘",将有益的活动纳入家庭的日常生活和仪式中(请参阅第 155 页的练习,和孩子一起进行此项练习)。同时,请回到第 28 页的"幸福算盘",完成以下两个练习。

1. 你自己

想想一切顺利的一天。在七个幸福领域中对自己进行评分,满分为 10 分。现在想想生活中给你带来痛苦的一件事。在七个幸福领域中对那时的自己进行评分,满分为 10 分。在那段时间里,你的生活中缺少了什么或受到了哪些方面的影响?你坚持做了哪些事对你的幸福感起到了正面作用?

2. 你的孩子

回想一下过去一周你孩子的情况,在每个领域给他们评分。他们在哪些领域得分较低?他们在哪些领域得分较高?考虑可能的影响因素,以及你觉得孩子在哪些方面需要更多支持。

在阅读本书的过程中,你将了解与他人建立联系的重要性——如何与孩子建立更紧密的联系,找到在他们遇到困难时与他们沟通的方法,并教导他们分别在事情进展顺利、不顺利和遇到危机时如何与他人沟通。你将探索心理和身体之间的联系,以及身体活动如何改善情绪低落和焦虑,达到身心俱佳状态。你会发现，睡眠不好可能是孩子出现心理健康问题的一个迹象。你会进行一系列简单的活动，帮助你和孩子练习如何专注于当下，这不仅能建立自我意识，还能积极地影响你与自己和与他人的关系。你将锻炼孩子的神经可塑性，建立他们不断学习的观念，并掌握很多方法，帮助孩子了解他们的情绪和对他们来说重要的事情（他们的价值观）、如何克服问题，以及当焦虑或情绪低落时该做些什么。你将获得信息和方法，告诉你如何时常给予孩子少量的帮助来达到最佳效果。

这七种获得幸福感的方法能指导你如何帮助孩子保持幸福感，这样不仅可以保护你和孩子的心理健康，还能帮你注意到家庭生活中哪些方面出现了问题。

小　结

- 良好的心理健康和幸福感指的是我们对自己、他人和生活感到满意，以及我们的机能状态正常（体验积极的人际关系、对生活有一定的控制力、有目标感）。
- 你可以关注以下七个领域，提升幸福感：与他人建立联系；体育活动；睡眠；饮食；专注；不断学习；给予。
- 使用"幸福算盘"与孩子一起探索生活，并关注这七个幸福领域中发生的事情有助于：
   ★ 当生活中的压力可能阻碍孩子做对他们的健康有益的事情时，给我们及时的提醒；
   ★ 帮助我们思考如何做更多有意义的事情来积极维持孩子的幸福感。
- 为人父母是艰辛的，尤其是当我们自己也面临着压力时。自己先关注这些领域，才能让我们更好地帮助孩子。
- 找到生活中支持你的人（你的啦啦队员），照顾好自己，然后你才能做孩子最好的支持者。

第三章
电子产品——玩多久算太久

我们在游泳池。我和十三岁的女儿坐在一边。"妈妈,我有强烈的预感,有人给我发消息。我得去看一眼手机!"我能感受到她努力克制着离开游泳池去储物柜拿手机的冲动。

我漫不经心地说:"没事,一会儿再看也可以。"其实,我也有这种感觉,但我担心的不是消息,而是工作邮件。我几乎每时每刻都觉得有人给我发工作邮件。

"不行,妈妈,我真的得去看一下,万一是重要的事呢!"她一脸痛苦地抗议道。

我感受到了。我可能错过了一些重要的事情,这一直在我脑海中回响。我得让我们两个都专注当下。"让我们比赛谁溅起的水花更大!"我说道。我不再想什么工作邮件,毫不犹豫地跳进了泳池。水可真冷啊。当我浮出水面换气时,我感受到身边溅起了一团大水花,我就知道她也跳下来了。在感到幸福的时刻,我们会沉浸在另一个世界中,不再惦记手机。我和女儿都暂时摆脱了对手机的执念。

我们的孩子在成长过程中，数字技术和电子产品已经成为他们生活中不可或缺的一部分。作为成年人和父母，我们可能也同样依赖它们。我们需要电子产品来工作、学习、娱乐和社交。我们可能觉得数字技术和电子产品给我们的生活带来了很多便捷。但代价是什么？我们如何确保不断发展的电子产品不会损害孩子们的幸福？

你对使用电子产品的疑问可能大致如下：玩多久算太久？怎样使用能对孩子有益处？为什么打游戏会上瘾？社交媒体会对心理健康产生什么影响？如果我们支配时间的方式会影响我们的情绪和活力（正如第2章所述），那使用电子产品的方式也会产生同样的影响吗？本章将探讨这些问题。

玩多久算太久？

作为父母，你很清楚电子产品会在家庭中引发摩擦。我们的孩子似乎想要生活在完全虚拟的电子世界中，我们很难决定：（1）在多大程度上允许他们和这个虚拟世界接触；（2）如何影响或者控制他们接触的程度和类型。

我已经记不清自己计划过多少次活动了（例如："外面天气真好，我们去海滩玩一天吧！"），然而我的孩子只会做出抵触和厌恶的表情，因为他们更喜欢待在自己的卧室里，沉浸在另一个世界中（无论是打游戏、看视频还是和朋友聊天）。在这些时刻，我的心沉了下去，随之怒火中烧，努力说服他们放下手里的电子设备，去享受外面的"美好时光"（"我带你们去吃冰激凌、炸鱼薯条，会很好玩的！"）。仅仅承诺"玩得开心"还不够，我威胁说要关掉Wi-Fi。虽然最后出门了，但他们在旅途中闷闷不乐，看我的眼神就像我是残忍的快乐杀手一样。我记得我小时候不是这样的。在我的父母提议出门旅游时，我恨不得兴奋地跳起来！童年的无聊激发了我的想象力，让我很愿意走出去，给我提供了思考人生的机会。我记得在我年轻的时候，打发时间的方式基本上是听1号电台、扎染工装裤、写诗或歌词，甚至幻想一个都不知道我是谁的男孩。我认为那样的生活更美好。我握紧方向盘，努力控制自己不要爆发："我不知道我为什么要浪费时间！"

无论如何，随着他们沉浸在旅行中，还算是度过了一天的"美好时光"（尽管我偶尔还能看到他们对着地平线投以略带忧伤的眼神，仿佛在思念遥远的爱人）。在回家的路上，我充满了喜悦："看吧，我就说会很好玩的，比整天待在房间里强多了。"我十岁的儿子回答道："是挺有意思的，但是不出去的话，我可以看14.2集《辛普森一家》。"我的心瞬间一沉，他竟然用电视剧集来衡量时间。我打开家门，他们立马跑回自己的卧室，拿出自己的电子设备，连看都不看我一眼。"我哪里做错了吗？"我问自己。事实是，在我忙着做自己的事情时，我总是把电子产品丢给孩子，让他们消停下来，以此维持家里的安宁，这把我带到了爱恨交织和进退两难的境地。"鱼和熊掌可以兼得吗？"

令人惊讶的是，"电子设备对我们的孩子有什么影响？""玩多久算太久？"和"社交媒体会导致心理健康问题吗？"这些反复出现的问题尚未有明确答案。研究仍处于早期阶段，政府报告给出了模棱两可的解决方案：过犹不及，所以"家长们应该好好平衡"[15]日常活动时间和电子产品使用时间。

牛津大学的研究人员对英国和美国的30万名青少年进行了一项关于使用科技产品对其心理健康影响的研究，发现科技产品对青少年心理健康的影响只有0.4%。他们用醒目的标题写道："相比之下，吃土豆也会造成相同程度的负面影响，而戴眼镜对青少年心理健康的负面影响比使用电子产品更大。"[16] 研究人员很清楚：这种统计数据并不能回答我们在这方面的问题。情况要比这些复杂得多。我认为，晚上给孩子们吃土豆和使用电子产品所面临的问题根本没有可比性。

作为一名家长，我觉得自己正在进行一场毫无胜算的战斗。电子产品似乎已经渗透到生活的方方面面。我该如何扬长避短，不只是为了我的孩子，也为了我自己？

以下是一些关键信息：

★ 电子产品包括电视、智能手机、平板电脑、计算机、视频游戏屏幕（显示器）和智能手表等各种设备。

★ 你可以用这些设备做各种各样的事情：完成在线工作、和朋友交流、记录运动、搜食谱、打游戏、拍照或者刷短视频。

★ 我们能够使用电子设备同时进行多项活动。在日常生活中，孩子们愈发喜欢"多屏"操作。比如，在一台设备上刷社交媒体，同时在另一台设备上玩游戏、看东西或者学习。[17]

基于这些现实情况，研究表明，我们无需过于关注孩子使用电子产品的时间，更应该关注他们使用电子产品做什么。

主动与被动

如果孩子把时间花在我们称之为"主动使用"的活动上（比如与朋友聊天、与同龄人在线游戏、制作短视频，或者进行适龄且需要主动参与的活动），一般有益于他们的幸福感。相反，如果把更多时间花在"被动使用"上，例如长时间刷 Instagram（"照片墙"软件，以图片发布为主的社交软件）或者抖音，会导致幸福感下降。当然，无论是主动使用还是被动使用，过度使用都会对我们的健康和幸福感产生负面影响。

了解这些信息虽然有所帮助，但现实问题往往更加复杂：

★ "我儿子一边和朋友玩游戏（主动使用），一边刷视频（被动使用）。"这是好是坏？还是好坏相互抵消，变得不好不坏？

★ "我女儿正在与朋友聊天，但却得到负面评论或遭受欺凌。"这是主动使用，但却产生了负面影响。

★ "我的孩子上传了一个精心制作的短视频。看到点赞他很高兴，但是看到负面评论却难过得哭了。"作为家长，你时刻能看到这种好坏并存的情景。

在经历这些时，我们肯定会希望，如果孩子的生活简单快乐，没有这些复杂的影响该多好。

⏳ 反思时刻

写下你对电子产品和社交媒体的看法。你喜欢它们的点有哪些？你觉得难以搞懂的或者不喜欢的点有哪些？数字技术给你的生活带来了什么？又从你的生活中夺去了什么？

我将在本章的剩余部分使用第 2 章的"幸福算盘"来帮助你解答这些问题和困惑。电子产品对七个幸福领域产生的正面或负面影响，可能会影响我们孩子的成长发育和承受的压力值，从而影响他们的心理健康。

与他人建立联系

孩子通过电子设备与他人保持社交联系的方式有很多，比如短信、群聊、视频通话和在线游戏。他们可能还会使用 Instagram 和抖音等平台，与朋友保持联系、结交新朋友、追随潮流，这将有助于他们融入青年文化和特定的圈子，从而找到归属感。

正如第 2 章所述，我们不能低估社交联系的根本重要性（尤其是对于青少年而言）。对数字技术和社交媒体使用情况的研究表明，年轻人非常重视这一媒介，通过这些媒介，他们能够与朋友和家人保持联系，还能结交新朋友[18]。它不仅可以让年轻人在分开的时候共度时光（例如，在同一时间看同一部电影，通过文字聊天进行交流），而且许多年轻人还认为它提供了在匿名空间中更自由地表达思想和感情的机会。

数字技术提供了结交新朋友以及与趣味相投的人联系的机会，这对属于少数群体以及在同龄人中找不到共同兴趣的年轻人来说，尤其有帮助。我有一些生活在英国非常偏远的农村地区的学生，他们经常表示，在网上找到与他们可能有共鸣的群体（例如，性少数群体，其他具有神经多样性*的

---

* 神经多样性：泛指思维、行为模式等超出典型范围的各类人群。包括孤独症、强迫症、抑郁症、多动症、阅读障碍等。

年轻人）可以改变他们的生活，因为这给了他们一个安全的地方来表达他们的想法、探索他们的身份，让他们感到不再孤独，并增加他们的归属感。年轻人还表示，他们能够在网上寻求并获得他人的支持，这可能来自他们的朋友或支持性组织。

社交脱节：棘手之处

就像面对面的关系一样，孩子在网上与他人建立联系也存在风险。网络欺凌就是其中之一。

网络欺凌

根据年轻人在网上的互动方式，网络欺凌可以有多种形式。网络欺凌可能发生在他们发消息、刷社交媒体和打游戏的过程中，包括通过发消息对他们进行负面评论，或者在他们的社交媒体帖子上发表负面评论。这可能还涉及创建虚假个人资料、拍摄照片进行数字处理，并发布尴尬或羞辱性的图像或视频。

很多年轻人都经历过某种形式的网络欺凌。女孩和少数群体（例如，性少数群体、非白人族裔、残疾人）的年轻人更有可能经历过这种情况。安德鲁·普兹贝尔斯基（Andrew Przybylski）教授[19]是一位在电子设备使用时间领域备受尊敬的研究员，他强调，不仅要了解年轻人是否经历过网络欺凌，还要了解欺凌的频率和严重程度，以衡量对年轻人的健康可能产生的影响。

网络欺凌很少单独发生。大多数情况下，它都与现实世界中的欺凌有关。因此，网络欺凌通常是已经遭受欺凌的孩子进一步受害的途径，这会增加受欺凌的强度。在第2章中，我们看到奥利维亚是如何在学校和网上受到欺凌。奥利维亚在家也无法摆脱这种欺凌，因为在校外和晚上，那些人会通过手机继续欺负她，让她感到更加痛苦。作为父母，对孩子的行为变化保持好奇，并为他们提供机会分享他们无论是"线下"还是"线上"被欺凌的经历，都有可能终止欺凌行为。

每个孩子都是独特的，他们应对网络世界一些因素的反应也会有所不同。一些年轻人可能更容易受到网上负面评论的影响，这取决于他们的脆弱性、人际关系和生活中可能存在的其他压力因素。

我们的孩子可能无法像我们希望的那样管理自己的行为，因为那超出了他们的能力范围。我注意到我的小儿子在玩高强度刺激的游戏时，对同龄人的行为会失控——经常对别人大喊大叫，有时还会说脏话，但他平时不是这样的。我也曾看到过我的女儿参与负面聊天，我担心这可能会伤害到另一个年轻人的感情，然而她似乎对此毫不在意。在这两种情况下，我意识到我的孩子的行为可能会被对方视为欺凌。在网上和在现实中是一样的，孩子必须了解什么是适当的行为，什么是不适当的行为。有时候，他们可能沉浸在虚拟世界中，没有直接目睹自己的行为对他人的影响，从而给自己和他人带来困扰，甚至是痛苦。虽然我们可能无法一直做到这一点，但保持与孩子的联系，了解他们在网上的行为方式，有助于帮助他们与他人建立健康的联系。

与教孩子其他社交技能一样，父母有责任给他们设定明确的界限，告诉他们什么是可接受的行为；提供鼓励性的反馈；给他们提供发展这些亲社会技能的机会。允许孩子与我们商量这些界限和行为的价值与目的，可能比擅作主张更有效。在做这件事时，要注意他们的语境，了解他们世界中一些细微的文化差别（例如，我错误地认为骷髅表情是负面的，而实际上它是用来表示大笑的一种方式）。

支持与共同反刍

人际关系可以是支持性的，也可以是破坏性的。我们都有过这样的经历：心情不好找朋友聊天，但聊完了心情更差。不知为何，你朋友的担忧、愤怒和沮丧加强了你自己的负面情绪，甚至对聊天开始时没有考虑过的事情感到烦恼。这种无益的面对面聊天的可能性较低，因为在极度痛苦的时刻，我们往往无法立马见到那个可以说话的人，而在我们见面时，痛苦已经减轻了很多。随身携带手机，并且在一天的任何时候都能与他人联系，这意味着我们可以在极度痛苦的时刻立即寻求帮助。有时候我们可能会寻求并得到急需的支持和帮助来减轻我们的痛苦，他们会说我们的感受很合理，并提供一些建设性的建议（例如，"现在不要给他们发消息，等你心情好点再说"）。有时候我们寻求帮助，但得到的反馈可能通过共同反刍（助长彼此的消极想法）加剧我们的困扰，还会听到一些馊主意，影响我们的行为（例如，"这是他们自找的！现在就把那张照片发出去"）。正如我们在后面的第 14 章中探讨的那样，如果我们的孩子向其他青少年寻求帮助，特别是那些感到痛苦或不知道自己的建议会产生什么影响的青少年，他们得到的更有可能是后者而不是前者。在这些脆弱的时刻，我们的孩子也许会转向网络寻求帮助，而网上可能会提出不健康甚至有害的方法来应对他们的困扰。令人担忧的是，我们的孩子常常在网上接触到自我毁灭式的应对压力方式，并导致了一种青年文化——把这些应对压力的方式归为常态，有时还轻视它们。

这就是为什么我们与孩子的关系如此重要，因为它可以弥补这些互动中缺失的平衡。如果我们在孩子想抱怨不公时能与他们站在一起，他们可能就不会选择拿起手机了。如果他们从朋友或网络平台得到了毫无帮助的回应，他们可能会寻求我们的帮助，而不是陷入痛苦。如果我们的孩子相信我们真的关心他们的世界，而不是急于进行非黑即白的思考（"这就是我讨厌手机的原因，别理它们就行"）或者评判（"你在浪费时间和精力"），他们可能会给我们更多机会来帮助他们。帮助我们的孩子弄清楚，在遇到麻烦时哪些朋友或成年人可以帮助他们，哪些人或地方会增加他们的痛苦，也可以帮他们更好地辨别应该向谁寻求支持和建议。

对于不良内容也是如此。大约有50%的12~15岁的青少年称他们经历过某种形式的负面网络体验。令人欣慰的是，在8~15岁的孩子中，90%都会告诉别人他们在网上看到了令人担忧的东西，而绝大多数的孩子所选择的倾诉对象都是父母。年龄较大的孩子则比年幼的孩子更有可能告诉朋友。[20] 理想情况下，我们不希望孩子看到这些图片，也不想他们接触陌生人，所以我们可以通过设置限制来降低这种可能性。然而，如果我们的孩子无意或有意地看到暴力、惊悚、色情的内容或自残的图片，比起只是惶惶不安地担心他们看到这些东西，更重要的是让他们知道，在看到时可以求助于我们并进行建设性对话，我们可以帮助他们理解所看到的内容以及这些内容对他们的感受产生的影响。

追求完美

网络世界让我们有机会看到其他人和他们的生活，但他们展示出来的可能只是他们想让人看到的版本。孩子每天都能刷到明星、网红和同龄人的海量图片和视频。他们使用滤镜和图像处理，展现出最想让人看到的样子。孩子可能也会学他们发这样的图。当然，我们可能也会。这会引起英国皇家公共卫生学会所描述的"比较和绝望"问题。人们很难不将真实的自己和生活与这些被美化的形象进行比较。

这就产生了一些负面压力。首先，人们可能会对外貌、身材和体验幸福的感觉（例如，想要受欢迎或被追捧）设定不切实际的期望。其次，为了成为这个世界的一部分并被这个世界所接受，我们的孩子可能会发布一些经过修饰的图片，美化他们的容貌、身材，放大他们的情绪，投射出一个虚假的自我形象，并依赖于别人对这个增强版自己的肯定和"点赞"。当这些图片被"点赞"时，会增加一种"原来我要呈现出这种样子才会被喜欢"的压力。这种恶性循环击垮了一些年轻人，他们坐在我身边，泪流满面，绝望地说道："没有人了解真正的我。我感到很孤独。每个人都觉得我很完美，但实际上，我正在崩溃。"这是一个残酷多变的世界。如果博主暴露了太多"真实"的自我，比如在某张照片中角度不对，或者看起来不那么好看，之前那些点赞的粉丝也可以轻易地不喜欢他们的帖子，或者发表一句随意的评论，而这对评论接收者往往会造成毁灭性的打击。

看到你的孩子陷入这个陷阱是非常痛苦的。你想大喊："这不是真的，他们发的东西都是装的！别关心这些无关紧要的事情就不会受伤了。"但是青少年天生就是会关心这些事情（见第14章）。我们缺乏同理心可能会让他们雪上加霜。尽管可能没有那么极端，但我们也会陷入同样的陷阱。当我们浏览其他人的动态时，会对他们看似美好的生活感到烦躁或嫉妒，并通过我们自己的动态来夸大生活的幸福。

我们能帮助孩子和自己的最好方法，就是对"真实"的他们（和我们自己）感兴趣，并接受"真实"的他们（和我们自己）。维持一个形象需要耗费大量的精力和努力。真实的人际关系是一种解放，因为我们会发现，有一些连自己都不喜欢的样子，别人竟然觉得还不错。我们需要看到孩子行为背后的本质，去接受并爱他们真实的样子，而不是流行文化迫使他们成为的样子。与此同时，不要轻视他们的网络世界，不要否定他们为展示自己而做出的一些选择。一些社交媒体平台给年轻人带来了自信和创造力，让他们能够分享自己的经历和世界观。有时，使用滤镜可能反而会起到保护作用，帮助年轻人更坦诚地表达自己的内心世界，与他人分享自己的困扰。

我记得我的职业生涯中有一个神奇时刻，它改变了我的一生。当时，我正在一所学校举办家长研讨会。坐在我面前的父母都眼含希望地看着我，同时他们也有一丝紧张，好像马上就要得到"不称职父母"的称号了。作为一个母亲，我那时正经历着一段特别艰难的时期。于是，我没有把自己表现成一个完美的心理学家，用"怎么做才是对的"来轰炸他们，相反，我选择了坦诚相待，告诉他们我的日常心理斗争，我在理论上知道该怎么做，然而实际上又做了什么。家长们明显宽慰了许多，他们笑着点了点头，感到被理解了。我能感觉到他们也看到了希望。令我惊讶的是，讲完之后，我得到了热烈的掌声。有一位家长站起来发言："谢谢您如此坦诚。经过多年培训，您仍然觉得做父母很难，这让我们这些普通人看到了希望，我们也可以做到。"我忽然意识到，我给人的感觉往往比我说的话更重要。

以前，我一直努力让自己看起来完美无瑕，不让别人看到那些我不想让他们看到的东西。从那天起,我变得尽可能坦诚地面对朋友和同事,告诉他们我并不完美,并没有做到尽善尽美。这不是为了让人们同情我或原谅我,而是为了进行更加坦诚的对话。我很快意识到这种方式有多么强大,因为它让每个人不再假装,不再否认自己的痛苦感受。我可以与人们进行更真实的交流,从而获得认同感,然后解决真正的问题。

我在学校举办的焦虑研讨会也是如此。听到一名大家认为"没有问题"的同学分享说,他常常因为担心别人如何看待自己而睡不好,大家立刻如释重负,不再觉得"我这么痛不欲生真是个失败者"。出乎意料的是,在这个安全的空间里,自我意识强烈的青少年发现,他们的诚实为自己赢得了喜爱和尊重。

即使是看起来最坚强的人也会有自我怀疑和困扰的时刻,了解这一点可以鼓励其他人在遇到困惑和困难的时候相信自己,振作起来,而不是轻易地陷入崩溃。这也意味着,对那些表面上似乎什么都不在意的人,我们应该更加友善地对待他们。

孩子正走在探索的道路上,试图在这个日益复杂的世界中找到自己的定位。如果我们能帮助他们了解自己的感受、想法和行为,我们就能为他们提供一个空间和环境,让他们可以放心地向我们求助,不会担心被批评和指责。我们可以帮助他们理解他人和自己(在网络上或现实中)身上的真实与虚假。我们要接受,这就是孩子生活的世界,它既会带来快乐也会带来痛苦,既会带来轻松也会带来压力。这样,我们就可以考虑如何在他们感到不知所措、犯了错误或受到伤害时,为他们提供一个安全的空间。从这个角度来看,我们更能够引导他们做出更好的选择,而不是让他们从网上获得他们需要的自尊。通过这种方式,我们还可以鼓励他们培养批判能力,评估他们在网上看到的东西,保证自己的安全。

线下线上平衡的社交机会

我们希望孩子在各种环境中都能培养良好的社交技能和亲社会行为。我们还希望保护他们远离可能会对他们的世界观和自我观产生负面影响的破坏性社交。我们应该鼓励和支持孩子在现实世界和数字世界中培养这些社交和人际关系技能,并且有成年人在身边指导他们的行为。

我们可以鼓励孩子在有成年人在一旁进行建设性指导的环境下与朋友见面(比如接孩子的朋友来家里玩)。当我对我女儿和她朋友们的困惑表现出好奇、感兴趣并且给出中立性的回答时,她们开始争先恐后地给我分享她们的问题,这让我感到惊讶。我发现,即使他们在线下见面,他们似乎仍然依赖手机来沟通和共度时光。我常常在想,手机是否起到了一种安全毯的作用,减少他们面对面对话的压力,还是说他们还没有掌握在没有手机的情况下共度时光的能力。

当你和朋友面对面交流时,如果孩子在你身边,不要低估这种场景对他们的影响。他们可以通过观察你的社交技能学到很多东西。把手机放在视线之外,专注于和朋友以及孩子在一起的时光,你们的聊天也会变得更真实、更有意义。

在疫情期间,许多孩子失去了与他人面对面交流的机会。对于一些年轻人来说,这影响了他们培养社交技能和其他重要能力(例如语言能力、协调能力、感官能力)。他们可能需要来自父母、学校和其他专业人士(例如语言治疗师、专业治疗师)的额外帮助,从而培养在这些领域的技能和自信心。

> **⏳ 反思时刻**
>
> 想想孩子花在社交上的时间。写下你能做的实际的事情,以鼓励在家庭里建立更积极的社交联系。写下哪些改变可以帮助防止上述的社交脱节问题。

体育活动、睡眠和饮食

研究试图探索电子产品使用时间对身心健康的影响,主要体现在睡眠、体育活动和饮食上。不出所料,研究表明,电子产品使用时间增加与体育活动减少、睡眠质量下降和热量摄入增加有关。此外,一些研究表明,焦虑或抑郁的年轻人使用电子产品的时间更多。

这些只是存在关联性,并非因果关系。我们不能说长时间使用电子产品导致这些问题。研究人员描述了一个先有鸡还是先有蛋的情况:我们不知道睡眠质量下降和电子产品使用时间增加,孰先孰后。久坐不动的年轻人花在屏幕上的时间更多,是因为他们做其他活动的时间较少?还是说他们因为焦虑或情绪低落影响了睡眠和其他活动,才把目光转向了电子产品?换句话说,电子产品使用时间增加是源于其他问题,还是长时间使用电子产品导致了其他问题?一个年轻人在焦虑或情绪低落时,是否以一种可能增加焦虑或情绪低落的方式使用他们的电子设备(例如,花更多时间思维反刍或关注负面信息)?

在任何单一活动上花费大量时间（即使是对我们有益的活动也要适度），都会对其他重要活动产生不利影响。如果我沉迷于一本好书，坐在那里读了八个小时，基本上就无法参与生活中的其他活动了。我不会和孩子们交谈，不会给他们做饭，也不会出去散步。我可能会为了读完这本书而熬夜到凌晨2点。

在研究变得更加先进之前，我们必须依靠常识。我们知道高质量睡眠、体育活动和均衡饮食对健康有益，那么我们就要努力为孩子们创造机会，让他们在生活中养成这些习惯，将这些事情贯彻到孩子的生活中，排除阻碍这些习惯的障碍，可能会有所帮助。可以通过一些小的、简单的改变来养成这些好习惯，并避免数字科技带来的一些干扰或负面影响。例如，我们知道孩子醒来后可能会查看信息，就不要让他们把手机放在卧室里过夜；吃东西的时候不要让他们玩手机；保证他们一天中有充足的体育活动时间，哪怕是在客厅跳舞五分钟或者在街区散步。

数字技术中的一些有用元素可以在体育活动、睡眠和均衡饮食方面为我们提供帮助，比如能够记录运动并奖励步数的智能手表、通过提供放松呼吸练习和播放故事来提高睡眠质量的应用程序，以及倡导健康规律饮食的电子食谱。

孩子的睡眠、运动水平和饮食的变化可能是孩子出现心理健康问题的指标，这一点会在书中进一步探讨。根据我的经验，孩子在学校遇到的冲突、失落、孤独、意想不到的变化或问题，往往会对他们的幸福感产生最大的影响。他们把时间花在电子产品上，可能是为了转移注意力，却又无意中加重了问题。因此，询问"孩子的世界发生了什么"（孩子在学校、人际关系以及自我感受方面的情况），可能比关注"孩子使用电子产品的时间是不是太长了"更有用。

> 🔔 **活动时间**
>
> 你可以在家庭日常生活中做出哪些小的改变来促进睡眠、体育活动和饮食的平衡？如果你的孩子在这些方面遇到问题，写下他们生活中正在发生（或没有发生）的事情，这些事情是你认为可能导致电子产品占据他们生活的主要原因。

专注

如果我们沉迷于数字世界，或者经常被信息分散注意力，我们可能会发现我们对周围世界的认知下降了。如果我们一边走路，一边用手机看新闻或回复信息，我们可能会错过美丽的日落，也不会注意到自己的感受或身体体验。如果孩子不开心地走进房间，而我们正在用手机处理工作邮件，我们可能会错过他们不高兴的暗示，并错失一次有意义的交流机会。多巴胺与未来有关，从电子设备（或者其他事物）中获取太多的多巴胺，可能会阻止我们充分体验当下。在我们本应全身心投入某件事，或者与我们关心的人共度时光时，电子产品可能会带来一些意想不到的压力因素（比如，当你正在享受另一项活动或者准备入睡时，手机上突然弹出的信息、新闻推送或电子邮件会分散你的注意力，引发你的反应）。电子产品有可能转移我们的注意力，让我们无法专注于当下的重要事情。

当孩子或我们自己做一些愉快的活动（比如玩电子游戏）时，大脑会释放一种叫做多巴胺的神经递质,它提供了一种愉悦的感觉。这是对于即将发生的事情产生的兴奋感,它给我们能量和希望,让我们感到有动力。

我们的祖先会依赖多巴胺来确保有助于生存的事物能引起他们的注意(例如,地平线上的羚羊、灌木丛上的浆果、潜在的伴侣)。多巴胺的激增创造了追求这些事物的能量和动力,不是出于恐惧,而是出于渴望。为了承担必要的风险并忍受劳累带来的不适,多巴胺会让你兴奋,直到达到目标。

未来与当下

多巴胺并不是唯一能给我们带来快乐的神经递质,血清素、催产素和内啡肽这些重要的神经化学物质也能帮助我们享受当下,对生活感到满足。当我们参与体验(例如,在身体和情感上与他人亲近,或者进行需要体力和思维的创造性活动)时,我们倾向于激活这些神经化学物质。

利伯曼(Lieberman)和隆(Long)详细描述了多巴胺(驱动力)与这些即时满足的化学物质之间的微妙平衡。他们的著作《更多的分子》强调,聪明地使用多巴胺,可避免因沉迷于某项事物而变得贪得无厌,还可以平衡这些即时满足的神经化学物质,以保护我们的心理健康并维持幸福感[21]。我们既需要当下,也需要未来的神经化学物质来体验有意义的生活,但我们所做的事情以及我们如何集中注意力会极大地影响两者之间的平衡。

当身体内的多巴胺水平增加时,会停止产生让当下感觉良好的神经化学物质。(我们的祖先为了狩猎,需要关闭"满足"的神经化学物质,否则他们就不会努力去追捕羚羊了。)这类似于一个跷跷板(见下图):即时满足的化学物质被激活时,多巴胺就会暂时关闭。这让我们放松身心,享受当下。

保持动力和享受生活需要这两个系统之间的微妙平衡。我们经历的事情可以导致系统失衡。如果我们沉浸在持续由多巴胺驱动的活动中，我们可能会发现自己很难过渡到享受当下和对生活感到满足的状态。同样，如果我们陷入当下强烈的消极想法和负面情绪中，会使我们失去解决问题的动力和能量。

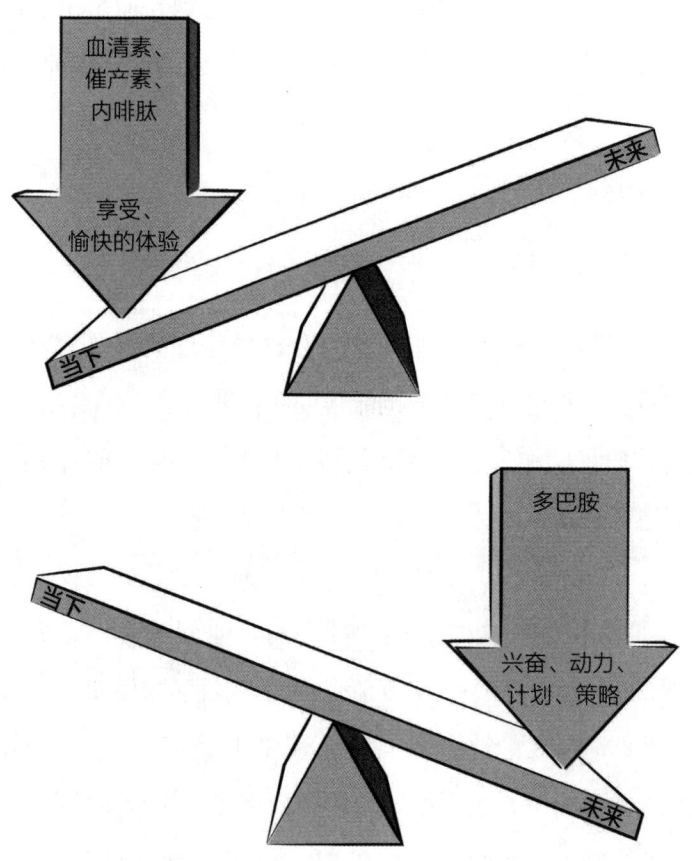

如果想要有意识地关注当下、关注我们正在做的事情，可能需要在此期间把电子设备放到一边。正如"重要建议"（第 65 页）所描述的那样，我们要养成一些习惯，保证一天中的某段时间或某些活动免受电子设备的干扰和诱惑。由于孩子的自律性和冲动控制比较薄弱，他们在这方面需要更多的帮助。

不断学习

数字技术和网络游戏为学习和增长知识提供了许多机会。过去五年的研究已经开始记录它们给儿童和青少年带来的一些好处。荷兰拉德堡德大学的研究员伊莎贝拉·格兰尼奇（Isabela Granic）表示，许多电子游戏为年轻人提供了社交、认知和情感体验，还可以提升幸福感[22]。社交游戏让儿童和青少年能够体验不同的生活场景，帮助他们培养技能，而这些技能将在类似的现实生活场景中发挥作用。还有一些有据可查的认知上的好处，包括对创造力、空间推理、逻辑思维和团队合作带来的益处。电子游戏可以让年轻人暂时摆脱像欺凌这样的负面生活境遇，让他们体验到自豪感、成就感和掌控感。

对于一些年轻人来说，游戏可能提供了一种在现实世界中无法获得的能力感，他们扮演的角色通常都身手矫健且技艺高超。对于年轻人来说，他们可能觉得在现实世界中无法获得即时反馈，但在游戏中可以，这使得游戏体验对孩子而言变得更加重要。

为什么让孩子放下电子设备这么难？

作为一个母亲，我很难说服孩子离开电子设备或者不去想它们，有时甚至还会因此火冒三丈。年轻人如此沉迷于电子游戏和其他形式的数字媒体有几个原因。

多巴胺

斯坦福大学心理学教授拉塞尔·波尔德拉克（Russell Poldrack）称多巴胺为"我还想要"的神经递质，因为一旦我们经历了多巴胺的刺激，我们的大脑会自动渴望更多。[23]

如上所述，多巴胺不仅激活了我们对远处有吸引力的人、橱窗里的美味蛋糕、我们仰慕的人穿的名牌运动鞋的欲望，还赋予我们为了得到它们所需的能量、专注力和毅力。它支持我们制订计划和策略，让我们知道如何才能做到最好，并且在我们实现目标时给予我们一种奖励感。多巴胺喜欢新鲜事物、意想不到的胜利和追逐的刺激。它对当下和享受当下不太感兴趣。所以，当我们达到目标时，如果有新的或更好的事物出现，它会再次带我们去追逐。多巴胺希望我们不断前进、探索、追逐梦想和渴望更多。如果你能与团队中的其他人一起追求一个共同的目标，那就更好了。听起来是不是很熟悉？

多巴胺和电子游戏如影相随绝非偶然。2022年，全球电子游戏收入达到1844亿美元。数字娱乐和社交媒体也创造了数十亿美元的收入。在这些数字背后，隐藏着大量的投资和专业技术，以确保用户黏度，并通过大量数据测算怎样最大限度地保证我们的参与度。因此，这些游戏和平台背后的程序员找到了最有效的方法来控制我们的多巴胺系统，让我们不断追逐梦想并且渴望更多，这也是合情合理的。同样，政策制定者需要确保这些公司行事负责，保护年轻人的心理健康，而不是利用他们的心理需求。

新奇偏见

我们的大脑有一种研究人员称之为"新奇偏见"的东西,这意味着我们的大脑天生就会寻找和关注我们环境中出现的新事物。电子游戏(以及电子产品)呈现出一个不断变化的环境,这个环境专门用来吸引我们的注意力,而且与其他有自然结局的活动不同,现在的很多游戏都没有结束的提示。这意味着它们本质上是一个无底洞,充满了吸引注意力的新奇事物。"妈妈,我不能停止游戏,我会死的!"

戒断和渴望更多

尽管研究仍不明确,但越来越多的证据表明,长期来看,电子游戏不会明显增加人的攻击性。然而,我们都会经历这样的时刻:当我们坚持让年轻人离开电脑时,他们会非常抗拒并表现出攻击性。

在一天中,我们不断从一个活动过渡到另一个活动,而大多数情况下,我们甚至都没有注意到这些过渡,因为它是自然而然发生的。年轻人,尤其是那些具有神经多样性(如孤独症或多动症)的年轻人,可能会觉得这些过渡很困难,因为这涉及变化和注意力的转移。从完全沉浸的事情中脱离出来回归现实可能非常不易,有时还会导致冲突。了解大脑化学可以帮助我们理解这种反应。

多巴胺崩溃

由于电子活动通过多巴胺带来的奖励感刺激了他们的大脑,所以孩子离开电子产品后,可能会经历一个短暂的戒断期(有点像你吃到一半的美味冰激凌被别人拿走时的感觉)。我喜欢将其理解为大脑需要在没有游戏刺激的情况下重新调整("把冰激凌还给我!我还想吃呢!")。在这个重新调整的过程中(可能只需要几分钟),大脑会经历多巴胺崩溃,因为刺激被拿走了,这让你感觉很难受,渴望把那个东西拿回来,从而摆脱崩溃的痛苦。然而,大脑需要经历这种崩溃,才能恢复到正常的多巴胺分泌水平,并在没有刺激(游戏或冰激凌)的情况下继续工作。

战斗或逃离

一些电子游戏,尤其是生存游戏,可以激活我们所称之为大脑中的战斗或逃离(压力)反应(见第 7 章)。当这种情况出现时,我们的身体会充满应激性神经化学物质——肾上腺素和皮质醇。它们会增加我们的心率,使我们更能意识到危险并对其做出反应,从而提高力量和专注力。这种专注力可以帮助我们更精确地追逐目标。当战斗或逃离机制被激活时,孩子很可能会变得更加沮丧和愤怒(对自己或他人)。在这种高度兴奋的状态下,你可能会看到他们在游戏中变得痛苦,并且难以从游戏转移到其他活动中去。

电子产品对孩子和青少年的大脑和身体产生了强烈的影响,这意味着他们在脱离完全沉浸的令人兴奋的世界时需要特殊处理。让他们了解这个过程也有好处,这样他们更能意识到:在自己能掌控这些让人上瘾的东西之前,可能需要你的帮助。

管理玩游戏和电子产品时间的重要建议：

★ 避免在没有提醒的情况下关掉孩子的游戏。这有点像忽然拿走你喜欢的东西时你会出现的反应。

★ 尽量给出希望孩子结束电子游戏的时间，并和孩子一起制订一个清晰的计划，让他们在关掉游戏之前，可以安全到达游戏／活动中的某个地点（例如，"我们今天下午 6 : 30 吃饭，所以你可以在下午 6 点开始结束你的游戏吗？如果你愿意，我可以在还有 5 分钟的时候提醒你。"）

★ 尽量不要在孩子的多巴胺崩溃阶段和他们针锋相对，因为这时候矛盾往往会升级，让双方都更加痛苦和愤怒。我避免对孩子们进行说教，或指出我为什么不喜欢他们玩游戏，因为这会导致进一步的冲突。

★ 我会在孩子们冷静下来时，向他们解释多巴胺崩溃的情况，并告诉他们在离开电子设备时可能会感到不快和气愤。我还会告诉他们这种感觉会过去，并和他们一起思考如何在这个过渡期减少伤害。共同商定可能有帮助的措施（例如，提前 5 分钟提醒、不大喊大叫、搬到远离电子设备的另一个房间）。如此一来，这些小问题就不会引发过多的关注或破坏一天的心情了。

★ 一些儿童／青少年可能会觉得某些游戏过于刺激或触发战斗或逃离反应，导致他们在玩游戏时产生高度的挫败感，并在退出游戏后遇到更多困难。这些孩子可能更适合玩一些不那么刺激的游戏，就不会产生这些负面影响。根据孩子的年龄和负面影响的程度，你可能要限制他们玩一些游戏，直到他们能够更好地应对游戏的要求。

★ 制订一些规则，确保特定时间免受游戏/电子设备干扰（例如，全家一起吃饭时不能玩任何电子设备；家庭交流或互动时关闭 Wi-Fi）。刚开始引入这些规则时可能会引起负面反应，但如果向孩子们解释清楚这些规则是公平、一致的，并且你自己也遵守这些规则，那么他们很快就会适应。

★ 确保孩子们可以通过各种渠道学习，而不只是通过电子设备，这有助于他们以平衡的方式参与学习和活动。让孩子有机会进行其他活动，即使这些活动与他们感兴趣的游戏相关（例如，在花园里踢球与在线踢足球；学画漫画角色与看动漫；拼乐高模型与玩乐高蝙蝠侠电子游戏）。如果你参与其中或表现得对他们的最终成果（模型或绘画）非常感兴趣，那么这些现实中的活动也会对孩子更具吸引力。即使只是看着孩子踢足球，也会给他们带来快乐。

★ 让孩子有机会在游戏之外获得掌控感，让他们感受到游戏并不是唯一能够获得这种感觉的地方。无论是烹饪、运动、制作模型、讲故事、用艺术或其他材料创作，还是制作音乐，鼓励孩子对他们能够做到的事情感到满意，都可以确保孩子不仅能通过网上的活动有所收获并获得成就感，还可以通过其他激活多巴胺和神经化学物质的活动来享受当下。你可能需要投入一些时间

> 来帮助他们掌握这些活动所需的技能。请记住,"少而精"的投入比不定期的大量投入更有帮助。

心流

你是否曾沉浸于一项令人愉快的活动,以至于其他任何事情都变得无关紧要?这是不是一项既具有挑战性又能够实现的任务?有没有发现,当你的行动和意识融为一体,你就不会再沉溺于自我意识或思维反刍中?

如果是这样的话,这很可能就是心理学家米哈里·契克森米哈赖(Mihaly Csikszentmihalyi)所描述的"心流"[24]。契克森米哈赖发现,那些完全沉浸在某项活动(这项活动具有足够的挑战性,但又不至于难到让他们感到挫败或无法实现)中的人,会拥有更高水平的满足感。研究人员还发现,当与他人一起进行心流活动时,人们会获得更多的快乐。

有时,数字世界可以为孩子创造体验心流的机会。在游戏中,他们的技能与任务完美匹配,他们既不会过度激活(沮丧或痛苦;例如,刺激肾上腺素的冒险游戏),也不会低度激活(无聊或被动;例如,看电视节目或者刷社交媒体)。孩子完全沉浸在"我的世界"游戏的建造中,就是心流活动的一个例子。

分心会破坏心流,因此一个充满干扰的繁忙环境不利于心流活动的开展。让孩子有机会参与数字世界之外的心流活动,可以激活当下感觉良好所需的神经化学物质，对大脑发育和幸福感有积极影响。参与运动（体育、舞蹈）和创造性活动（绘画、建筑、演奏乐器、写作、阅读、烹饪）特别有助于激发这一点。心流的关键是做一些你喜欢的事情，且这件事的难度和你的能力相匹配。

活动时间

写下你的孩子参与的能够促进心流的活动。这些活动中，哪些不需要电子设备？你会做什么活动来促进心流？你如何给你和孩子在一天中创造更多的心流机会呢？记住：5~10分钟就足够了。

给予

作为一个有全职工作的单亲妈妈，我总是依靠电子设备来让我的孩子有事可做，同时减少家庭冲突。如果我的每个孩子都沉浸在自己的虚拟世界中，他们就不会闹矛盾、不会惹事，也不会想要出去做一些我无法看管的事情。通常情况下，当他们忙着玩自己的电子设备时，我也在忙着使用我的电子设备。这对我来说非常有教训意义。我发现自己对此感到内疚，担心自己是一个失败的家长。

年轻人总是敏锐地观察着周围的世界。事实证明，他们受我们行为的影响要远远大于受我们言语的影响。当我让孩子们放下他们的电子设备时，他们会反驳说我也总坐在我的屏幕前，而且我那会儿也不听他们的。我的说辞是，"是的，但我在工作"或者，"我在问姥姥身体怎么样"。其实，我的借口和他们的借口并没有太大的不同。我正在努力做的一件事是，抽出时间陪伴我的孩子们，且不限于形式。

作为一个疲惫不堪的妈妈，对我来说，一天结束后最大的收获就是和我的儿子或女儿一起坐下来，看我们都喜欢的节目。（我已经和我的三个孩子一起看了《怪奇物语》！）我们期待彼此陪伴的时光，一起看荧幕里讲述的故事。当我不在孩子身边时，我会尽量给他们发鼓励性的短信或者照片，表明我在想念他们。这一点尤其重要，因为他们有一部分时间和他们的父亲住在一起，不跟我住。如果我有更多的精力，在他们的允许下，我能加入他们的网络世界就更好了，比如抽出时间一起制作短视频或玩游戏。这样做有双重好处，一方面让我更加理解网络世界为何如此吸引他们，另一方面也让我能够按照孩子们的方式，在他们擅长的领域给予他们更多有质量的陪伴。

数字技术为我们提供了向他人传递正能量的机会，但同时也提供了许多占用我们时间和精力的机会。对我来说，找到平衡是一场持久战。有意识地利用技术来帮助自己和他人获得积极的时间和精力，而不是把时间和精力浪费在那些无用和恶意的事情上。从理论上讲，如果我们有思考地使用数字技术，它应该能够增加我们从事其他活动的时间。

找到平衡

电子产品的使用时间和数字技术的使用都是复杂的话题，没有固定答案。当我们感到不知所措时，非黑即白的回答往往会更有帮助，而模棱两可的答案会让我们更加迷茫。我试着摆脱这个规则，就是每天问自己这个重要的问题：我和家人使用数字技术的方式是帮助还是阻碍我在"幸福算盘"领域的发展？我可以做哪些小事来趋利避害呢？我也会考虑孩子生活中可能发生的其他事情，这些事情可能会对他们的情绪产生影响，并导致他们过度依赖电子产品。

我知道我在与一个价值数十亿美元的产业竞争，所以当他们拒绝离开电子产品时，我也不会太过为难他们。在海滩上度过的一天不再像儿时那样令人兴奋，这不是我的错，也不是他们的错。但他们还是会放下电子设备，我们也还是会去沙滩。我坚信，与孩子、朋友和家人真正地共度时光对我们来说是最有价值的，这其中可能有电子产品的参与，也可能没有。

有充分的证据表明，一些应用程序可以为年轻人提供信息和支持，帮助他们应对情绪低落、焦虑和其他问题。向孩子们推荐这些资源，让他们可以方便地使用这些资源，这对他们很有帮助。

未来

数字技术将持续发展，更加深入我们的生活，变得更加复杂。在这方面，孩子可能很快就会比我们掌握得更熟练。他们不仅是当前技术的使用者，也是这个领域未来的程序员和创造者。他们可能会成为政策制定者,影响强大的数字技术的监管方式。我们可能需要借鉴他们的经验,学习如何管理自己和年幼孩子的数字世界。

虽然我们有很多系统性的方法可以帮助孩子管理时间和他们在网上接触的内容,比如在晚上某个特定时间关电脑,以及开启青少年模式。但其实,最终我们对孩子的影响取决于我们和他们的关系。通过帮助他们理解技术的利弊,并花时间积极倾听他们的问题,我们将能够更好地找到平衡点,以支持和合作的方式与他们一同解决问题。

活动时间

你能在每个幸福领域做出哪些微小改变,帮助你和家人在使用数字技术中取得平衡?

	鼓励积极影响	防范负面影响
与他人建立联系		
体育活动		
睡眠		
饮食		
保持专注		
不断学习		
给予		

小　结

- 数字技术已经融入我们生活的方方面面。我们不能忽视它对家庭生活的影响。
- 研究尚不清楚数字技术对心理健康的影响。重点不应该放在我们在电子产品上花了多少时间,而是我们使用电子产品做了什么。
- 电子产品的使用既可以提升也可以降低七个领域的幸福感:

    ★　数字技术可以帮助社交。但是负面交往和过分关注网络流量,也会出现社交问题。培养孩子的好奇心,让他们有机会了解这些交往,可以保护他们免受负面因素的影响。

    ★　睡眠、体育活动、饮食行为和过度使用电子产品之间的关系是复杂的。做一些微小而实际的改变,洞察孩子的情感世界,可以帮助他们避免在这方面出现问题。

    ★　数字技术提供了许多学习机会,让人有掌控感。游戏和社交媒体的设计尽可能具有吸引力,就是为了让用户持续使用。因此,我们很难控制花在它们上面的时间。给孩子设定限制,并让他们有机会参与现实生活中的活动,有助于他们在这个领域建立平衡。

    ★　数字技术会分散我们的注意力,让我们无法享受当下,难以关注周围的世界。进行"心流"活动可以提升幸福感。

    ★　技术往往让我们与孩子以及其他重要的人之间的距离越来越远。然而,我们在方法上稍作调整就能产生巨大的变化。

- 我们与孩子的关系至关重要,可以帮助我们保护并引领他们安全地探索数字世界,他们长大之后,将不可避免地影响数字世界。

第二部分

难受的感觉：
好的、坏的和难以启齿的

第四章
感觉与行为之间的联系

当我们体验到爱和归属感带来的快乐时,没有什么比这更美好了。在演唱会上牵着爱人的手、在夏日里与好友嬉闹、惊奇地注视着刚出生的婴儿,这些场景都能唤起这种感觉。但这些高光时刻无法一直持续。

你之所以阅读这本书,可能是因为你的家庭出现了一些让人心烦意乱的感觉,并且引发了愤怒、悲伤、焦虑、悲痛、恐惧、孤独这些情绪。这些情绪可能会引发苦恼,从而产生内部和外部矛盾。作为父母,我们可能会因为孩子有时无法控制自己的情绪(例如,爆发性的愤怒导致破坏性行为和反抗)而感到挫败。有时候,我们可能无法理解孩子的情绪,也不理解他们为什么会有情绪,这让我们既困惑又担心。我们可能会看到孩子陷入强烈的焦虑之中,感觉他们与我们疏远,甚至做出有害的行为来试图应对。

成功管理情绪对良好的心理健康、社会关系和学业成就至关重要。孩子们在成长过程中,学会如何处理自己的感受将是他们面临的最重要的任务之一。随着孩子的成长,他们可能对发生在自己身上的事情产生极端的情绪反应。作为父母或看护人,我们的任务就是帮助孩子理解这些感受,并学会如何有效地运用它们。这个过程被称为情绪调节。情绪调节还包括教导孩子行为越界的后果。要做到这一点并不容易,尤其是当我们把自己的情绪掺杂其中时。

本书这一节将探讨为何感觉如此重要、情绪背后的神经科学以及我们作为父母该如何切实帮助孩子培养良好的情绪调节能力。

我需要担心孩子吗？

当年轻人面临以下情况时，通常会出现心理健康和人际关系方面的问题：

★ 难以有效地理解和沟通自己的感受
★ 周围的人没有为他们提供所需的支持

这意味着他们的情感需求没有得到满足，这可能导致反叛行为，还可能引发焦虑、情绪低落和自残。

根据我的经验，我接触过的大多数有心理健康问题的青少年，都是因为他们被自己不想要或不理解的感受压垮了。我帮助他们结合生活中发生的事情来理解这些情绪。我接触的大多数青少年都告诉我，他们尝试过各种办法来摆脱这些难受的感觉。通常，他们试图压抑这些感觉，将其藏在心底，却发现这些感觉会卷土重来，而且比以前更强烈。许多青少年试图找到管理这些感觉的方法，比如通过控制思想（强迫性思维模式）、饮食（饮食失调）或者身体疼痛（自残）。然而，他们周围的成年人往往对他们内心的状况有着完全不同的看法，可能会觉得他们不服从管教或者性格孤僻，而不是情绪上出现了问题。这往往会让孩子们经常感到被误解和孤独。

有时，年幼的孩子会被推荐来找我，因为他们似乎对自己的情绪失去了控制，以至于在需要他们遵守家庭和学校的规则时，他们会出现巨大的情绪爆发，有时甚至会伤害自己或他人。

虽然这些可能是比较极端的例子，但事实很简单，对我们所有人来说，生活中遇到的困难都可能会导致强烈的情绪。情绪反过来又会影响接下来发生的事情（我们做什么）、我们与他人和世界的关系，以及我们对自己的感觉。

当孩子遇到困难和挫折时，他们自然需要周围的人帮他们理解自己的感受和背后的原因，并学会向他人表达自己的需求。如果我们能帮助孩子培养这方面的技能，就等于帮他们维护了幸福感，锻炼他们学习和建立积极人际关系的能力。

在这方面需要更多帮助的青少年往往：

★ 敏感，无论是内部事件（如自我批评）还是外部事件（如被责备），都会更快地引发强烈的情绪（其他人必须小心翼翼地和他们相处才能避免他们情绪爆发）

★ 一旦陷入苦恼，他们要花很长时间才能平静下来

★ 情绪更加强烈，在某些情况下反应过激

本书这一节介绍的方法对以上孩子尤其有帮助。每个人都会有情绪，这些方法适用于所有儿童和成人，可以有效地帮助每个人建立良好的情绪调节。如果你对孩子出现这些情绪问题的原因感兴趣，请阅读第109页"创伤：我们身上发生了什么？"

为什么情绪很重要

情绪通过以下方式保证我们的进化和生存：

- ★ 快速识别和应对威胁（保护）
- ★ 激励和发展自我（动力）
- ★ 与周围的人进行沟通（联系）
- ★ 让生活变得有价值（享受）

在这个过程中，我们在生理上（例如，心率增加）和心理上（思维和感受）都会产生变化，并且极大地影响我们的行为。

情绪往往是由外部事件和内心想法引发的。从本质上讲，情绪是一个信息系统，让我们了解事物的进展并推动我们采取行动。受过去经历的影响，我们的情绪往往是多层、复杂的。我们很少单独体验某一种情绪。能够识别这些情绪并适当地与他人沟通，可以提高自我意识、与他人建立有意义的联系，并做出正确的决策。

孩子的情绪可能是什么样的

随着我们长大成人，我们学会了用语言来表达自己的情绪，也学会了隐藏情绪，比如在我感到痛苦的时候，我虽然想大喊大叫，但我实际上只会说"我很沮丧"；或者在我激动的时候，我明明高兴得想要跳起来，然而我

第二部分 难受的感觉：好的、坏的和难以启齿的

只说了一句"这是个好消息"。由于年幼的孩子不太会用言语表达自己的感受，因此他们的情绪线索通常体现在他们的肢体动作（行为）中。为了帮助你理解孩子的行为与他们的感受之间的联系，请参考下面的活动，探索孩子如何通过行为来表达感受，并看看这些行为是否有助于满足他们的情感需求。

♟ 活动时间

在下面的表格中，你会看到孩子可能经历的一系列情绪，以及这些情绪在行为上如何表现。

1. 在第一行，写下一个孩子可能会遇到困难的情况。
2. 圈出孩子在此情况下的行为。
3. 圈出行为背后可能隐藏的情绪迹象。
4. 最后（最下面一行），根据孩子的行为，写下他人最有可能的回应。

1.情况	
2.外在行为	
3.内在情绪	
4.他人的回应	

有时候，情绪引发的行为有助于从他人那里得到满足情感需求所需的反应（例如，我儿子的宠物死了，他哭了。我的回应是

安慰并拥抱了他）。还有一些时候，情绪引发的行为得到了他人的回应，但这些回应无法满足情感需求（例如，当我儿子因为妹妹抢了他的糖而生气时，他打了妹妹。而我的回应是吼他、惩罚他，这让我儿子觉得受到了不公平对待，让他更加生气）。回顾一下你写的例子，孩子的行为是否满足了他们的情感需求？

从孩子的外在行为中选择一个你认为最棘手的行为。背后的潜在情绪可能是什么？这种行为对满足他们潜在的情感需求是否有帮助？

情绪强烈，让人无法自控

每个父母都知道，在情绪爆满的时候，强烈的感受会让人难以自控。当一个家庭成员经历某种强烈的感受时，这种感受会蔓延至整个家庭。虽然情感能帮助我们过上充实而有意义的生活，但有时也会妨碍我们学习和维持积极的人际关系。

我接触过的大多数家庭和青少年都在某种程度上与强烈的情绪作过斗争。这些情绪可能会导致他们爆发、自闭、变得不配合或具有破坏性（比如愤怒、恐惧）。他们可能会试图推开一些情绪（比如悲伤、羞耻），但这些情绪还会不断出现。为了帮助这些家庭理解这些问题，我发现用简单的术语解释大脑是如何工作的，就能帮他们理解青少年在这些痛苦时刻，内心发生了什么。了解这些，就能减少因无法控制这些情绪而导致的沮丧和内疚。我分享的这些方法能够用来妥善应对这些情况,并帮助家庭成员理解背后的原因。

房子一样的大脑

临床精神病学教授丹·西格尔博士(Dr. Dan Siegel)和儿童及青少年心理治疗师蒂娜·佩恩·布莱森博士(Dr. Tina Payne Bryson)说大脑就像一座房子[25],这也是我经常用的比喻。我们可以想象大脑被分为两个部分,一个是楼上,一个是楼下。

下层大脑

下层(情绪边缘叶)大脑,是我们情绪(愤怒、快乐、恐惧和兴奋)的栖息地。它也是我们大脑中的警报系统,可以检测到不安全的事物。它的一切都与生存有关,能让我们时刻注意周围的事物(见142页,战斗或逃离),确保我们能够迅速脱离危险。我们出生时,大脑的这一部分就已经发育完善,并自动开始工作。这就是婴儿在饥饿、寒冷或害怕时会哭的原因。它与身体的生理系统(自主神经系统)密切相关,它会发出身体信号,作为一种有效的沟通方式(哭泣、微笑、扭动四肢、伸出手臂)。于是我们作为父母,知道要照顾好自己的宝宝(喂饱他们,让他们保持温暖、干爽和清洁),并确保他们远离危险。随着婴儿逐渐成长为儿童,他们靠这个系统来摆脱危险(比如跑、战斗、一动不动)。

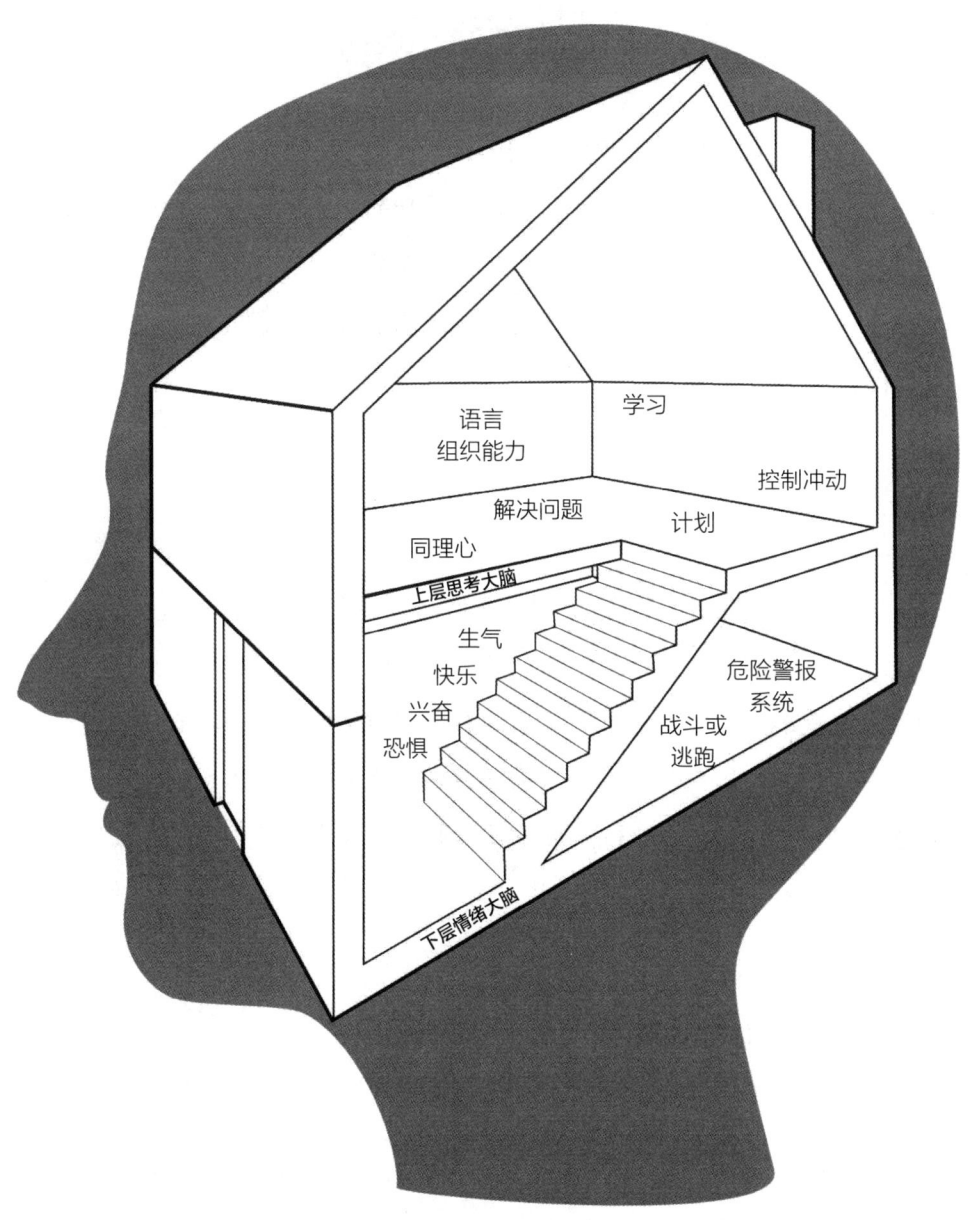

上层大脑

上层大脑（思考——前额叶皮层）是我们大脑的控制塔，语言在这里发展，我们的自我组织、解决问题和描述感受的能力也在这里发展。它帮助我们以逻辑思维思考问题。我们出生时，大脑的上层部分尚未发育好，大约需要24年才能发育完全。在孩子的成长过程中，我们需要为他们提供有助于开发大脑这一部分的学习经验。

楼梯

如上页图片所示，上层大脑和下层大脑之间有一个楼梯。这种联系有助于上下层脑之间的沟通，并知道在什么情况下该做什么事。如果下层大脑过度兴奋或不安，上层大脑可以找出解决问题的方法，采取有计划的行动，然后向下层大脑发出信号，让其冷静下来。孩子关联上层大脑和下层大脑的机会越多，这两部分之间的联系就越紧密。作为父母，我们在帮助孩子建立这种联系方面发挥着关键作用。

房子一样的大脑和饼干

如果你是父母，很可能在某个时候，你的孩子不合时宜地想要一块饼干或者零食，而你作为父母，只能说不行。对于大多数幼儿来说，他们的自然反应是哭闹、抗议，也许还会扑倒在地大喊："我要饼干！"他们的下层大脑正在全速运转，让他们做出这样的行为。如果你吼回去，你的孩子可能会开始尖叫，也可能会安静地躲到一边。此时，他们的下层大脑掌控着局面：在生存模式下，继续抗议从而得到饼干，或者退缩躲藏，避免更坏的事情发生。

如果你对孩子大吼，你会让他们的下层大脑产生更多的压力。相反，如果你用安抚的语气对孩子说："我知道你想要一块饼干，感觉很不开心是不是？"他们更有可能平静下来，也许还会接受你的拥抱。你的孩子大概会爬到你的腿上，或者让你把他们抱起来。你可以温柔地说："可是快吃午饭了，吃完午饭再吃饼干怎么样？"在那一刻，你在用你的上层大脑与你孩子的下层大脑建立联系，通过让他们再次感到安全来安抚他们："没事的，别哭了。不会有人说你的。一会儿就有饼干吃了。"你把你的上层大脑借给了孩子，帮助他们调节自己的情绪。即使他们可能不喜欢这个结果，但在你的帮助下，他们能够忍受这种没有饼干的感觉了。孩子的下层大脑被你的上层大脑抚慰的次数越多，你们之间的联系就更紧密，他们也就能更好地调节自己的情绪。

回想一个你把上层大脑借给孩子，帮助他们减轻痛苦的情景。是什么时候开始起效的？这将有助于了解哪些方式对你的孩子有效（例如，用平静的声音说话，在做出回应之前稍作停顿，在孩子烦躁时给他们空间）。请参阅第5章，了解更多重要建议。

发脾气

你可能亲身经历过或目睹过，孩子或其他成年人的下层大脑劫持上层大脑的情景。丹·西格尔博士和蒂娜·佩恩·布莱森用"发脾气"一词来描述这种情况。如果你看一下第86页的插图，就会发现，随着下层大脑变得活跃，上层大脑会像盒子的盖子一样被下层大脑"翻转"。当这种情况发生时，我们无法听进去别人说的话,也听不到逻辑,这一切都变成了白噪声,因为我们的逻辑思维大脑被切断了。我们的大脑通过这种方式保护我们免受危险。毕竟,下层大脑喜欢掌控一切,确保它完成最重要的工作——照顾我们。下层大脑反应迅速,因为它知道在危险的情况下需要快速反应。它不想被上层大脑拖慢,所以它会切断联系来保护我们。然而,当我们被下层大脑接管时,可能会做一些不利于缓解痛苦的事。许多年轻人可能会大喊大叫、大哭、打人、跑走;对我们的孩子来说,他们可能会暴跳如雷、摔门离去,找地方一个人待着,然后沉浸在痛苦中伤害自己。

活动时间

在回答这些问题之前,想想你的孩子最近"发脾气"的场景,把它写下来。

1. 你是如何知道孩子情绪失控了(例如,尖叫、大哭、打人、逃跑、退缩)?
2. 在那之前发生了什么事?
3. 你认为孩子那时正在经历什么情绪/感受?
4. 孩子周围的人有什么反应?
5. 这种反应有帮助吗?还是让情况变得更坏?
6. 在这件事结束后,孩子是否对自己有了更好的了解?
7. 如果孩子不那么受下层大脑的驱使,他们可能会有什么不同的表现?

第5章将会介绍如果你的孩子"发脾气",你该如何应对。

> **百科时间**

青春期大脑的变化

从 13 岁到 24 岁,上层大脑和下层大脑都发生了很多变化(我们将在第 14 章详细讨论这个问题)。在青春期,下层大脑会对威胁信号变得更加敏感,尤其是与社交不顺利有关的事情。上层大脑也在忙于自我重组,为成年做准备。这意味着在青春期很难管理强烈的情感,如果楼梯不够坚固的话,会让情况更加难办。

第二部分　难受的感觉：好的、坏的和难以启齿的

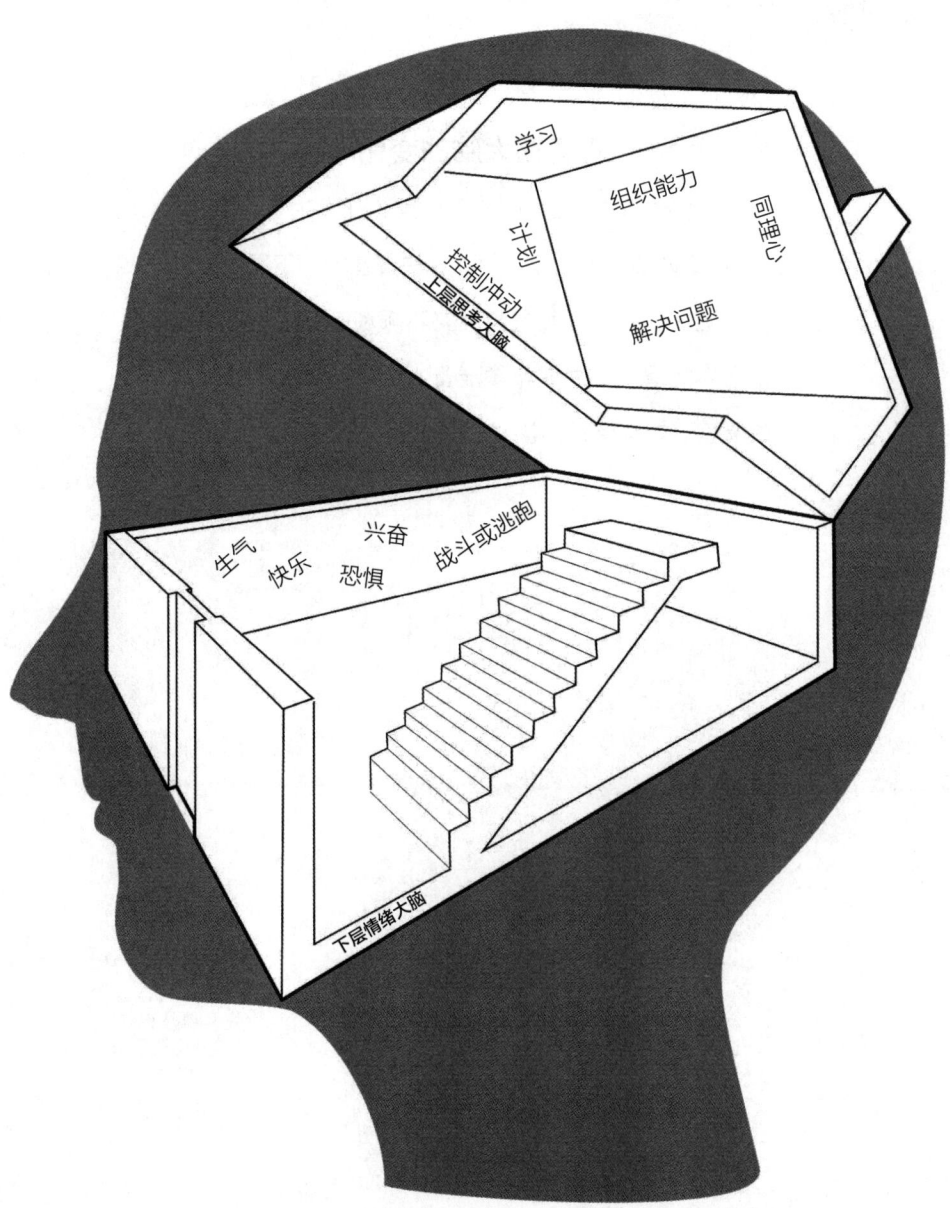

当你发脾气时

在压力较大的环境中,发脾气是会传染的。在许多家庭里,压力的增加会导致其他家庭成员(兄弟姐妹和父母)发脾气。孩子总是能按动我们发脾气的按钮。作为父母,我们总是要处理日常生活中的琐事,而孩子的行为有时让我们应接不暇。

就我个人而言,我很难在孩子对我或者他们的兄弟姐妹粗鲁无礼或咄咄逼人时,心平气和地同他们交流。如果我在一天的工作后感到疲惫,我会更加难以控制自己的情绪。在我发脾气,说了些毫无益处的话之后,我和孩子的情绪会更差,我们的关系也会受到影响。这是一个很难打破的循环。

这个场景对许多正在阅读本页的家长而言并不陌生。我们每个家庭的故事都不相同,并且在我们成长的过程中都会有自己的经历。这是与我们所爱的人共同生活、共同应对生活和人际关系挑战的自然反应。本书的这一部分是为了让你深入了解我们如何陷入以及为什么会陷入这些无益的境况,为你提供不同的方法来处理它们,从而提升整合性、灵活性和适应性,让你和你的家庭过得更好。下面让我们看看贝拉的故事。

/ 案例研究 /
贝拉的故事(第一部分)

在接下来的两章中,我们将跟随贝拉和她的父母一起尝试我与大家分享的方法,以帮助管理和理解强烈的情绪。

问题所在

来认识一下约翰逊一家。贝拉今年十二岁,她的妈妈和继父都需要帮助。贝拉经常情绪爆发,并且伴有破坏性行为。她会打人、砸东西,家人担心她在暴怒时会伤害自己和她的弟弟。

家庭状况

贝拉在 10 岁之前的大部分时间都和爸爸生活在一起,但在过去的两年里,她大部分时间与妈妈、继父和同母异父的弟弟一起生活。贝拉说搬过来是因为妈妈的生活更安稳,她也会得到更多温暖和照顾。她说爸爸那边生活比较随性,不太稳定。

事情变得不妙

为了更好地了解情况,我向贝拉的妈妈和继父询问了贝拉最失控的一次是什么时候。他们说,贝拉和爸爸一起过了几个周末,在她从爸爸家回来之后,事情就变得不对劲了。贝拉会经常发脾气,但问她怎么了,她都会说没事。芝麻大的小事都会让她生气,接着事情就升级到了让家里的每个人都烦躁和害怕的地步。

房子一样的大脑

为了帮他们理解贝拉现在的状况,我向约翰逊一家介绍了"房子一样的大脑"这个概念。我们通过分析某个星期天晚上贝拉从她爸爸那里回到家时她的失控行为，来了解当时所有家庭成员的大脑里都发生了什么变化。我们发现，当贝拉从她爸爸那里回来时，她的下层大脑非常敏感，因为她有很多情绪在脑海中盘旋。妈妈会要求贝拉做一些事情，比如离开电脑过来吃晚饭，而贝拉会瞬间发脾气，大喊大叫并拒绝。

发脾气循环

然后，妈妈也会发脾气，直接关掉电脑。这时，贝拉的战斗或逃离机制被激活，下层大脑接管了整个大脑，然后她可能会摔遥控器、砸东西，或者跑回卧室逃离这个场景。然后，贝拉的妈妈会在她"发脾气"的地方变得更加生气，追着她大声训斥。贝拉说，妈妈一直跟着她，不停地责备她，警告她行为的后果，这让她的下层大脑完全处于崩溃状态。她们都明白，发脾气的状态一直持续，会导致她们做出事后都会后悔的行为。妈妈意识到她的过激反应只会让贝拉更加痛苦，但并没有帮助她的女儿把上层大脑和下层大脑重新连接起来（见下图）。

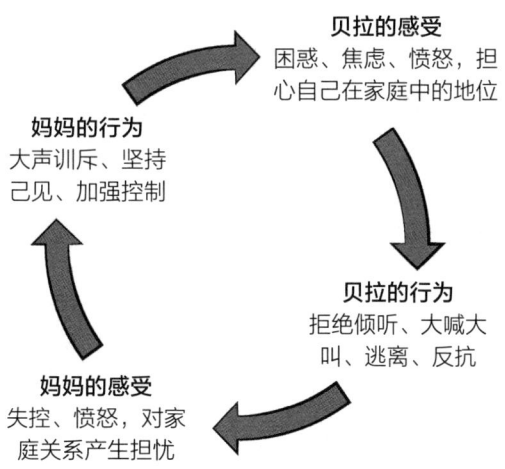

怒火触发因素

在这次讨论中,贝拉的父母理解了她的不良行为是事出有因的。这是因为她从一个家庭过渡到另一个家庭,触发了一些强烈的感受。贝拉的妈妈意识到,自己对贝拉的反应是因为她"感觉贝拉失控了,担心她不想和我生活在一起",才让她发脾气。虽然在那一刻,她觉得自己作为母亲在做正确的事情:试图阻止贝拉的破坏性行为,让贝拉明白这些行为的后果。但她后来意识到了自己如何无意中加剧了这个恶性循环。

打破循环

贝拉的妈妈和继父重新理解了贝拉在那个晚上的行为,减少了对她的指责。这也帮助我们思考如何通过改变情况或行为,将上层大脑重新连接到下层大脑,打破发脾气的循环。在下一章中,看看约翰逊一家如何做到了这一点。

翻到"表格与活动"部分,完成你和孩子的发脾气循环表格(第 320 页)。想想哪些触发因素让你和孩子各自感到特别难以把控。

通过学习生活规则来平衡情绪

在上面的案例中,贝拉和她妈妈的发脾气循环反映了我们作为父母很难在"保护孩子安全""教导他们哪些行为是可以接受的",以及"促进他们情绪发展"之间维持平衡。如果不教他们行为准则，孩子们在家庭和其他社交场合（例如，上学、去朋友家、运动）中就很难表现良好。有一次，我儿子在妹妹偷了他的糖果之后打了妹妹。如果他不学会控制自己的愤怒，不知道打别人是不对的，那么他以后的学习能力和建立积极人际关系的能力都会受到影响。有时候孩子发脾气是因为父母或者其他大人让他们做一些他们不想做的事情。但是他们需要学习接受不喜欢的事物，因为这是人生中不可避免的。我们不能因为害怕孩子发脾气，就不要求他们做该做的事情。

贝拉的妈妈之所以对贝拉的痛苦行为和贝拉不愿意做她要求的事情做出反应，是因为她担心贝拉会伤害自己或其他人，并且她知道贝拉的行为是不对的。想做一名好家长，这一点很重要也很难。贝拉的妈妈对她的行为的反应是出于爱，因为她关心贝拉，希望她成长为一个生活幸福、尊重社会规则、人格健全的人。可是，由于贝拉处于痛苦之中，她的上层大脑与下层大脑脱节，她无法将妈妈的话作为她可以学习的有益指导。相反，那些话被视为威胁和压垮骆驼的稻草。当我们的孩子感到困扰或痛苦时，他们无法学习，因为他们的上层大脑与周围世界的连接断开了。

我们作为父母，了解"房子一样的大脑"之后，就可以一边关心孩子，一边教会他们生活的规则。对于贝拉的家人来说，"房子一样的大脑"帮助他们理解，当贝拉经历强烈的感受时，她的大脑会产生一种生物反应，使她进入战斗或逃离模式，关闭她倾听和配合他人的能力。在这些时刻，贝拉父母的反应无意中导致她一直处于战斗或逃离模式。但重要的是，由于他们真心关心贝拉，他们想要找到另一种方式来表达他们对她的关心，同时也建立明确的界限。

"房子一样的大脑"表明，在这些情况下，我们能与孩子有效沟通的前提是先帮他们重新连接上下层大脑，然后再给予他们必要的指导来纠正他们的行为。

我相信当你读完这一章时,你会和约翰逊夫妇问出一样的问题:我该如何教育孩子在不受到伤害、不破坏和他人的关系的前提下,尊重家庭和社会规则,并理解自己的情绪呢?那些生活忙碌、要求高,甚至有不止一个孩子的父母,又该如何做到这一点呢?

在接下来的两章中,我会介绍一些关键的方法,让身为父母的你能够快速帮助孩子重新连接他们的下层大脑和上层大脑,从而有效地学习以下几点:

1. 通过合作和共同解决问题来学习生活的规则;
2. 如何适应难受的感觉,从而理解这些感觉对他们而言是重要的,并不是他们需要逃避的东西;
3. 如何运用自己的感受来正确决定下一步该做什么。

这些简单的方法很容易做到,每天只需几秒钟,就足以帮助孩子建立强大的情绪调节,让你的家庭变得平和、积极。

活动时间

和孩子分享"房子一样的大脑",有助于在家庭中建立共同语言,帮助孩子更好地理解自己的感受以及大脑在高压时刻可能会做什么。

掌握这个方法，孩子会理解自己身上发生了什么（"我需要休息一下，否则我要发脾气了"），以及别人的情绪（"我觉得妈妈要发脾气了，最好不要惹她"）。给孩子看看第 81 页 "房子一样的大脑" 的图片，向他们解释一下上层大脑和下层大脑。年幼的孩子可能喜欢用画笔创造一些角色，比如下层大脑里的 "生气先生、开心小姐、安全博士" 和上层大脑里的 "有条理女士、逻辑夫人、解决问题先生"。他们可能会发现某些角色比其他角色更强势一点，这有时会有助于他们理解。一起想想如何保证上下层大脑之间的连接，并想出实际可行的有效方案。

小　结

- 当孩子难以理解自己的感受，并无法和他人交流自己的感受时，往往会出现心理健康和人际关系方面的问题。
- 强烈的感受通常反映在行为上；有时这种行为会引起麻烦，并导致整个家庭的情绪都出现问题。
- 为了保证孩子健康的情绪发展，我们必须了解我们在情绪强烈时大脑发生的变化。"房子一样的大脑"可以有效地解释这一点。
- 我们有一个下层大脑，它是我们的危险警报系统。它给了我们战斗或逃离反应，是我们感受和情绪的栖息地。
- 我们还有一个上层大脑，它是我们的控制塔。这里会产生逻辑思维，帮助我们自我组织、通过语言交流、做出决定和进行学习。
- 上层大脑和下层大脑之间的连接就像一个楼梯，帮助孩子去感受重要的感觉，并采取必要的应对措施，在确保自己安全的前提下，过上美好的生活。
- 当经历痛苦情绪时，上层大脑与下层大脑会断开连接（"发脾气"）。这时，很难配合别人或听从劝导，因为上层大脑已经"离线"了。作为父母，我们可能无意中会助长这种发脾气循环，导致孩子的痛苦加重。意识到发脾气循环的存在可以帮助我们规避它。
- 所有孩子都需要周围成年人的帮助，从而:（1）调节自己的情绪（在上层大脑和下层大脑之间建立一个强大的连接——楼梯）;（2）学会如何利用自己的感受做出正确的决定。接下来的两章将介绍如何成功地做到这一点。

第五章
先连接情感，再纠正行为

前些日子，我在开车去我母亲家的路上撞车了，这场经历让人捏了一把冷汗。我和三个孩子在周五晚高峰期间被困在了高速路的中央隔离带，但值得庆幸的是大家没有受伤。在那一刻，我意识到我们的身体处于危险之中，完全依赖于许多陌生人来帮助我和我的孩子们摆脱这种危险的境地。

两个小时后，救援车来救我们时，我们简直欣喜若狂。当我们知道自己没事时，那种安全感和如释重负的感觉实在是太奇妙了。我们恨不得把这件事告知所有人，给他们都发了照片，他们的反应也让我们更加觉得自己毫发无伤真的很幸运。于是，这件事被重新定义为一场冒险，而不是一次痛苦经历。我们当时的压力和恐惧，最后都化成了宽慰。

八周之后，我收到了一封快递信。打开信封，我不可置信地看到"民事法庭命令"，要求我付一笔巨额款项，而寄信人我并不认识。那一瞬间，我的内心充满了震惊、不解和恐惧。无限的恐惧让我根本无法继续读下去，也不理解为什么八周之前的车祸会让我收到这样一封信，更何况我的车明明有保险。我的大脑开始失控了。我看到"监狱"这些字眼，已经不由自主地开始设想我的整个世界都崩溃了。我浑身颤抖，心跳加速，头晕目眩。在这种状态下，我拨通了保险公司的电话。我永远忘不了接电话的那位女士给我传递的善意。她听出并理解我的痛苦，尽管我的故事有些混乱。她的语气听起来非常关心我的处境。她让我做几个深呼吸，并建议我在她查询期间，去泡壶茶冷静一下。那一瞬间，我忽然平静下来。我按照她说的做了，然后继续回来听电话。她以安抚的口吻告诉我接下来要做什么（我在慌乱之中竟然打错了保险公司的电话！），告诉我她理解我的压力，完全没有轻视我的情绪。她没有夸大事态，也没有随意安慰我；她没有让我感到难堪，也没有让我觉得被人评头论足。她只是一个温暖的人，从一个人的角度跟我交流，即使她无法解决我的问题，也毫不吝惜地给了我帮助。

我对她无比感激。多亏了她，我很快就冷静下来解决了问题。24小时后，我得知法庭文件是为了让我的保险公司赔偿更高的金额。原来是虚惊一场。

我从这次经历中明白了两件事：

1.有时候，让我们感到最恐惧的并不是身体上经历的危险（比如车祸），反而是言语、想象的后果，以及不知道某件事是否会危及安全的这种不确定感。在我的记忆中，与收到法庭文件后那几个小时的恐惧相比，车祸带给我的压力要小得多。

2.在我最脆弱的时候，一个完全陌生的人真诚地和我建立联系，在一分钟内缓解我的恐惧，并帮助我重回正轨，有能力去解决问题。

我们将在第8章进一步探讨第一点。在本章中，我们将探讨第二点："先连接情感，再纠正行为"的力量（这个术语由该领域许多受人尊敬的专业人士提出，包括丹·西格尔，蒂娜·佩恩·布莱森，金·戈尔丁，丹·休斯和布鲁斯·佩里）[26]。

> **⧖ 反思时刻**
>
> 想想你和另一个人的情绪都出现问题的时候,你感觉如何?你们对话的结果是什么?或者想想当你曾经因为一个问题而发脾气时,对方立马不由分说地开始提供解决方案,这时你有什么感受?
>
> 现在想想当你发脾气时,但对方真正与你产生了共鸣,并让你感到了被理解。感觉有何不同?然后,你们是否能够共同思考问题的解决方案呢?

容纳之窗

为了理解情感连接的力量,我们再回来说说大脑科学。丹·西格尔提出了"容纳之窗"的概念。[27] 这是一个安全舒适的区间,我们的上层(思考)大脑和下层(情感)大脑在这个时候能很好地连接在一起。我们既没有被过度刺激,也没有压力大到无法清晰思考或学习新事物的程度。

请看下面的容纳之窗的插图。当我们处于容纳之窗的"最佳兴奋水平"窗口时,我们的情绪很稳定。我们能够与他人交流,体会各种各样的感受,并做出正确的决定,这是因为我们的下层(情感)和上层(思考)大脑此时相互连接并协同工作。正如前一章所述,在我们的孩子经历痛苦时,我们就希望他们达到这个状态。

在我们情绪失调时,从该图可以看到,我们朝两个方向发展。到达深色窗口时，我们会变得亢奋（就像我打开信封时一样）。这激活了我们的自主神经系统，让我们的身体能够对危险做出良好的反应（请参阅第 7 章介绍的与焦虑有关的内容）。在这些（发脾气）时刻，我们的身心都在迅速做出反应，要么逃避，要么面对问题。我们的感受被夸大了。

过度亢奋（能量过剩）
战斗或逃离：大喊大叫、跑开、高度警觉、身心紧张、不听别人的话
感觉：生气、惊慌、恐惧、兴奋等
无法进行新学习

最佳兴奋水平——容纳之窗（最佳能量）
自我控制：意识到自我、他人、时间和空间
能体会到：各种各样的感受
可以进行新学习

无精打采（能量不足）
僵住：精疲力尽、疲惫、行动缓慢、精力衰竭、整个人像关机一样
感觉：索然无味、没有情绪和感受、麻木、游离在外
无法进行新学习

容纳之窗

或者，我们可以朝另一个方向发展，变得无精打采（浅色窗口）。这时，自主神经系统会关闭（与情绪低落有关，将在第 10 章深入讨论）。一切都变得缓慢，变得费力不堪，而且我们可能失去了对一切事物的感觉。

在第 4 章中，我们探讨了你或孩子在什么情况下可能会被触发（发火），进入深色或浅色窗口。在本章中，我将分享一些方法，帮助你的孩子从深色或浅色窗口走向中间窗口（从发火到重新连接上下层大脑）。

这就要提到：
合适的时间、合适的地点（对你和孩子双方而言）

在漫长的工作结束后，我去接女儿放学，她一上车，就开始长篇大论地抱怨她这一天的愤怒和沮丧，她告诉我："某某违反了纪律……结果我的名字被记下来了……我还要被留堂，这太不公平了。"我火冒三丈。为什么我女儿总是这样？在她的抱怨中，其他人都是问题所在，她自己没有一点责任。我试图从老师的角度来解释，规定就是规定，却让她更生气了。这时我们还没有意识到，我们都进入了过度亢奋状态（发脾气）。我们一到家，她就带着对我的"恨意"，怒气冲冲地回到了自己的卧室。我觉得自己是个糟糕的妈妈，我很愤怒，希望完全摆脱为人父母的束缚，我知道这将是一个漫长的夜晚。

正如这个情景中所展现的，作为父母，我犯的最大错误就是看到孩子因某事而激动时，就马上去解决问题，或者试图解决这种情况。我每天的工作就是解决各种问题，所以我总是把快速、轻松地解决事情放在首位。然而，当我这样做时，我孩子的行为或情绪往往会变得更差。但我发现，只要花几秒钟静下来，去关注孩子眼中的世界，就能起到很好的效果。他们会觉得我们和他们站在了一起，正如西格尔和佩恩·布莱森提到的"去参与，不要去激怒"一样[28]。

无论年龄大小，我们的孩子最看重的是我们是否全身心地关注他们和倾听他们。当他们感到痛苦或困惑时，有人倾听他们，不加评判地认可他们感受的合理性，会让他们感到安慰，得到安全感。作为父母，我们都知道这一点，但讽刺的是，我们也知道，当我们的压力水平上升时，我们对情绪的控制力会下降，这使得在孩子最需要我们的时刻，我们很难对他们的需求做出响应。如果我们想要与孩子建立联系，必须清楚自己"容纳之窗"的范围，这样才能在情绪强烈时，保证自己处于中间窗口，才能为我们和孩子带来最好的结果。

先连接情感，再纠正行为：
关注、连接、认可、合作

儿童发展领域的许多专家都描述了在解决/纠正问题之前与孩子建立联系的原则和过程[29]。这些专家列出了帮助孩子回到容纳之窗（或者说盖回盖子）的关键要素。这种方法旨在帮助父母达到一种平衡状态——提供同理心和温暖的同时，保证界限和原则。

这四个简单的步骤——关注、连接、认可、纠正（我更喜欢"合作"这个词），可以把一个压力很大的时刻变成一个培养解决问题能力的机会，同时让孩子学习适当的规则和界限，并就后果达成共识。

我们不必一直这样做，只需要重复足够多次，我们的孩子就会掌握这些技能。虽然一开始遵循这些步骤可能会让你觉得别扭且费力，但随着时间的推移，你会发现它变得越来越容易，让你感觉自然且省时，还有助于避免问题升级。

1. 关注

从孩子的角度来看，他们现在发生了什么事情？你现在发生了什么事情？你感觉如何？你要发脾气了吗？你能做些什么来调节自己？如果你觉得难以调节，试试：（1）深呼吸（参阅第152页的呼吸练习）；（2）暂时离开；（3）向你信任的人寻求帮助（你的伴侣或者兄弟姐妹）。

2. 连接

保持冷静。保持肢体语言和面部表情放松，用声音表达兴趣或关心。记住，你现在正在安抚下层大脑。与孩子保持同一高度（例如，如果孩子很小，就蹲在地上；如果孩子坐着，就坐在他们旁边），和他们待在一起，但不要对他们施加压力。给他们一点空间过渡到对话中。有时候，拥抱或者拍拍他们的背这样的肢体接触就能让他们好很多。但有时候他们不喜欢这样。利用你对孩子的了解来决定你该怎么做。儿童可能需要空间或者减少感官信息来帮助他们调节情绪，比如处于安静的环境中，或者盖一条压力被或者待在睡袋里。

3. 认可

我们没有情感X光片，所以我们无法知道别人脑子里在想什么。我们所能做的就是想象，并好奇地、不加评判地认真倾听，鼓励我们的孩子分享更多他们的世界里发生的事情。注意不要把你的观点强加给孩子。倾听他们当下的真实感受，不要试图解决问题或否认他们的感受（也不要为自己辩护！）。去聆听孩子的心声，是我们能给予他们最强大的力量之一，用西格尔博士的话说，我们在让孩子"叙述情绪，从而平抚情绪"。通过有同理心地体会孩子的一些感受，可以让他们感到被理解，还能帮助他们学习如何将语言和感受联系起来（连接上层大脑和下层大脑），培养他们的情绪语言能力。这方面的例子包括："我在想你是不是因为这个周末没和朋友在一起而感到难过？""这份作业似乎真的很难，我明白你为什么会生气了。"或者："你哥哥推你是不是让你生气了？感觉不公平是不是？"

这些话可以连接下层大脑和上层大脑。大声地、有同理心地、好奇地问出孩子身上可能发生的事情，能让他们感到被理解。由于我们用的是好奇而不是确定的语气，所以他们可能会纠正我们，给我们提供更多信息来知道他们到底发生了什么。

> **4. 合作**
>
> 一旦孩子重新盖上盖子，他们感到被倾听和认可，你们的沟通也就会进入良好的状态，从而利用上层大脑合作解决问题。例如："下周有机会让你的朋友过来玩吗？""你想不想休息一下，然后我们一起看看怎么做这个作业？""我会去和你哥哥谈谈，他不应该推你。下次你们再有矛盾的时候你该怎么做呢？"当你和孩子处于合作状态时，一起想出一些办法来应对下次可能出现的问题。例如："你觉得找个安静点的地方待着会好吗？如果给你几分钟的独处时间会不会更好？"合作的最后阶段，是孩子下层大脑和上层大脑之间联系增强的阶段，他们学习必要的生活技能，以感知和解决问题。这也是一个你和孩子建立信任与尊重的时机，并认识到共同思考的价值。

也许你觉得完成这四个步骤需要很长时间，但实际上一般不会。例如，在前面描述的接我女儿放学的场景中，这四个步骤可能是这样的：

第1步：关注

注意到我女儿的故事触动了我的情绪反应——这是在按下我的开关，我需要考虑我如何回应。注意到这是我们俩一天中最消极的时刻（又累又饿）。我还注意到她现在很心烦，估计不太想听我说话。

第2步：连接

专注于开车，但肢体要放松，表现出对她说的话感兴趣（如点头和呈现关心的表情），这样她就能知道我在倾听。

第3步：认可

说些表明我设身处地为她着想的话，比如："啊，听起来真是难熬的一天，我猜你担心如果被留堂，会错过午饭时间是不是？"

第4步：合作

你可以这样问："我们晚饭后再聊这个好吗？我想我们现在都又累又饿。今天对我们俩来说都是漫长的一天。"

> **活动时间**

当我们试图在关心孩子和管教孩子之间保持平衡时，我们可能会发现自己习惯性地做出以下一些反应。勾出你在"先连接情感，再纠正行为"这方面做得不够好的点：

☐ 忽视或否定（例如，"这没什么大不了的，你不应该这么难过"）；

☐ 给予负面回应（例如，大吼）；

☐ 威胁孩子他当下的行为会受到惩罚（例如，"我要没收你的手机"）；

☐ 不假思索地提供解决方案（例如，"直接告诉你朋友你不去了"）；

☐ 替孩子完成任务或惯着孩子（例如，要求孩子洗碗，但孩子发脾气，于是你自己去洗了，并且下次不再要求孩子洗碗）；

☐ 分散孩子的注意力（例如，吸引他们去做别的事，或者让他们看电视）；

☐ 施加更多的规则（例如，"那好，今天开始早睡"）；

☐ 宣布过分、意外的后果（例如，"我要把你的手机/游戏机扔了"）。

这些都是我们在应对生活压力和内心世界时会做的事情。作为母亲，我经常发现，当孩子不听话，我需要他们配合，而我的时间和耐心又不够的时候（例如匆忙送孩子上学时、在公共场所时、在他们抗拒上床睡觉时），我常常以上述方式回应他们的情绪失控。毕竟作为父母，在这些棘手的时刻，我们往往需要一个快速解决方案。然而，看似权宜之计的做法往往会带来更多麻烦，从长远来看会花费更多的时间和精力（例如，孩子的困扰会升级为更难以处理的行为）。

虽然这些"先连接情感，再纠正行为"的反面案例必然会出现在我们的育儿过程中，但如果我们过度依赖这些，我们就会错失帮助孩子以更健康的方式来理解和处理情感的机会（加强上层大脑和下层大脑之间的联系）。让我们回顾一下约翰逊一家，看看他们是如何用四步法走出困境的。

/ 案例研究 /
贝拉的故事（第二部分）

回到约翰逊一家。我向他们解释了"容纳之窗"和四步法（关注、连接、认可、合作）来帮助贝拉重新连接她的下层大脑和上层大脑之后，他们在一个星期天晚上，在贝拉从她爸爸那里回家以后，尝试了这种方法。他们是这样做的。

关注

妈妈注意到，贝拉从爸爸那里回家后，她很不安，不爱说话。她关注到自己的感觉：担心贝拉不想和她待在家里，担心贝拉可能会发脾气，破坏这美好的一晚。妈妈做了几次深呼吸，让下层大脑平静下来。

连接

妈妈过来坐在贝拉身边陪她玩电脑游戏。她对贝拉的游戏表现得很感兴趣。她保持肢体语言放松，声音轻柔而平静。贝拉告诉妈妈她感觉不太好。

认可

妈妈站在贝拉的立场上，表现出好奇。她说："我猜从爸爸那里回家一定不好受吧，离开爸爸的时候是不是挺难过的？"贝拉回答道："有点吧。我只是有点内疚。其实我很高兴能回家，但如果爸爸知道我高兴，他会难过的。可是这些话我又说不出口。"

妈妈稍微沉默了一会儿，然后回答道："听起来是很难受。我明白你为什么左右为难了。对不起，每次你回家的时候我都没能帮上忙。我发脾气让你感觉更糟。"妈妈停顿了一下："我想知道，当你回到家，下层大脑被难受的情绪困扰的时候，我和你的继父能做些什么让你感觉好一点呢？"贝拉很快回答道："给我一点时间让我放松一下就好了。我能感觉到，你们都希望我一回来就能开心地融入这个家，但是这会让我有压力。"

合作

此时，贝拉（和她妈妈）正在思考和感受，这意味着她们可以一起考虑如何从爸爸家过渡到妈妈家。贝拉提出，她希望回家后至少有四十五分钟的时间，不受干扰地进行自己选择的活动，从而帮助她放松下来，自主地适应新的生活习惯。贝拉和妈妈发现，对贝拉来说，参加星期天晚上的家庭聚餐真的很困难，所以她们制订了一个计划，在其他人吃完饭后，贝拉和妈妈一起做三明治，再一起看贝拉喜欢的电视节目。这让贝拉感觉自己是家庭的一员，又不会觉得自己辜负了他们的热情。贝拉和妈妈同意了这个计划，并在贝拉从爸爸那里回家后尝试了一下。他们发现每个人的感觉都好多了。我们将在第 6 章讨论接下来发生的事情。

"对不起"的力量

作为父母，我们也会犯错。有时候，我们的下层大脑可能会接管我们，让我们过度反应，或者说出我们不想说的话。父母是可以犯错的——这有助于孩子为现实世界中的人际关系做好准备，因为在现实世界中，其他人也会犯错。关键是，在我们犯错后要意识到自己的错误，并且要在合适的机会，主动去找孩子承认自己的错误，修复与他们的关系。找到合适的道歉时机尤为重要。"合作"是道歉和修复关系的好时机，就像贝拉的妈妈在她的故事中所做的那样。

我遇见的许多年轻人都非常重视父母真诚的道歉。他们从中学到，犯了错之后承认错误，才能有助于他们与他人保持联系并建立牢靠的人际关系。如果孩子从你身上学会了如何正确地道歉，他们更能明白说抱歉的价值。看看下面的活动，了解如何更好地关注、连接、认可和合作。

> 活动时间

合适的时间、合适的地点、合适的节奏

★ **在低压力环境下练习**

计划一个你觉得可以尝试四步法的时间。学习新技能之后，最好在低压力环境中练习。找到一个你自己状态最佳的时间和地点，那时你最能感受到孩子身上发生了什么。

★ **好奇地暂停一下**

在事情变得激烈时，暂停一下，让一切慢下来会有很大的不同，即使只是深呼吸三次也能产生很大的影响。在"孩子对你大喊大叫"和"你感到愤怒并吼回去"之间留出空间，可以让你注意到更多可能发生的事情。通过暂停来控制你的注意力，可以让你做出不同的反应，这种反应可以帮助孩子（和你）连接上下层大脑。

★ **有备而来的"连接"时机**

有时候，我们意识到需要创造一个安全的空间，与孩子讨论不好处理的事情。我们觉得有什么不对劲时，可能会直接问孩子"怎么了"，或者处理之前的问题（比如之前某个不好的行为或者家庭活动出现的问题）时，可能会说"该聊聊你之前行为的后果了"，然而这些话往往得不到我们想要的回应。根据我的经验，如果我们在孩子放松的时候与他们互动，例如，在他们看电视时坐在他们旁边，不加评判地、平静且真诚地表现出好奇，那么我

们更有可能和他们建立联系，并有机会谈论不太好处理的事情。在这些没有冲突的时刻，孩子/青少年更有可能敞开心扉谈论发生在他们身上的事情。无论是一起开车旅行、散步、做饭，还是和他们一起玩，都是为了有机会加入他们的世界，与他们并肩而坐，让他们有掌控权。如果需要讨论不良行为的后果，询问孩子什么时间是谈话的好时机（两人都在"容纳之窗"的中间区域），会让你们的谈话更加成功（例如，"我们在晚饭后聊聊今天早上发生的事好吗？还是你觉得遛狗的时候更好？或者在我收拾厨房的时候也行"）。我们希望在孩子长大成人后，能运用这些人际交往技巧，来处理他们世界中的人际关系。

为成功做准备：了解弱点

我们对孩子有适当的期望是很重要的，而如果孩子过去经历过困难，或者有神经多样性方面的问题，这一点就更加重要。我和很多家庭会面时，发现父母经常错误地假设他们的孩子：（1）已经理解了任务的要求或对他们的期望；（2）具备完成任务的能力。通常情况下，这两种假设中的一种或两种出错时，孩子的行为就会出现问题。

作为父母，了解孩子的弱点有助于帮助他们培养能力，而不是让他们感觉自己永远做不对，或者永远处于问题之中。如果孩子陷入对自己失望的循环中，可能会建立很多防御措施来防止进一步的失败（例如，拒绝尝试新鲜事物）。一些年轻人在情绪调节上面临更多挑战，因此需要更多来自周围成年人的支持。关于创伤的可能原因在下面的"百科时间"（第119页）中有解释。

结构性、常规性和一致性对所有年轻人都特别有帮助，尤其对那些具有神经多样性或经历过创伤性事件的年轻人可能更有帮助。想办法提高孩子生活的连续性、结构性和常规性，有助于他们的情绪调节。

创伤：我们身上发生了什么？

有些人的下层大脑特别敏感，情绪更容易被触发（这意味着他们的"容纳之窗"范围更窄）。这可能是由他们生活中发生的创伤性事件引起的，也有可能因为他们缺失一些经历。例如，回到贝拉的故事，当她还是个孩子的时候，她的父母因各自的复杂情况而难以照顾贝拉。她还目睹了家庭暴力。缺乏父母的帮助，年幼的贝拉很难充分理解自己的感受。相反，她学会了隐藏自己的感受，以免增加父母的痛苦，也害怕他们对她疏远。贝拉童年的经历意味着，为了生存，她的大脑要对危险信号变得更加敏感。

在生活中经历过创伤事件的孩子更有可能需要他人的帮助，无论这些创伤是与成长过程中的关键关系有关（如贝拉），还是突发性的创伤事件。

对于这些孩子来说，他们上下层大脑的年龄可能不符合他们

> 的实际年龄。贝拉可能更像一个 5 岁的孩子，需要他人的帮助来调节自己的情绪，而不像一个 12 岁的女孩。我们需要帮助她培养这些技能，让她更接近自己的年龄。
>
> 我引导家长和老师思考，如果孩子只有 5 岁，而不是 12 岁，他们可以做些什么来帮助孩子，并请他们尝试其中的一些办法。对这些年轻人的帮助就像在填补他们的空缺，为他们提供所需的技能，让他们能赶上同龄人。如果孩子没学过拼音，你就不能指望他们识字，你要先教会他们拼音。遗憾的是，（特别是）在中学教育环境下，当孩子因情绪调节技能缺失，表现出一些不好的行为时，他们可能会受到"惩罚"（同学排斥他们或老师让他们留堂），而不是得到学习或感受到爱和重视的机会，从而无限循环这种负面经历。
>
> 不要让在这方面需要更多帮助的孩子感到羞耻，这一点很重要。羞耻会激发孩子们的自我保护机制，可能表现为退缩或攻击他人（请参阅第 6 章的羞耻之盾），这会让人们更难以和他们建立联系，也更难帮助他们发展这些技能。

大脑的灵活性、适应能力以及通过学习而成长的能力远超出想象。这意味着，如果我们通过"关注、连接、认可、合作"培养孩子的技能，他们的"容纳之窗"会扩大，他们的大脑也将提高整合情绪和思维的能力。我们这样做的次数越多，和孩子之间的联系就越牢固，孩子的大脑也会变得越强。

就像我们有规律地去健身房一样，定期和持续地体验事物对于帮助孩子调节情绪至关重要，每做一次这样的互动都能帮助他们锻炼这个技能。如果可以的话，尽量每周安排一两次，记住：少量多次。

🔔 活动时间

我们都具有五种感官：视觉、嗅觉、触觉、听觉和味觉，这五种感官对我们与上下层大脑的沟通至关重要。感官信息可以导致我们的情绪失调，也可以让它回到正轨（想想一段音乐或一种特定的气味对情绪和记忆的影响力有多强）。一些孩子的感官可能非常敏感，影响他们的情绪调节。还有一些孩子的早期创伤会由感官信息触发。一系列的感官可以用来调节情绪，这意味着我们不需要仅仅依靠语言来沟通。

你可以帮孩子做一个感官盒子，甚至也可以给自己做一个。找一个空鞋盒，和孩子一起搜罗一些在他们感到压力很大或情绪失调时，能让他们平静下来的物品。这些物品可以是各种针织品或毛绒玩具（甚至可以是解压玩具）、音乐或能发出不同声音的物品、香水等能唤起气味的物品、视觉物件（如重要的人、宠物，或重要地点的照片），或者是可以品尝的物品。孩子可以装饰这个盒子，把它放在安全的地方，并且可以用它来调节自己的情绪。

小　结

- "容纳之窗"是我们能够与他人进行良好沟通、倾听和学习以及感受各种健康情绪的最佳范围（这时我们的上层大脑和下层大脑相互连接）。有时我们会走出"容纳之窗"，变得过度亢奋或无精打采（发脾气）。这两种状态都让人感到不快，变得难以沟通和学习。
- 我们最好能找到与孩子（或自己）建立联系的方法，帮助他们从过度亢奋或无精打采的状态中走出来，进入"容纳之窗"。
- 与孩子建立联系的同时需要时刻注意自己的情绪，找到让自己保持情绪稳定的方法，然后遵循以下四个步骤进行：关注、连接、认可、合作。
- 由于生物学（遗传学）、神经多样性或经历过创伤事件，有些儿童和成人的"容纳之窗"范围可能比较窄。重要的是，我们要用这些方法来帮助这些年轻人（和成年人），让他们有机会学习技能，帮助他们扩大容纳之窗。
- 我们都是感官动物，将情绪和语言联系起来对我们的大脑很有帮助。当我们感到难受时，用感官帮助自己走向"容纳之窗"也是不错的办法。

第六章
找出什么是重要的

作为母亲，我最看不了的就是自己的孩子处于痛苦之中，无论是身体上的还是情感上的痛苦。有些身体上的痛苦更容易处理，毕竟当了这么多年妈妈之后，我或多或少知道自己需要做什么（例如，冷敷、扑热息痛、创可贴、呕吐盆、拥抱、保持冷静和专注）。如果我真的很担心或者不知道怎么办，我可以拨打热线电话咨询专家，带孩子去看医生，或者在紧急情况下，叫救护车或去急诊。

然而情感上的痛苦则完全不一样。与身体上的痛苦一样，我们希望保护孩子免受情感上的痛苦。我们之所以想保护孩子，可能也是因为我们不想让孩子经历自己年轻时经历过的伤害。我们也总在试图避免让我们感到难过或痛苦的事情。我和孩子爸爸分手的时候，看着我的孩子在情感上受到伤害，而我自己的情绪也忽上忽下，我几乎无法忍受。

当我们看到孩子处于痛苦中时，我们很自然地想去减轻或消除他们的痛苦。不幸的是，为了充分体验人生，我们需要体验所有的情感，这是生活的悖论之一。我们可能不希望孩子体会到悲伤、愤怒、嫉妒或羞耻，然而我们也知道，只有经历过这些，他们才能感悟人生，才知道快乐和幸福来之不易。如果没有悲伤，怎知失去的东西原来如此珍贵？如果没有愤怒，

第二部分　难受的感觉：好的、坏的和难以启齿的

谁会站出来伸张正义？和摔断腿或唇裂不同，难受的情绪是人类生活中必不可少的一部分，也是培养我们的个性、树立价值观和道德感的重要部分。

好的、坏的和难以启齿的……

人们很容易陷入将某些情绪视为非"好"即"坏"的陷阱中。对青少年来说尤其如此，他们成长在被社交媒体信息裹挟的环境中，这些信息宣传"幸福"，好像每个人都可以持续体验幸福，只要感觉不幸福就成了失败者。而作为父母，当看到孩子处于这种状态时，我们会产生强烈的情绪，殊不知我们的反应可能无意中强化了这一点。

我们都知道，Facebook（脸书，社交软件）和 Instagram 上满是我们朋友的故事和照片，展示着他们生活中最美好的部分。即使我们知道现实并非如此（例如，发帖人在上传两人幸福合影之前，正在和另一半争吵），也很难不被表象所吸引，将我们的生活与他人的展示进行比较。即使看到别人讲述他们如何心态积极地战胜逆境，都可能无意中让我们感到挫败，觉得自己能力不足或者小题大做。

最好的方式是，我们能将情绪视为指路灯，让我们知道自己最在乎的是什么，帮助我们更好地了解自己，从而明智地利用这些情绪。在本章中，我们将探讨如何与孩子一起做到这一点。

情感 X 光片

孩子身体疼痛时，我们会观察他们的身体症状（例如，体温、可见损伤、疼痛程度），并询问："哪里疼？哪种疼法？你觉得不舒服吗？"这些观察是为了找出孩子身体病症的潜在原因，并且在需要的时候及时确定最佳的治疗方案。有些疾病会随着身体免疫系统的运行而慢慢消失，只是需要一些时间。这种情况下，休息和止痛药能加速痊愈（例如，感冒、水痘、水泡）。但也有时候，孩子的身体可能需要治疗才能恢复正常或使病症不再恶化（例如，阑尾炎、严重骨折、细菌感染）。作为父母，对孩子的身体情况保持适当的焦虑可以确保你在必要时采取行动，让孩子得到适当的治疗。对于那些需要治疗且如果不及时治疗可能会危及生命的病症（例如脑膜炎），或者会影响孩子康复的伤病（例如，需要做手术或打石膏的肢体骨折），你不会选择仅仅用止痛药解决。

不幸的是，我们没有情感 X 光，因此，对于情感上的不适或痛苦，很难采用同样的方法。我们看到孩子痛苦的症状（例如，哭泣、喜怒无常、退缩、绝食、自残），可能觉得困惑，也可能产生焦虑或担心之类的情绪反应（就像看到他们身体不适或疼痛时一样）。我们可以询问出了什么问题，或猜测出了什么问题，但我们不一定有词汇或方法来发现痛苦的潜在原因，不知道它意味着什么，也不了解最佳的行动方案。也许我们无意中给孩子提供了类似止痛药的建议（例如，转移注意力、看电视、吃点东西、"往好处想""一切都会好起来的"），以掩盖孩子需要更多帮助才能理解的问题，这些问题不是转移注意力或者置之不理就能解决的。然而，通过这样做，我们可能会无意中强化"情绪上的不适是可以避免的"这一想法。

研究表明，那些能够察觉和容忍自己的情绪的人，幸福指数更高[30]。如果我们能够学会调整强烈的情绪，就能发现它们可能在告诉我们：（1）我们重视的事情；（2）我们生活中正在发生的事情。通过理解这一点，我们可以尝试确定哪些方面需要改变，以及是否需要他人的帮助来进行这种改变。

作为父母，我们可以在以下方面对我们的孩子提供关键帮助：

- ★ 提高情绪意识
- ★ 帮助他们面对而不是逃避或阻止痛苦的情绪
- ★ 学习如何理解情绪提供的对我们最重要的事物的信息

我们可以与孩子一起坐下来感受情绪，探索价值观，并用它们指导我们下一步该做什么。我将详细说明以上的每一点。

与感受共处

在我女儿9岁时，她听到了爸爸和他的新伴侣即将有孩子的消息，起初她非常兴奋。她有两个哥哥，很希望未来生活中能有一个小妹妹，不再是家里唯一的女孩。大约在她收到消息一周后，我发现她在床上哭泣，而我以为她已经睡着了。我摸黑爬上她的床，和她躺在一起。"怎么了？"我问道。她抽泣着说是关于即将出生的孩子的事。她不想让爸爸有一个新生儿。她可能不喜欢这个新生儿。我的情感雷达感觉到，她可能感到难过、生气、不安，可能还带着一丝嫉妒，因为这个孩子每天都会和爸爸在一起。

在确定我在倾听她的诉说而不是在评判她之后，她继续说，她害怕有了新生儿后，爸爸对她的爱会减少，她不再是那个特别的女儿。她最后问出了心里的话：新生儿和爸爸会一直在一起，那爸爸是不是就不再爱我了？其实，这就是在我听到他们有孩子的消息时所担心的事。我很努力地在内部把这些情绪消化掉，放下自己的感受，转而去关注我的女儿现在需要什么。我无法消除她的痛苦，对于她的担心和苦恼无能为力。我希望能够提供所有的解决方案，告诉她没事的，不要犯傻，我会跟她爸爸好好谈谈，保证这些都不会发生。但我没有这么做。我只是躺在那，强忍着痛苦（这也压得我喘不过气），但表现得平静且充满爱意，陪着我的女儿，让她不要感到害怕或羞愧。我尊重她的世界、她的经历。我和她一起在黑暗中躺了很久，我们的手臂相互触碰，我听着她的哭声，感受着她急促的呼吸。最终，我安静的陪伴终于使她平静下来。

很多年后，我听了教授兼作家布琳·布朗（Brené Brown）的播客，她谈到了她十几岁的女儿与男朋友分手时的类似经历。她和我一样，在黑暗中坐在女儿的床上，想要消除女儿正在经历的痛苦。她盯着墙上的开关，一直在想，"这太难了。我只想打开那盏灯，让痛苦消失。"但她没有这么做。她明白，在那一刻和女儿一起在黑暗中坐着，是她作为母亲的首要任务。

我们总是希望孩子不要经历难受的情绪。我们想带走他们的痛苦，或者去把问题解决掉。但是，经历这种不好的感受对他们而言没有危险，反而可以培养他们的韧性，让他们知道在事情发生时，该如何去处理。作为父母，我们不必假装自己无所不知，也不必假装自己总是掌控一切，关键是要出现在孩子身边，看着他们，给予他们安慰，告诉他们我们明白这种心痛，但也可以找到应对方法。

正如第 5 章所述，当孩子处于痛苦之中时，我们要做的第一件事就是坐在他们身边，承认他们的感受，而不是试图让他们很快从痛苦中走出来。

经历痛苦的那段时间是脆弱的，许多人可能会对他人的拒绝特别敏感。如果在我们脆弱的时刻，我们感到被误解或感觉可能会受到进一步的伤害，我们可能会竖起羞耻之盾（见下图），在我们最需要沟通和关心的时候，将他人拒之门外。如果孩子感觉有人关注他并理解他，就会立刻放下羞耻之盾（安抚下层大脑并连接上层大脑）。这样，孩子就能更好地思考、交谈并理解现在和下一步该怎么办。

那天晚上躺在女儿的床上，我很难过，因为我也处于痛苦的情绪之中。但是我能够安慰我的女儿，坐下来感受她的感受，用我的肢体语言和存在来表达我对她的关心。我坦诚地承认我无法解决问题或减轻她的痛苦，因为对于一些非常困难的事情，我也没有答案。通过这样做，我让女儿感受到，尽管有这么多的不确定性，但她的感受是合理且可以承受的。我帮助她明白：（1）她的感受很重要；（2）她能够应对不断变化的世界带来的不确定性。

羞耻之盾
改编自戈尔丁和休斯（Golding and Hughes），2012 年 [31]

百科时间

　　过激反应可能是未解决的创伤导致的。强烈的情绪会在意想不到的时候涌现出来，这可能与你或孩子过去经历的痛苦事件或不好的记忆有关，因为这些事件或记忆对你们产生了巨大的影响[32]。你或孩子可能还没有完全理解这些事件或从这些事情中走出来，而且你可能惊讶于为什么有些事情会引发你们如此过激的反应。你或许不理解，为什么连看到家人吵架，或者朋友不回信息这种小事都会引发一连串不理性的恐惧感，甚至引发分离感。试着把这些联系起来，认识到你过去的创伤或记忆会影响你当前的情绪反应，这有助于了解你或孩子是否需要更多的时间来恢复，或者是否需要求助于另一个值得信赖的人（或专业人士），去谈谈这些未解决的问题或创伤。

　　伊迪丝·伊格尔（Edith Eger）是一位大屠杀幸存者，她写过一本我读过的最鼓舞人心的书：《礼物》。其中有一句话让我记忆犹新："如果我们不允许自己因失去、受伤和失望而悲伤，那么这些感觉注定挥之不去。"[33] 当你或孩子出现痛苦情绪时，意识到这一点，有助于创造空间来谈论痛苦事件，从而真正地从痛苦中走出来。

探索潜在价值观

我们的情绪会告诉我们什么是重要的，并引导我们走向自己的价值观。因此，当我们或孩子经历一种强烈的情绪时，不妨问问：这种情绪指向了什么价值观？例如，如果孩子对某个被拒绝的事件感到愤怒和悲伤（也许是朋友没有邀请他参加派对），这可能表明你的孩子渴望归属感和友谊。从本质上讲，这些难受的时刻给了他们一个机会，让他们认识到自己是谁，以及他们为什么在乎。

> **♟ 活动时间**
>
> 看看下面的价值观列表[34]。从列表中选择三个你认为对你来说最重要的价值观，并且以此为生活目标。如果你能想到更合适的，请列出来（写在空白框里）。
>
> 标出三个你觉得孩子很重视的价值观。你是否会对它们的相似或不同感到惊讶？这是不是告诉了你：（1）你的人生优先事项是什么；（2）你孩子的优先事项是什么。
>
> 和孩子一起把这些价值观写在纸上，做成一堆卡片。你和孩子一起翻阅卡片，让孩子挑出三个对他们现在来说最重要的价值观。他们可能想要制作自己的卡片。一起探索他们所选择的价值观中对他们最重要的是什么。

爱	被爱	成就感	联系	归属感
保护	友谊	创造力	热情	运动
冒险	学习	好奇心	知识	自然
尊重	纪律	骄傲	自由	原谅
乐趣	群体	幽默	家	公平
安全	信任	成长	多样性	家庭

帮助我的女儿找出她情感背后的价值观

回到上面描述的那个晚上,在陪我的女儿面对痛苦后,我们一起思考她的感受可能在告诉她什么,哪些部分是真实的,哪些部分有待考证(请参见第 8 章,"想法并不一定是事实")。在我的帮助下,她的上层大脑和下层大脑配合得很好。

我对她说:"这事的确很棘手。很抱歉,我不能让情况好转,也不能告诉你未来会发生什么,但在我听来,你认为得到爸爸的爱是现在对你而言最重要的事情。所以,我猜这个小宝宝让你感到害怕,担心爸爸的爱会耗尽或者全部给小宝宝。你觉得难过和害怕都是因为你太爱你的爸爸了。"

"没错。"她点点头。

"我在想这个担忧是真实的吗?还是只是想告诉你爸爸的爱很重要?"我接着说,"还记得你的第三个小表弟出生的时候吗?那时大家都很兴奋,他特别可爱，你也很会照顾他。你爱他吗？"

"爱，非常爱。"她说道。

"那你的两个哥哥呢？在表弟出生之后你就不那么爱他们了吗？"我接着问道。

"不！"她说，"这不可能，而且这也太不公平了。"

我好奇地问："那你觉得，当新的重要人物出现时，你会在心中制造更多的爱吗？还是你认为你一生中只能付出这么多的爱？"

"不，我可以制造更多的爱。"她答道。

我继续问："那你觉得你会对这个新的弟弟或妹妹制造更多的爱吗？"

"当然可以。"她回答说。

"你觉得爸爸会给你更多的爱，还是把爱从你身上夺走？还记得吗，在你出生前，他就开始爱你的哥哥了。"

"他可以制造更多的爱！"她笃定地说。

然后，我们继续探讨她怎样才能告诉爸爸她的担忧，以免爸爸在面对家庭变化时，无意间的回应加重这种恐惧。早些时候，女儿提到那个周末没有见到爸爸。于是我们得出结论，她今天的难过是出于害怕，并不是因为父亲的爱消失了。她意识到自己最近需要花更多的时间和爸爸在一起，而不是更少。

朝着重要的方向前进：道德指南针

通过探索情绪背后的价值观，我们不仅可以发现生活中正在发生的事情可能会破坏对我们来说重要的东西，还可以利用这种方法在可能引发强烈情绪的事件与我们接下来要做的事情之间创造一个空间。这不仅能让我们对自己的行为有一种控制感和选择权，还能帮助我们考虑接下来该做什么，朝着重要的方向前进，而不是越走越偏。这样做不仅可以帮助我们解决生活中引发强烈情绪的一些问题，还可以确保我们有意识地朝着自己道德指南针的方向前进。这最终会提高我们的情绪灵敏度和幸福感，让我们成为更好相处的人。我们可以在与孩子的互动交流中引导他们做同样的事。

例如，如果孩子因为输了一场足球比赛而生气，你可以帮助（指导）他去思考这种情绪所指向的价值观（例如，想当第一名、体育精神、团队合作），他们会因此受益良多。然后，你可以探讨他们下一步该怎么做才能实现价值（例如，关注哪些地方可以进步、表现得像个运动员、相信自己的团队、赞扬别人的努力），而不是出于愤怒做出的举动（例如，放弃比赛、拒绝和对手握手、贬低对方的胜利、退队或责怪队友）。在这个过程中，孩子学会容忍难受的感觉，努力成为全面发展的年轻人。他们借助上层大脑和下层大脑，在生活中做出明智的选择，勇敢应对困难。请参考第101~102页的表格，其中的一些示例可以指导你与孩子进行对话。

/ 案例研究 /
贝拉的故事（第三部分）
贝拉最重视的是什么？

我和贝拉的父母一起，使用价值观列表（见第121页）帮助贝拉找到了她目前最重要的价值观。它们是：爱与被爱、归属感、忠诚、安全感。基于这些价值观，贝拉和她的妈妈就明白了为什么周日晚上对贝拉来说经常是一个触发点，尤其是别人对她发脾气的时候。她意识到，在周日晚上爆发的那一刻，她其实是在害怕妈妈和继父对她失望，不想再和她住在一起。她希望在回到家时能感受到自己是这个家的一分子，但她感觉有太多地方不对劲，无法与每个人融洽相处。了解贝拉心中重要的事情之后，一家人就可以制订一个计划，帮助她的上层大脑和下层大脑保持连接，帮助她做一些让她朝着自己的价值观前进的事情（例如，在她刚回家时，给她一些没有负罪感的空间，然后再和妈妈一起吃晚饭、看电视），而不去做背离价值观的事情（例如，对他人大喊大叫、打人、孤立自己）。

由于贝拉一家已经坐下来好好谈论了彼此的感受，所以他们理解贝拉并不是故意为难他们，也不是不想回家，她只是在处理一些难受的感觉。贝拉也看到了父母的价值观（爱与被爱、尊重、纪律和家庭），明白了当父母对她的行为感到不满时，并不是因为不爱她，而是在担心这个家，担心她会不会出问题。她的父母思考了他们可以做什么事情来实现他们的价值观（例如，提供理解的空间、善意的沟通），而不是朝着反方向前进（例如，勃然大怒、大声吼叫、给出意外的惩罚）。

从那以后，每个人的周日晚上都变得轻松了，之前那些过分的行为也没有再出现。贝拉和父母的关系越来越好，她能向他们分享更多自己的感受，也会在要发脾气之前提醒他们。贝拉的父母明白，她可能需要别人的帮助来厘清并倾诉自己的感受。他们在和她交谈的过程中保护了她的情绪，并好奇地大声谈论可能发生的事情。贝拉的空间得到了尊重，她也学会了自我调节，不再过度依赖家里的规则来指导她的行为（她开始听从自己的道德指南针）。

贝拉感到更快乐了，因为对她来说最重要的事情——爱与被爱、归属感、忠诚、安全感——在他们一起度过的家庭时光中得到了满足，她不再担心自己的行为会让她失去这个家。她的父母也感到更加幸福了，因为作为一个家庭，他们花了更多的时间珍视对他们来说重要的事情：爱与被爱、尊重、纪律和家庭。通过了解"房子一样的大脑",学会连接认可和彼此的感受,以及做更多有意义的事情,他们的家庭变得更加幸福圆满,即使有负面情绪也能一一化解。

关注重要的事情

通过关注贝拉的行为方式是否符合她自己或家庭的价值观,贝拉一家成功将关注点从问题本身转移到了对他们而言重要的事情上。

想要这么做很简单,只要注意到孩子最在意的东西,并把它大声描述出来就好,比如,"我发现你对朋友特别关心,一定是因为你很重视友谊和归属感吧",或者"谢谢你帮弟弟拿书包,看得出来你很关心这个家"。即使只是发现了跟价值观有关的细枝末节,我们也要大声说出来,以强化我们在家庭中想看到的东西,而不是关注我们没有看到的东西(比如,"你从来不帮我做家务")或者我们看到但不喜欢的东西(如"你对哥哥总是很刻薄")。通过关注积极的事物,我们可以:(1)鼓励更多这样的行为;(2)培养孩子的自尊心。

明智

当我们将下层大脑(情绪大脑)和上层大脑(思考大脑)连接起来时,我们就会发现自己处于"明智的大脑"模式(见下图)。我们可以通过自己的示范和大声谈论我们的逻辑思维与感性思维相互斗争的思考过程，来引导孩子运用好这两种思维方式。通过这样做，我们可以帮助他们培养更多机会进入"明智的大脑"模式。此外，我们还能引导他们了解世界以及他们在其中所处的位置，增强对自己思维框架的认识，有助于他们做出更好的选择、建立更牢固的人际关系，并更好地了解自己。请看下面的活动，了解如何增强自我意识。

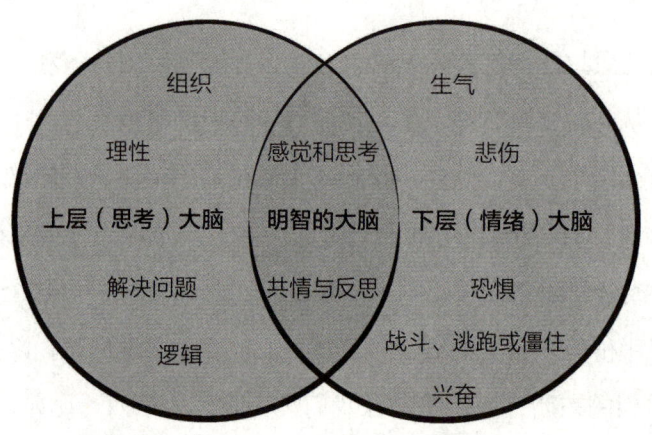

活动时间

遇到危机时，你更依赖于哪一个大脑？是你的情绪思维（下层大脑）——更加关注感受，变得情绪化，过度同情他人或变得愤怒且混乱？还是你的思考思维（上层大脑）——更注重解决方案，关注规则、边界和事实，依赖于文字和逻辑？

每个人都可能天生倾向于其一，那么你能做些什么来将这两种思维结合在一起，在危急时刻保持清醒的状态呢？

比如，用你感性思维中的共情、温暖、身体语言和你的理性思维结合，说出平静安抚的话语，帮助自己或他人理解正在发生的事情，并思考解决问题的方法。

在接下来一周左右的时间里，试着注意一下危急时刻你的大脑被拉向哪个方向。在你的意识提高以后，用自我对话的方式（谈论你所注意到的大脑活动）来找回一些平衡。

第二部分　难受的感觉：好的、坏的和难以启齿的

孩子可能面临的情况、可能伴随的情绪以及这些情绪可能指向的价值观

情况	情绪/感受	价值观	错误行为	正向行为	探索要点
被朋友或圈子拒绝	生气 恐惧 羞耻 受伤 悲伤 内疚 困惑 失望	爱/被爱 归属感 联系 群体 善良 友谊 忠诚	远离他人 说无益的话/传递无益的信息 不信任他人/朋友	与他人联系 修复关系（道歉、解决问题） 培养好的友谊	好的友谊是什么样的？ 如何成为一个好的朋友？ 你能做些什么来建立归属感（加入兴趣小组）？ 我/其他成年人可以提供哪些帮助？
作业不合格	羞耻 挫败 失望 尴尬 内疚 担心	成就感 雄心 骄傲 知识 学习 成功 明智 自律	放弃 跳过话题 不去上那节课/不去上学	寻求帮助 做更多的准备工作 找出错误所在，从中吸取教训	你的愿望/目标是什么？ 你对未来有什么期望？ 对你来说，什么是成功？ 我怎样才能教会他们从失败中汲取教训的力量？ 哪些规矩/习惯有助于学习？ 我/其他成年人可以提供哪些帮助？

128

续表

情况	情绪/感受	价值观	错误行为	正向行为	探索要点
转学	恐惧 兴奋	归属感 包容 保护 群体 学习 职业 成长	不想去上学 无法完全融入学校、活动或新的人际关系	勇敢面对 投入新的人际关系/活动之中 重新开始的机会	你对学校和未来有什么希望和梦想？ 你想在学校体会怎样的感觉？ 学习或者社交是你最重视的事情吗？ 可以做什么来帮你融入新环境？ 我/其他成年人可以提供哪些帮助？
亲人去世	悲伤 困惑 恐惧 受伤 内疚 生气	爱/被爱 联系 关心 历史/根源 原谅 遗产 安全 健康 脆弱 和平	远离他人 拒绝新的人际关系 封锁记忆 扔掉与逝者相关的物品	与他人联系 与其他在意逝者的人分担悲伤、分享回忆 投入人际关系 把与逝者相关的物品放到一边，直到可以控制情绪为止	逝者在他们的生活中为什么很重要？ 我怎样才能教会他们处理回忆和遗物？ 如何谈论关于"亲人去世"以及"他们可以活在心里"这种话题？ 如何谈论我们怎样放手？ 我该如何鼓励他们去思考爱的力量？ 我们要怎样纪念逝者？通过纪念盒、一首诗，还是一封信？ 我/其他成年人可以提供哪些帮助？

129

续表

情况	情绪/感受	价值观	错误行为	正向行为	探索要点
见不到父母/父母分开	悲伤 恐惧 生气 内疚 受伤 不安 失望	爱/被爱 联系 家庭 忠诚 保护 关心 承诺 归属感 和谐 友谊 诚实 真相 信任 尊重 原谅	远离他人 说伤人的话/做伤人的事 钻牛角尖不应该责怪谁/报复谁 陷入非黑即白的思维模式：谁是好人/谁是坏人 承担太多责任 支持父母一方 用有色眼镜看待父母一方的所作所为 拒绝交流	寻求帮助 投入家庭活动之中 有条理地分享自己的感受 修复/重新建立人际关系 从不同角度了解父母的机会 和兄弟姐妹/家人/朋友走得很近	你如何看待家庭及其重要性？ 如何改变或保留这一点？ 如何看待承诺/忠诚，以及对失去联系的恐惧？ 如何看待冲突和一致的观点？ 有哪些规则或日常惯例能减轻这种感觉？ 我该如何找到平衡点，衡量从双方口中讲出的不同的故事？ 作为父母，我该如何对待自己的感受？ 我/其他成人可以提供哪些帮助？

续表

情况	情绪/感受	价值观	错误行为	正向行为	探索要点
适应新的兄弟姐妹或重组家庭	恐惧 生气 羡慕 嫉妒 不安 受伤	爱/被爱 联系 公平 独特性	与父母竞争/对父母不友善/远离父母 感觉自己不被重视 憎恨别人 用不好的行为来引起注意	和父母好好相处 想办法与人交流自己的恐惧 相信爱是无限的 拥抱独特性 建立新的关系/友谊/乐趣的机会	什么是爱? 我们会爱不止一个人吗? 我能从不同的关系中得到哪些不同的东西? 如何让别人知道我最重视什么? 可以引入哪些规则/日常惯例来保证公平/独特/与众不同的相处时间? 我/其他成年人可以提供哪些帮助?
输掉体育比赛	生气 羞耻 悲伤 失望 挫败 不安	想成为最好的 成功 体育精神 团队合作 领导力 学习 归属感 公平	缺乏体育精神的行为 以后不再进行这项运动 放弃	召集所有队员,表扬他们的努力 复盘比赛失利的原因和问题,加强训练,期待下次有更好的表现 践行良好的体育精神	如何探究输掉比赛的原因(例如,教练的战略、队员的表现、运气不好、裁判不公、作弊)? 如何分析这些因素,并揭示比赛的价值? 什么样的行为能让这些价值观向好的方向发展? 我/其他成年人可以提供哪些帮助?

续表

情况	情绪/感受	价值观	反方向行为	正方向的行为	探索要点
（等待完成你来……）					

小　结

- 痛苦和难受的情绪是体验充实而有意义的人生的必要组成部分。
- 我们不能阻止孩子经历痛苦的情绪,但我们可以帮助他们理解这些情绪,并了解情绪可能会告诉我们对自己而言最重要的是什么。
- 当孩子经历痛苦的情绪时,和他们坐在一起,让我们有机会进入他们的世界,尊重他们的感受。
- 有必要让孩子知道他们的情绪与价值观发展之间的联系。通过了解为什么他们的感情会受到伤害,他们可以学会利用情绪为下一步做出明智的决定。
- 作为父母,更多地意识到自己的感受有助于确保在孩子痛苦时同时使用下层(情绪)大脑和上层(思考)大脑,来帮助孩子,成为"明智的大脑"的模范。

第三部分

焦虑：

如何让焦虑不再控制孩子的生活

第七章
恐惧和身体

我们每天都会经历触发恐惧或焦虑反应的事件。这些可能是身外事（例如，工作、学校、金钱、健康），也可能是我们的内心世界（例如，自我批评、对过去和未来的思考）。焦虑是生活中很自然的一部分，可以成为我们的朋友。我们都需要焦虑来保护自己的安全，因为它会阻止我们踏入危险之中。其实，少量的焦虑可以提高我们的表现。然而，焦虑也可能是我们的敌人。它也许会占用我们大量的时间和精力，让我们无法做最重要的事情，比如学习、维持人际关系、过充实而有意义的生活，等等。

在童年时期，三分之一的儿童会经历焦虑带来的问题。因此，这就容易理解为何焦虑在心理健康领域是最常见的问题之一。我在工作中遇到的许多年轻人和家庭都描述了焦虑给他们生活带来的破坏性影响。父母经常尴尬地解释，家庭生活受到了多大的影响。早上，孩子要么肚子疼，要么哭，需要不停地安慰，耗到最后一刻才能走出家门或下车。晚上，由于担心第二天的事和睡眠困难，就寝时间变得既耗时又充满紧张。焦虑的循环让父母和孩子都筋疲力尽。

我需要担心孩子吗？

在孩子的成长发育过程中，他们经历焦虑和担忧是很自然的。作为父母，可能很难区分哪种是正常焦虑，哪种是需要介入帮助的焦虑。我通常会先了解这两个问题：（1）孩子的焦虑程度对他们的做事能力产生了多大的阻碍；（2）这种情况持续了多长时间。

在某些情况下（例如，害怕狗、昆虫或是针头），焦虑可能表现为一种特定的恐惧或担忧。其他的焦虑类型可能更广泛，并影响生活的各个方面（例如，离开父母、害怕上学、担心友谊关系）。一般来说，出现以下情况的孩子需要额外帮助：（1）长期以来一直与焦虑作斗争；（2）他的焦虑妨碍了一系列事情的进行，比如上学和参与社交活动。本书提供的方法对他们非常有帮助。不过，由于焦虑是一种普遍存在的情绪，所以这些章节对所有父母和孩子都适用。

孩子的焦虑是什么样的？

无论孩子的恐惧和焦虑是新出现的还是一直存在的，是偶尔的还是持续的，在经历焦虑时都会发生以下三件事情：

1. 身体的应激系统被激活，导致身体发生生物学变化。这时会出现不舒服的身体感觉，比如肚子疼和心跳加速。

2. 思绪往往集中在消极的方面，孩子可能会担心过去、现在或未来。

3.孩子可能会回避一些事情，寻求安慰或做一些事来减少恐惧之事发生的概率。

下表展示了这三个方面的焦虑是如何在孩子的日常生活中表现出来的。请圈出适用于你孩子的情况。

身体感觉	想法	行动
难以集中注意力 抱怨身体不适（胃痛、不舒服、疲劳、呼吸急促、恶心、头痛、发抖） 睡眠质量下降 消化困难（食欲不振、腹泻、便秘）	"将会怎样……"对未来的事总是考虑最坏的结果 非黑即白的思维方式 自责 充满"应该怎样/必须怎样"的想法 忽视积极因素 只关注消极因素 对自我期望过高 夸大事实 做噩梦	回避感到害怕的情况（这种情况会越来越多） 向他人寻求安慰 日常惯例或固定不变的做事方式让他们感到安全 交友困难 在家和学校与成年人相处的时间更多

一些年轻人，尤其是青少年，可能会努力隐藏自己的感受和担忧。我遇到的大多数青少年都说，他们对自己的这些感受感到羞愧，不想向父母分享自己的焦虑，因为不想给父母带来更多的痛苦。对于年龄较大的孩子，焦虑可能表现为易怒、情绪化、对事物的兴趣减少、不再参与常规活动（例如上学、与朋友见面）、更容易受到刺激并需要更多的安慰。用善意和好奇

心来回应这些行为可能对你的孩子最有帮助,不要评判他们,因为他们会因你的评判感到更加焦虑。

对于年龄较小的孩子,焦虑可能会被不好的行为、爆发的情绪和发脾气所掩盖。接下来的三章将解释什么是焦虑,并指出在孩子的身体、思维和行为受到焦虑影响时,你应该怎么办。你将会看到认知行为疗法(CBT)相关的内容。

我的孩子为什么会有焦虑问题?

孩子有焦虑问题的原因很可能不止一个。研究表明,焦虑的原因是多层次的,是生物和环境因素综合导致的[35]。下面列出了一些使孩子更容易出现焦虑问题的因素,看看是否适用于你的孩子。

★ 遗传因素:孩子的父母是否患有焦虑症?

★ 性格:在孩子小时候,性格是不是比较压抑(安静,不表露思想/感受)?他们是否对新的环境/人有抵触或害怕的情绪?你的孩子是否消极地解读不确定的信息(倾向于事情会向最坏的方向发展/设想最坏的情况)?

★ 环境:你的孩子有过压力很大的生活经历吗?孩子是否经历过情感上的忽视,或者照顾者与孩子的关系不好,总是批评孩子?

★ 为人父母:孩子的父母是否总是在他们面前:(1)表现得焦虑不安;(2)以消极的方式向他们呈现信息;(3)过度参与他们的活动和日常;(4)阻碍孩子的独立性?

如果你觉得这些情况适用于你的孩子，那么好消息是，本书提供的信息将有助于创建保护性的育儿环境，从而增强孩子对焦虑的适应能力，保护他们免受以上因素的影响。

重要事情的注释

让我们夜不能寐的担忧很可能与我们最关心的事情有关（例如，孩子是否健康快乐、工作、收入、我们自己的健康、亲密关系和社交关系），也可能被曾经让我们痛苦或恐惧的事件影响。这对孩子来说也是一样。我曾遇到过无数年轻人，他们的焦虑影响了他们在学校的表现，影响他们与朋友一起参加活动，也影响了他们的家庭生活。对于一些人来说，是某次负面经历触发了他们这样的反应，这次经历让重要的事情受到了威胁。当我问年轻人什么对他们最重要时，他们告诉我："学业有成""有好朋友""与家人亲近"。此时我们发现，焦虑并不能保护他们最关心的事物，反而会将他们置于风险之中。

引导孩子重获掌控感的一个有效方法是，帮助他们认识到焦虑并不总是有益的，有时也会成为一种阻碍。根据我的经验，告诉年轻人焦虑是如何阻碍他们做重要的事情，往往会给他们最大的力量和动力去面对焦虑。你可以带着善意和好奇心，创造一个安全的空间来和孩子讨论这个问题（使用第13章的交流技巧来助你一臂之力）。

我帮助年轻人控制焦虑的经验表明，他们有时会重新定义焦虑，认为它有助于他们成为尽责、关心他人的人，让他们在人际关系和工作中做出奉献。事实上，我们的确需要一些焦虑来获得完成任务的动力。这些章节提供的方法有助于确保焦虑是一个有用的朋友，而不是一个无益的敌人。

> ⏳ **反思时刻**
>
> 想想你的孩子，然后回答以下问题：
>
> 1. 你的孩子现在最焦虑的是什么？
> 2. 你的孩子在什么情况下会触发焦虑感？
> 3. 他们的焦虑还与哪些情绪有关（例如，无力感、自卑感、感觉不被爱或自己不值得被爱）？
> 4. 可能和之前的哪些经历有关？
> 5. 探索当前对你的孩子最重要的事情。这和孩子的焦虑感有什么联系？
> 6. 焦虑如何使他们远离对他们来说重要的事情？
>
> 你的孩子有哪些优点可以帮助他们克服焦虑，朝着最重要的目标前进（例如幽默、坚韧、忠诚、关心他人、精力充沛、充满热情）？

身体内发生了什么？

当我们经历恐惧或焦虑时，了解身体内部发生了什么是帮助孩子理解自己的感受，并适当减轻其强度和频率的第一步。本节将为你提供解决方案。

压力系统简介：防御和恢复

在人类数百万年的进化中，大脑成功地保护我们远离危险。它已经形成了一个压力系统，帮助身体抵御伤害（即交感神经系统，我在这里将其称为压力反应）。它本质上是一个警报系统，可以自动执行以下功能：（1）告诉我们有危险；（2）让我们尽快脱离危险。想想一个穴居人看到一只剑齿虎，他要么逃离，要么战斗，才能不被杀死。警报系统对危险的反应越快、越强，穴居人生存的可能性就越大。

穴居人为了平衡警报系统，确保自己不会无谓地浪费能量，他需要一个良好的修复或恢复系统来帮助他保持和补充能量水平（即副交感神经系统，我将其称为放松反应）。压力反应和放松反应都在大脑和身体中自动运行，无须意识控制。所有生物都需要压力反应和放松反应协同工作，才能生存下去。

压力反应：战斗或逃离

压力反应是身体用来摆脱危险的警报系统。当我们面临压力事件时，就会触发压力反应。"事件"可以是我们看到、听到、闻到、尝到、触摸到或想象到的可能会对我们造成伤害的东西。大脑中与生存和情绪处理有关的部分（杏仁核）向我们大脑中控制神经系统的部分（下丘脑）发出求救信号。下丘脑通过神经系统向我们的肾上腺发送信息，然后肾上腺向血液中释放一种叫做肾上腺素的激素。肾上腺素让身体为做出行动做好准备：心率增加，身体内的血液流向肌肉，远离消化区（这就是为什么会感到恶心、胃痛或想要上厕所的原因）。由于心脏和肌肉需要更多的氧气，你会呼吸加快。你的肌肉可能会颤抖，胳膊上的毛发可能会竖起来帮你迅速降温。额外的氧气被送到大脑，可能会导致视野变窄以增加警觉性，让你注意到眼前的威胁。一切都是为了给身体提供短暂的能量爆发，帮助你以最快的速度逃离危险的情况（战斗或逃离）。

这一切都发生在一纳秒内，你甚至还没有来得及处理你所看到、听到或感受到的信息，警报就已经来了。此时，在最初注入的肾上腺素减少后，如果仍然感觉到危险，下丘脑会再发送一个信号来保持压力反应的活跃状态。这会产生皮质醇，一种使身体处于战斗或逃离状态的激素，以便能够脱离危险。这些信号必须让身体感觉到强烈的不适，才能保证它们不被忽视，让你必须采取行动。

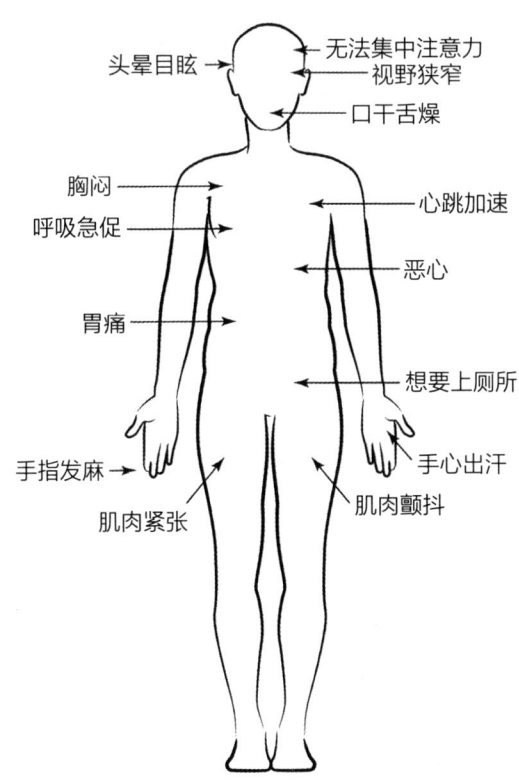

活动时间

家长自己完成

想想你上次感到害怕或焦虑时的状况，然后看看上面的图片，圈出你注意到的一些身体感受。现在，想想你的孩子，当他们感到焦虑或担心时，会抱怨哪些身体感觉？

和孩子一起完成

使用第 322～323 页的表格向孩子解释战斗或逃离反应，并探讨这种反应如何影响他们的身体。有时候孩子会把身体上的感觉误认为是生病的征兆。

百科时间

呼吸背后的化学反应

呼吸对生命至关重要，这是由大脑控制的自动过程。大多数时候，我们不需要考虑这个问题。当我们呼吸时，空气被吸入肺部，空气中的氧气进入血液。与此同时，二氧化碳作为呼吸的废物从我们的血液中流入肺部，并被呼出。

我们的呼吸速率与身体的能量需求有关。当我们运动时，需要更快地呼吸，这样我们的身体才能吸入更多的氧气，排出更多的二氧化碳。当我们经历战斗或逃跑时，肾上腺素告诉我们的身体要加快呼吸，为身体活动做准备。如果我们呼吸加快，但身体不活动，肌肉就不会消耗掉血液中多余的氧气。这会导致我们血液的酸碱值失衡（呼吸性碱中毒），二氧化碳浓度下降，血管收缩，使我们感到头晕、手指和脚趾发麻、浑身发冷和出汗。对大多数人来说，虽然这个过程比较难受，但并不危险。你可以通过放慢呼吸或做一些体育活动来帮助血液恢复到平衡状态，这些不适感也就消失了。

我会晕倒吗？

孩子担心出现这些感觉时会不会晕倒。其实在呼吸急促时，一般不会出现晕倒的情况，因为晕倒一般和血压降低以及大脑缺氧有关，然而急促的呼吸会让血压和血氧含量增高，而不是降低。

放松反应

为了生存，我们不仅需要逃离危险，还需要保存能量。放松反应是对压力反应的补充。它通过让身体休息（降低心率和呼吸频率）以及消化（确保身体有效地处理食物）来控制身体放松。放松反应依赖于迷走神经与心脏、肺部和消化系统的沟通，帮助身体最大程度地保存能量。它会在压力事件发生时或发生后发挥作用，帮助身体平静下来，从压力中恢复过来。如果穴居人一直处于压力之下，他将无法休息、睡觉和吃饭，最终会精疲力竭而死。

当孩子还是婴儿的时候，他们依靠我们来保护他们的身体安全。从孩子呱呱坠地开始，他们的压力反应就已经在提醒我们，作为父母，在情况不妙时要保护他们。我们需要安抚他们说现在很安全，这样他们的放松反应才会启动，他们不再感到难受，逐渐平静下来。想象一下，一个蹒跚学步的孩子被烟花的巨响吓到了，他的父母把他抱起来，安抚他，帮助他启动放松反应。通过父母的声音和抚摸，孩子明白了烟花不会伤害他，而是值得欣赏的美丽事物。有些孩子可能需要他们的父母或其他成年人安抚他们更久，才能激活放松反应。随着年龄的增长，孩子需要学会自己处理压力反应，并顺利进入放松反应。这让他们有能力在管理压力的同时保证自己的安全。

当两者失衡时

在一个理想的世界里，我们的压力反应和放松反应该是平衡的。如果我们与剑齿虎擦肩而过，我们回到洞穴（安全的地方）之后，会把这件事告诉族人们，我们的放松反应就会启动，让自己安顿下来吃饭睡觉，补充因逃离和平复心情而消耗的能量。

压力系统虽然已经历经数百万年的进化，但问题在于，它还没有适应现代的压力源。与穴居人相比，我们面临更多持续不断的压力，这意味着我们的压力反应被触发得更多，而能够进行放松反应的时间却更少。事实证明，即使想逃离这些压力也很难，因为智能手机将一些诱发压力的因素带到了我们最安全的地方。最麻烦的一点是，压力反应对非危险和想象事件的反应与对真实或身体危险事件的反应相同,这意味着仅凭我们的思想也可以触发压力反应(详见下一章)。

许多孩子经历过一次性的高压事件(比如亲人的离世),这会增加他们的焦虑程度。还有一些孩子可能会经历慢性压力源,让他们的压力反应一直持续。这些年轻人可能会发现自己情绪低落,因为他们不得不关闭情绪这一压力表征,才能应对持续不断的压力。

对许多年轻人来说,当他们被身体里的焦虑情绪淹没时,他们其实并没有身处危险的环境之中。他们可能正在参加考试、在课堂上发言,或者在朋友家过夜。问题在于,这些事情很常见,几乎每天都在重复(慢性),导致孩子的压力反应被反复触发,而其实这本没有触发的必要。如果孩子的压力反应很容易被激活,而放松反应被激活的机会却很有限,那么孩子可能就会在睡觉、吃饭、集中注意力等方面出现问题,而且总是处于紧张状态,时刻警惕着危险。

♞ 活动时间

焦虑提醒你的身体有危险,就像烟雾报警器提醒你有火灾一样。然而,有时烟雾警报器也会在没有火的时候发出警报(例如,做饭的时候)。同样的,我们的身体也会在没有什么可害怕的时候让我们感到焦虑。有些孩子的警报器更敏感(原因如前所述)。

列出你认为会触发孩子的"烟雾报警器"的事情,分两栏:非身体危险和身体危险。标出哪些担忧是想象出来的。哪一栏对

> 你的孩子影响更大？孩子接触到触发警报的事件的频率如何？你的孩子靠什么来关闭"烟雾报警器"？

虽然压力反应和放松反应是自动的，但我们可以通过以下方式来维持它们的平衡：(1)更清楚地意识到压力源及其对身体的影响；(2)提供更多休息和恢复的机会。对孩子来说，许多日常任务都可能会让他们感到压力，但重要的是不要让他们停止做这些活动，因为这会导致焦虑情绪加重，而不会让他们获得管理这些压力源的能力。我们应该做的是引导孩子（和我们自己）积极地做更多有助于放松反应的事情，尤其是当我们知道自己面临很多压力源的时候。我们可以为孩子减少一些不必要的压力（比如冲突），但许多压力是不可避免的。

研究告诉我们，有许多事情会引发压力反应，同时也有许多事情会激活放松反应[36]。这张跷跷板图进一步解释了这一点：

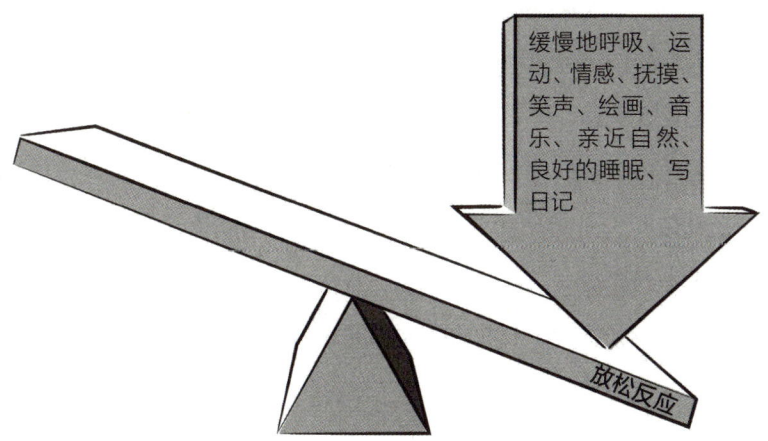

缓慢地呼吸、运动、情感、抚摸、笑声、绘画、音乐、亲近自然、良好的睡眠、写日记

放松反应

百科时间

压力/放松反应的平衡如何影响睡眠

所有生物的生物钟都与地球围绕太阳的运动同步，想想都很神奇。这种内置的 24 小时时钟让人类白天清醒，晚上睡觉（昼夜节律）。这又要追溯到穴居人时代。对他们来说，晚上睡觉，白天活动会更安全。每天，当我们的眼睛接触到晨光时，我们的昼夜节律就会被重置。

昼夜节律与我们的压力反应是协调一致的。在早上，我们的压力反应会产生足够的皮质醇来增加我们的能量水平，帮助我们活跃起来，开始新的一天。到了晚上，当身体需要进入休息区和消化区时，会抑制皮质醇的产生。

科兹洛夫斯卡（Kozlowska）及其同事在他们的研究摘要中

描述了在夜间睡眠时，身体如何运行重要的清理功能：废物从大脑的免疫炎症细胞中排出，脑神经细胞收缩并重置（从而在第二天开始新的学习，并帮助人们从难受事件的记忆中恢复过来），迷走神经减少体内细胞的炎症，身体分泌褪黑素和生长激素等对细胞修复至关重要的激素。疼痛阈值会被重置。睡眠不足会增加对疼痛的敏感度。在睡眠期间，我们会禁食（不吃东西），这让身体也能够专注于消化和肠道健康。

压力反应与昼夜节律同步对健康和幸福感很重要。一个区域的中断会导致另一个区域的中断，这就是为什么时差（跨时区旅行）、轮班工作（通宵工作）和慢性压力事件导致的睡眠中断会对身心健康产生影响。

睡眠出现问题通常与焦虑、抑郁和多动症有关。研究表明，对于饱受焦虑困扰的年轻人来说，每天晚上担心第二天学校的事情会影响他们的睡眠（这就是为什么一旦到了周末或假期，睡眠通常会有所改善）。如果孩子的心一直悬着，无论他们是否经历困难（第8章将会提到），都会引发压力反应。这会增加皮质醇的分泌，扰乱昼夜节律，使人难以入睡。呼吸练习（第152页）和学会更好地处理忧虑（第169页），是公认的改善睡眠的方法，有助于消除压力反应。睡眠干预可以帮助年轻人学习一些技巧，大大缩短入睡时间，减轻焦虑和情绪低落感（见第219页关于改善睡眠的重要提示）。

我们可以通过哪些方法来加强孩子的放松反应?

呼吸的力量

激活放松反应和消除压力反应(战斗或逃离)最有效的方法就是控制我们的呼吸。在放松休息时,成年人每分钟大约呼吸14~18次,儿童/青少年的呼吸则会稍微更急促些。在感到害怕或焦虑时,我们会呼吸加快,可能达到每分钟50次,这会增加我们的压力反应,并引发令人不快的战斗或逃离的身体症状。我们无法用意识控制某些身体器官,但我们能够有意识地控制呼吸。如果呼吸放慢,心率就不会一直维持在高水平,压力反应也就不会保持活跃。放慢呼吸会触发放松反应,向身体的其他部分发出信号,告诉身体我们没有危险。它还能减少疼痛感,增加幸福感[37]。因此,控制呼吸是在感到压力时拿回身体掌控权的最好方法之一。

你可以教孩子进行呼吸练习,手机里也有很多应用程序提供类似的练习。呼吸练习的主要原则是:(1)放慢呼气速度,深吸一口气(把握好节奏,控制好胸腔和腹腔之间的横膈膜);(2)不去过度关注处于战斗或逃离状态的身体感觉。把这些讲给你的孩子,和他们一起做练习,这样他们就可以在你的指导下练习掌握这些技巧。给出反馈,确保他们掌握正确的呼吸方式。鼓励他们每日进行练习(见下一页)。

> **活动时间**

找一个舒适的地方坐下,确保不会被打扰,并关掉或拿走让你分心的东西(手机、平板电脑、电视等)。

深呼吸

1. 吸气数四下(尽量深吸气,让腹部鼓起来),呼气数八下(比如,"吸,二、三、四;呼,二、三、四、五、六、七、八",来帮助孩子掌握节奏)。

2. 至少重复十次。

3. 告诉孩子呼吸的时候在心里数数,因为数数有助于平息战斗或逃离反应。

你可能会发现孩子数到六、七、八的时候,就上气不接下气了。教他们深吸气到肺底,从而让腹部扩张,才能呼出足够的空气。经过练习之后,他们的呼吸会更从容。如果孩子年龄较小,让他们躺下练习,并在他们的肚子上放一个泰迪熊,泰迪熊会随着腹部的扩张和收紧而上下移动,肺部也会充满空气并释放出来。

手指呼吸法

将非惯用手的五指张开(如果是右撇子就用左手,如果是左撇子就用右手)。用惯用手的一根手指沿着大拇指的最外侧向上滑,到达指尖之前一直吸气;当你的手指沿着大拇指的另一侧向下移动时,呼气。触摸到食指指尖时,再次吸气;沿着食指走,到达中指根部时,呼气。剩余手指也这样做(五个完整的呼吸)。

根据需要多次重复。

接地练习

孩子在课堂或活动受到限制的情况下可以做这种练习，接地练习和正念有关。这项练习不会引人注目，而且只需要很短的时间。当孩子和你一起练习时，可以把话大声说出来；当他们在学校或其他类似情境中练习时，在脑海中说话即可。

1. 让孩子说出他们能看到的五样东西，能感觉到的四样东西，能听到的三样东西，能闻到的两样东西和能尝到的一样东西。

2. 引导孩子详细描述以上事物。这有助于他们把注意力放到压力之外的事情上。

3. 同时告诉他们放松肌肉，假装自己是一个松软的布娃娃，因为肌肉的松弛也有助于放松反应。

网上有很多这样的练习，请和孩子一起试试。每个孩子的情况不同，所以要多尝试几种练习，帮助他们找到最合适的方法。

运动

研究表明，定期锻炼可以防止抑郁和焦虑[38]，有很多证据可以证实这一点。其中一种证据是锻炼让大脑释放提升幸福感的神经化学物质（内啡肽、血清素），同时帮助身体建立对皮质醇等压力激素的耐受性。这使得身体能够适应一些与战斗或逃离反应相关的生理感觉,并降低对这些焦虑情绪的敏感度。锻炼还有助于大脑中支持情绪调节、学习和记忆的部分(海马体)制造新的神经元,这意味着对我们所有人(随着年龄增长特别有帮助)来说,锻炼可以改善大脑中神经细胞的连接[39]。

需要运动或协调性的活动和体育运动对减轻压力反应尤其有效(例如,打鼓、跳舞)[40]。如果这项锻炼具有适当的挑战性,还有助于培养自我效能感和掌握感。在锻炼身体的同时,有机会与他人建立联系,也会产生积极的效果(例如,团队运动、与朋友一起散步/跑步或去健身房)。让孩子参与有意义的体育活动可以真正改变他们的生活。有时焦虑会让孩子难以参与这些活动(例如,对参加体育俱乐部感到焦虑)。运用第8章和第9章中的方法,鼓励孩子参与更多的运动和体育活动。

你可以考虑从自己做起,将更多的运动融入日常生活中,为孩子树立榜样。请记住,哪怕只是站起来,在厨房随着喜欢的音乐舞动几分钟,也足以缓解你的压力反应!

激活放松反应的实用方法

对许多孩子来说,放学后回家或参加其他比较激烈的活动后回家的一段时间,可能是他们艰难的过渡期,有可能会表现不佳。孩子和父母都需要时间才能从一天的压力/活动中解脱出来(这些压力/活动使压力反应一直保持活跃状态),激活放松反应。请记住,压力反应有助于释放能量,因此有时它可以帮助我们或孩子完成一天的任务。在紧张的活动之后安排定期的休息时间可以激发放松反应。不让压力反应一直处于激活状态,就不会

"精疲力竭"。当我们回到家或开展另一项活动时，可能很难关闭压力反应，而这会让我们或孩子紧张不安，很容易感到痛苦。打破这个循环的第一步是和孩子一起找出能够激活放松反应的方法（第149页的跷跷板插图列出了一些活动）。

> **活动时间**
>
> 与孩子一起制订日常计划。找出一天中可能会面对的压力因素，并结合各种活动来帮助建立放松反应，尤其是在压力活动之后。计划要尽可能具体，并让孩子展开实际行动。不要忘记食物也会影响心情，正餐和零食都要考虑进去。一旦孩子完成了几次日常计划，他们就会建立自主性（参考第324页的表格来完成这项任务）。
>
> 许多孩子喜欢在放学或经历紧张的活动后，回到自己的房间，享受一段安静的时光，看看喜欢的节目，或者做一些放松的活动，比如画画或者和宠物待一会儿。

练习的力量

年轻人经常跟我说："慢慢地深呼吸没什么用。"当我和他们探讨这个问题时，我发现他们并不认为这是一种需要提高的技能，而是一件自然而然就能做到的事情。我向他们解释控制呼吸是一项技能，在经过练习之后，会发现它确实有效。在学习一项新技能（比如某项运动或某种乐器）时，熟能生巧才是关键。有才华的人并非生来就有才华，是日复一日的练习让他们变得出色。练习的挑战在于，我们必须要做一些一开始不太擅长的事情，并努力加以改进。练习需要动力和勇气，让我们能够忍受这种不舒服的感觉而不放弃。练习还需要纪律：我们需要每天都练习才能变得游刃有余。当我们把某件事变成习惯时，它就变成了自动运行的程序。研究表明，我们需要及时、有益的反馈来提高表现，所以当孩子学习新东西时，一定要给他鼓励。

练习的三个要点

1.和其他好习惯一样，把练习融入你的日常生活之中。例如，像刷牙一样，你可以在睡前做呼吸练习。这对我们有双重帮助，因为当我们焦虑不安时，睡眠也会变得更加困难。

2.为成功做准备。"少量而频繁"胜过"大量却偶尔"。我们都喜欢成功的感觉，但必须从一个可实现的目标开始。如果我计划在九个月后参加马拉松比赛，我不会一开始就跑三十多公里。我会从短距离跑开始，这样我既不会受伤，也不会让自己丧失兴趣，然后再逐渐延长跑步时间来增强体能，保持健康。呼吸也是一样，从每天三分钟开始，逐渐朝着每天八分钟的最终目标迈进。

3.不要指望在高压力情况下能立刻运用呼吸或新的放松技巧。在压力较小的情况下练习，因为只有这样你才能真正地集中精神练习。举例来说，如果你会弹钢琴，而我让你立刻在一大群观众面前演奏一段难度很高的曲目，你很可能会弹不好，因为压力实在太大。但如果我告诉你，连续一个月每天练习这首曲子，到月底在一百人面前表演，那么你演奏成功的概率会大大增加。同样的道理，在你感到平静且安全的时候，每天花三分钟练习呼吸。这样一来，一旦遇到有压力的情况，你的身体就会自动放慢呼吸。

即使一开始没有起作用，也不要放弃。和掌握新技能或养成新习惯一样，呼吸练习也需要时间。通过做本书中的活动，你就像是把大脑带到了健身房。和练肌肉相同，大脑如何发育取决于我们的锻炼方式。我们练习这些活动的次数越多，大脑中的神经连接就越强，我们就越有能力控制压力和焦虑。

· ♘ 活动时间 ·

如何帮助孩子培养练习习惯

★ 对于年龄较小的孩子，在白天的日常生活中增加练习深呼吸的机会。睡前，把泰迪熊放在他们的肚子上，让他们做呼吸练习，这样他们就能看到自己在呼气和吸气。一旦在压力较小的情况下练习过这个技巧，当他们出现情绪预警信号时，你就可以帮他们通过呼吸来缓解压力。和孩子一起有规律地做这件事，这样他们就会养成习惯，从而独立地完成练习。

★ 对于年龄较大的孩子和青少年，应与他们进行合作性对话，讨论何时何地进行练习（请参阅第13章，了解如何成功开展这种对话），支持他们提出的合理意见。你要做的是保持好奇心，鼓励他们自己提出想法。把这些想法写下来，或者制订一个时间表。参考我在第 2 章提到的关于评量询问（例如，从 0 到 10）的"重要提示"，帮助孩子意识到练习的好处，并提供具体的反馈，说明练习产生了什么效果。

★ 适当的外部奖励可以帮助孩子培养新习惯。给年龄较小的孩子奖励小红花贴纸；给大一点的孩子奖励零花钱或者特权，激励他们更好地完成练习。此外，赞扬、口头表扬和鼓励也能产生正面影响。

/ 案例研究 /

诺亚的故事（第一部分）

在本章和接下来的两章中，我们将跟随诺亚，看他如何通过我分享的方法来控制焦虑。

诺亚是一名 14 岁的男孩，就读于十年级。他早上不想去上学，和朋友见面的时间越来越少，睡眠受到了干扰，家庭生活也被打乱了。他的父母注意到他的脾气愈发暴躁，不愿意参加家庭活动。他需要妈妈不停地保证"一起都会好起来的"才能稍微安心。诺亚有时会在早上感觉不舒服、浑身发抖、流泪，妈妈就会让他别去上学了。

诺亚向我解释了在学校表现良好和拥有好的友谊的重要性。我们能够判定，他的恐惧和焦虑感主要是因为在学校表现不佳，被他的朋友们排斥。

诺亚也意识到，因为感到恐惧而不去上学或不能在课余时间和朋友共处，让他失去了很重要的东西。这不仅加剧了他的焦虑，还让他情绪低落。

当我通过身体说明图找出诺亚在哪里感受到了战斗或逃离反应时，诺亚和他的父母都非常感兴趣。诺亚说，他不仅感到不舒服、想哭，还会心跳加快、身体颤抖，有时还有点头晕。由于无法集中注意力或听老师讲课，诺亚的战斗或逃离反应更加强烈，因为他担心自己在课堂上晕倒，或者无法回答老师的提问。在诺亚了解他的大脑和身体如何工作之后，我们一起在房间里进行了"吸气四秒，呼气八秒"的呼吸练习。

第一次治疗结束后，诺亚开始关注哪些早期迹象会表明他的身体出现问题。在接下来的几周，他做到了以下几点：（1）认识到这种感觉是他的战斗或逃离反应在向他发出危险警告；（2）采取一些有益的行动，让他的身体知道他是安全的。当他发现自己感到焦虑时，他会在课堂上进行接地练习，这让他不再过度关注身体上的感觉，并帮助他启动放松反应。我们还谈论了运动的价值和其他激活放松反应的方法，于是诺亚养成了晚饭后和妈妈一起遛狗的习惯。睡前，诺亚会在刷牙后练习深呼吸。他发现，在做练习时，手机上放一些平静的声音效果会更好；雨声能让他把注意力集中在呼吸上，而不是焦虑的思绪，这让他更容易入睡。

诺亚的父母表扬了他的定期练习，并奖励了他一双他一直想要的运动鞋。家人不再过度关注诺亚身体上哪里难受，转而更多关注诺亚能够做些什么来控制这些负面感受，从而增强他对战斗或逃离反应的耐受性。这能够帮诺亚更快地摆脱不适感。

小　结

- 焦虑是正常的。每个人都有担心和害怕的时候。
- 在危险的情况下，焦虑会对我们有帮助，它通过压力反应帮助我们迅速脱离危险（战斗或逃离）。
- 但焦虑有时也会控制我们的大脑，阻止我们做重要的事情。
- 压力反应会让我们的身体产生强烈的逃离或战斗的感觉，这是一种让我们想要摆脱的不适感。
- 当我们处于非危险情况或感到担心时，也会触发压力反应。如果我们对那些不会对我们造成伤害但经常发生的事情感到害怕，就会出现问题。
- 放松反应保护我们免受压力的危害，帮助我们的身体休息和消化，从压力中恢复过来。
- 深呼吸、运动和其他平静的活动有助于激活我们的放松反应，以平衡压力反应。
- 定期练习放松性活动可以帮助我们应对高压时刻，更有效地管理慢性压力。

第八章
如何应对忧虑

此刻,我正陪着17岁的儿子在医院急诊室等医生,他的手骨折了。现在是凌晨3点,我们从晚上10点就一直在这里,但还没见到医生。值得庆幸的是,他很平静,没有太多痛苦。在我们等待期间,我回想起这鸡犬不宁的一周。我同时扮演着妈妈、员工、前妻、朋友、作家等多个角色,忙得不可开交。因此,我一直很担心。思绪在我的脑海里不停盘旋,我对过去、现在和未来的各种事都感到纠结,经常设想最坏的情景:如果我的房子卖不出去怎么办?如果我在工作中做出的重大决策对我的团队是一场灾难怎么办?如果今年冬天我付不起燃料费怎么办?如果我没回复朋友的信息,让他们失望了怎么办?如果孩子的爸爸骑摩托车受伤了怎么办?如果我没时间写书怎么办?诸如此类的各种想法以及我想象的场景一直在我的脑海里滚动播放。讽刺的是,我从未想过,如果孩子的手骨折了怎么办?然而,我现在却在医院,因为我儿子的手骨折了!

我相信许多人都对这个故事感同身受。尽管总是忧心忡忡,但生活还会让你遇到始料未及的事情。因为生活是不可预测的,风险与之同行。我们做出的决定不可能总是对的,而且我们根本无法控制那些未来可能给自己或所爱之人带来重大影响的事件。如果我们把生活的不确定性与大脑对各种可能性的惊人想象力结合起来,也就明白为什么大多数人总是处在忧虑之中了。

和焦虑一样,担心也不完全是坏事。它有时可以起到保护作用,让我们注意到需要解决的问题(例如,在工作中担心某个项目是否能按时完成)。但有时它也会起反效果,消耗我们的时间和精力,还会给我们提供错误信息(例如,担心亲朋好友发生事故)。正如第 7 章(第 137 页)所述,焦虑主要影响三个方面:(1)身体;(2)思想;(3)行为。不仅是现实生活中发生的真实事件会触发我们对压力的身体反应,我们的想法也会。

> ⏳ **反思时刻**
>
> 闭上眼睛,想象一件不愉快的事,或者一件你害怕发生的事。当你想象它们的时候,注意观察身体上的变化。你很可能会出现我们在第 7 章中探讨过的一些由焦虑引发的身体迹象,比如胃痛、心率和呼吸加快,也许还会感到发热或发冷。这是你的大脑通过回忆或想象这些事件引发的压力反应。现在想象一件愉快的事。在你的脑海中想象整个事件。你应该会发觉这些焦虑的身体迹象正在消退。

我接触过的许多孩子都描述了忧虑是如何阻碍他们学习、抓住新机会和建立自信的。父母担心孩子会被忧虑控制,无法过上充实而有意义的生活。我教孩子和他们的父母如何进行"正确的担忧",并给他们分享实用的方法来管理忧虑。这样一来，他们就可以保持平衡——意识到风险的同时，不让风险控制我们的思想和行动。在本章中，我将分享以下几点：

1. 与胡思乱想作战。
2. 解决问题，而不是担心问题。
3. 不要担忧超出控制范围的事情。

想法和感受

最新研究发现，我们每天会产生大约 6200 个新想法[41]，平均每分钟产生 6.5 个。这些想法可能是由我们周围发生的事或我们自己的想法引发的。怪不得我们的大脑有时会焦头烂额呢！（有趣的是，这项研究发现，那些神经质得分较高的成年人，在休息时脑子里的想法更加活跃，更容易被自己的思绪分散注意力，而且他们更有可能想到难受的事[42]。）我们的想法与我们的感受有关。因此，当我们的头脑中不断闪过这些想法时，就会影响我们的情绪。例如，如果我想到马上就要到周五晚上，而且我有很棒的安排，我就会很开心，因为我对它充满期待。反之，在周日晚上，当我想到第二天的工作时，我很可能会对周一早上感到焦虑和恐惧，然后进一步想象可能要面对的困难，从而加深我的焦虑和恐惧感。

问题在于，大脑的首要任务是生存，而不是幸福。因此，我们更倾向于寻找事物中的负面因素而不是积极因素（负面偏见），从进化的角度来看，这更能保证我们的安全。想想一个穴居人如果走在路上只顾看花，而不留意捕食者，被吃掉的风险就更大。这意味着我们倾向于赋予负面想法更大的意义，而当我们开始过度关注这些消极想法时，问题就随之而来了。这些想法会在脑海里循环出现（也称思维反刍），触发我们身体的压力反应，让我们感到痛苦。

我们的世界：想法、感受和行动

我们对世界的体验基于我们关注哪些信息以及我们如何感知、解释和描述正在发生的事情。不同的人对同一种情况会有不同的看法。以我的孩子们在新学校的第一天为例：我们最近搬了家，我的儿子和女儿转入了新学校，儿子对他的转学第一天感到兴奋并无比积极；然而，我的女儿却感到焦虑和担心。

在我接他们放学时，两个人都跟我说，这一天里他们认识了新同学、熟悉了新教学楼、有了新老师和新话题，并开始适应新的日常生活。我的儿子分享了在新学校让他开心的事情，比如在午休时有几个男孩和他一起踢足球，他们都支持同一个球队；学校篮球场；以及他在期末考试中表现不错，尽管有些课他没学过。他关注的是积极的一面，看到的是新的机遇，认为自己很受欢迎。虽然有些事情没有按计划进行（例如，他忘带运动装备），但他并没有过分纠结于这些。他的第一天结束了，他很期待后面几天。

相比之下，我的女儿则专注于她最关注的事情。比如：高中的新规定（她觉得这些规定既愚蠢又专横）；午餐时间的安排意味着她不能和一些朋友见面，她可能会因此失去这些朋友；以及学校太大导致她总是迟到。她觉得数学老师非常严格，可能不喜欢她，所以她预感未来的数学课会是她的噩梦。最后，她在英语考试中名列前茅，"但这只是因为别人都太差了"。她的第一天结束了,对接下来的几天充满恐惧。

关于第一天上学的这些经历,有两点需要注意:

1. 我的儿子和女儿在一天中所关注和忽视的事物影响了他们的想法、行为以及对自己和他人的感受(如下图所示)。

2. 我的儿子和女儿因他们的想法和感受而做出的行为影响了身边人的回应方式。

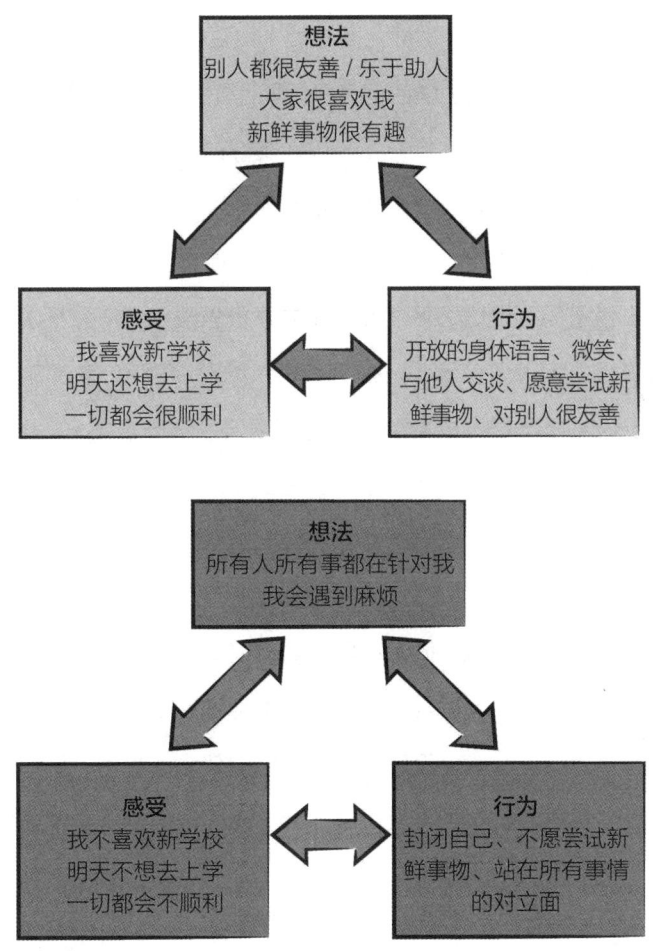

> ## 百科时间
>
> ### 自我实现预言
>
> 研究发现，我们的信念（想法）可以预测接下来会发生什么。这并不是因为我们的想法是正确的，而是因为它们会影响我们的期望，进而反过来影响我们关注的事物、我们的行为以及他人的行为[43]。安慰剂效应就是一个很好的例子，患者在服用了他们认为是治疗疾病的药物（实际上是糖片）之后会觉得自己好多了。
>
> 在我孩子第一天上学的例子中（见上图），我儿子（浅灰色框）的积极想法影响了他的行为（开放、友好的身体语言；参加像踢足球这种他喜欢的活动），进而影响了他人的行为（学校工作人员和同学对他很友好、乐于帮助他），从而证实并加深了他的积极想法和感受。相比之下，我女儿的消极想法（深灰色框）影响了她的行为（封闭自己、站在所有事情的对立面），也影响了他人的行为（同学们不敢接近她；老师强迫她遵守规则），从而证实并加强了她的消极想法和感受。在第9章中，我将阐述如何通过改变我们的行为来改变他人的反应，从而改善我们的想法和感受。
>
> 作为父母，我们对孩子的期望或他们能够做到的事情所抱有的信念和担忧会影响：我们所注意到的他们和他们的世界，以及我们的行为。这可能会无意中强化我们的信念和担忧。例如，如果我担心孩子在新学校无法适应，我会更关注他们在学校的负面

> 经历。我也可能会试图保护他们，不让他们自己处理这些问题，进而强化"他们自己处理不好"这一信念，而不是给他们机会，让他们自己处理力所能及的事情。

无益的思维方式

每个人都有自己的思维方式，这些思维方式可能有益，也可能无益。这是大脑的习惯，有助于我们处理事物、理解周围的世界。在上面的例子中，我们可以看到影响我女儿高中第一天的一些无益的思维方式。

看看下面的表格，你发现了哪些无益的思维方式？你是否发现自己或孩子陷入了以下某种思维方式之中？你能把这些思维方式和它们引发的感受联系起来吗？

我已经举出了我的例子。看看你能否写下符合这些标题的你自己的例子，可以是你在过去一段时间的想法，也可以是你从孩子口中听到的事。这些想法给你或孩子带来了什么感受？有些想法可能涉及不止一种思维方式。

⏳ 反思时刻

非黑即白的思维方式
"我上课总是迟到。"

妄下结论
"我的老师很严厉,她不喜欢我。"(觉得自己知道别人在想什么)

"我以后肯定讨厌数学课。"(预测未来)

灾难化思维——夸大事实
"我不能在午餐时间见到我所有的朋友,他们会讨厌我,这样我就没有朋友了。"

贬低——让某些事情(可能是好事)显得不那么重要
"我考第一是因为别人都太差了。"

忽视好事
"英语好没什么用,我数学太差了。"

贴标签
"我真没用。"

"学校的规定既愚蠢又专横。"

自责
"午餐时间我的朋友见不到我,都是我的错。"

想法之所以给我们带来问题是因为它们常常让人感觉像事实。它们在我们内心激起强烈的感觉，让我们相信自己的想法代表了真理或预示了未来。我们常常认为，如果我们出现了某种感觉，就代表我们的想法一定是正确的。例如，如果我觉得周一早上会忙不过来，我就会感到焦虑，而这种感觉会证实周一让我忙不过来的想法。于是我的想法愈发强大，好像已经变成了事实。实际上，周一早上可能会比较忙，但我完全有能力处理好。

训练大脑

大脑的奇妙之处在于我们可以训练它。虽然孩子天生就倾向于关注困难的事情，容易陷入担忧或者消极的思维方式中（对于有过不良经历的孩子来说尤其如此），但我们可以通过引导他们进行积极的、鼓励性的自我对话，找出解决问题的方法并教会他们如何放手，来帮助他们摆脱这个循环。

挑战忧虑迷思

每个人对忧虑本身是好是坏都有自己的看法。有人觉得忧虑可以帮助我们避免一些坏事发生，而我们对忧虑的一些信念会让我们更难以放下它。能够意识到这一点对于我们和孩子来说非常重要——当我们试图让孩子放下忧虑时，他们可能还想坚持，因为他们相信忧虑有它的价值或目的。如果我们认定忧虑有好处，还能停止忧虑吗？完成下面的"忧虑迷思"活动，看看你和孩子认可哪些表述。

🏁 活动时间

看看这些有关忧虑的表述。大部分人都会至少同意其中的一条。勾出那些你同意的表述，以及你认为孩子可能会同意的表述。

有关忧虑的表述	我	我的孩子
忧虑有助于我处理事情。		
如果我一直忧虑，坏事就不会发生。		
忧虑有助于我解决问题。		
忧虑让我有做事的动力。		
忧虑表明我在乎。		
忧虑能让我为最坏的情况做好准备。		

关于如何推翻上述有关忧虑的不实言论（这一点很重要），以下是我的建议。

忧虑帮我做好准备

我们不是通过忧虑（以消极的方式反复思考问题）来为某件事做好准备，真正起作用的是解决问题（关注解决方案）这一行为。我们可以通过忧虑树的练习（见第174页）来帮助孩子培养处理忧虑情绪的能力，通过找到解决问题的方法来处理他们控制范围内的忧虑。如果相信"忧虑能让你为最坏的情况做好准备"，那么麻烦在于，你的思想总会集中在潜在的问题上，这会阻碍你体验生活中积极的一面，让美好的时刻都变得扫兴。正如我们在本章前面所探讨的，忧虑会导致你产生期望，进而影响你的行为。过度关注自己的忧虑，只会让你担心的事更有可能发生。

忧虑让我有做事的动力／忧虑表明我在乎

你可能会认为，你需要忧虑才能有足够的动力去完成某件事。虽然适当的焦虑或担忧有助于我们采取行动，但陷入忧虑会减少你的有效行动，往往会导致情绪低落。你可以通过给自己忧虑时和不忧虑时的情绪值（1到10，从低到高）打分来验证这一点。你会发现随着忧虑的增加，你的情绪会越来越低，并且还会影响你的做事效率。此外，忧虑会削弱我们与他人建立联系的能力，我们就更难通过行动来表达对他人的关心。

如果我一直忧虑，坏事就不会发生

我接触过的很多孩子都误认为忧虑可以防止坏事发生。虽然这种信念不合逻辑，但它仍然很有影响力，大家不愿戳破它是因为不想心如止水地接受坏事发生，不想在短期内让焦虑加剧。消极和无益的想法也是如此。与其考虑忧虑迷思或消极想法的真实性，不如教孩子如何像侦探一样调查自己的想法，而不是轻信它们。这个过程包括寻找忧虑执念和消极想法存在的证据，以及它们不存在的证据（如果你想在家里试试看，请参阅第325页的活动表）。这个技巧可以帮助孩子带着更多的好奇心去衡量一个想法，而不是相信它百分之百正确。这还可以让孩子学会更加平衡地进行自我对话，以抵消某种想法带来的负能量。

鼓励之词：我们对自己说什么

许多人因忧虑而忧虑！我遇到的许多青少年告诉我，他们担心自己有忧虑想法就意味着他们有心理健康问题。我解释说，当我们的生活充满不确定性时，感到不安是正常的。忧虑是我们的大脑进化出来的一种保护机制。然而，我们对忧虑的处理方式才是最重要的。我们是用它来帮助我们，还是让它来控制我们？

有些年轻人很难用语言来表达他们的想法和感受。然而，语言是一个十分强大的工具，帮助我们定义和认知过往的经历。建设性地运用语言有助于大脑自发地改善情绪并减少焦虑。我经常让孩子们找出他们的消极想法，并在他们的想法逐渐变得无益时，让他们写下可以鼓励到自己的关键词句。例如，不要说"我做不到，我很差劲"，而是将其转化为"我可以通过一些练习／帮助做到这件事"。

家长首先要以身作则，孩子才会这样做，这是最有价值的教育方式。如果我们脑海中存在消极的、无益的想法和忧虑，我们可以用一些善意的、鼓励性的、积极的话来对抗它们。于是孩子就明白了：（1）有忧虑或消极的想法是正常的；（2）我们可以通过一些方法来对抗它们，不让这些想法变得越来越强烈。我一直强迫自己这么做。我的孩子们经常会听到我说这样的话：

"没事的，贝丝，虽然你忘了做这件事，但是想想你今天还做了很多其他的事呢。"

"我又大喊大叫了，这让我觉得自己不是个好妈妈，但是如果我真的相信自己不是好妈妈，我会比现在更难过。对不起，孩子们，咱们重新来一次，晚上想吃什么？我们都饿了，这让我更容易生气，那晚上就简单吃点快餐怎么样？"

我建议孩子和父母练习与自己对话，就像与最好的朋友对话一样。以一种让孩子们理解的方式大方地说出你的感受，让他们理解有难受的想法是正常的，从而鼓励自己而不是自我批评。

活动时间

请自己先尝试一下，从而得心应手地帮助孩子完成这项任务。想一想，当你感到担忧或焦虑时，经常出现在你脑海中的一句话，并把它写下来（例如，"我做不到。试了也没用，肯定没戏"）。

现在再想一句话，让你在意识到这种感受／担忧的同时，不让它控制或支配你。这句话只需要满足两点即可：（1）现实；（2）友善，比如"我焦虑是因为我想把这件事做好，没关系的。无论结果如何，只要我尝试了，我就是最棒的。我能做得到"。

把你想到的话写在纸上，放在口袋里随身携带，或者保存到手机上。时不时地看看它，特别是在忧虑／消极的想法出现的时候。

忧虑树：解决问题的方式不是……

我们孩子的担忧可能是各种各样的。他们会担心一些可控的事情（例如："如果我考试不及格怎么办？"），也会担心一些不可控的事情（例如："如果我父母在车祸中受伤了怎么办？"）。帮助我们的孩子区分这两者是很重要的。担忧或许能让孩子找到需要解决的问题，因此，与其让孩子深陷其中，不如帮助他们制订行动计划来解决问题。这是一项重要的生活技能，可以培养心理灵活性，让孩子适应生活中的挑战，并维持幸福感。

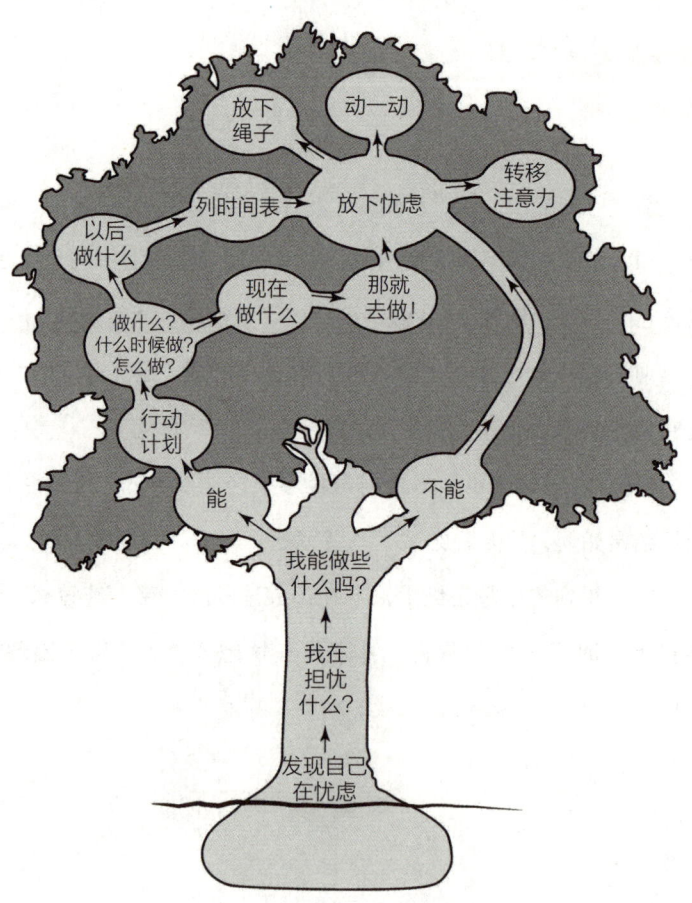

忧虑树[44]是一个可视化的工具，当孩子困扰时，你可以把忧虑树推荐给他们（见上图）。它可以帮助你和孩子弄清楚这种忧虑是否真的是一个问题。如果是，它会引导你们一步步解决问题。如果不是，它能让你们意识到需要放下忧虑，或者把注意力转向别处。（第178页的放下绳子练习会教大家如何做到这一点。）

无论是忧虑树还是放下绳子的练习都有助于孩子在上层大脑和下层大脑之间建立强大的连接（见第4章），并触发放松反应（见第7章）。由于压力反应的目的是让我们做出行动，因此通过这种方式，大脑可以感受到我们已经采取必要的行动，就不会觉得我们处于危险之中了。

我将讲述和一位学生一起做忧虑树练习的故事，来向你展示如何与孩子一同完成忧虑树练习。

还记得第7章中的诺亚吗？因为担心功课和朋友，他每天一想到要去上学就难受。诺亚解释说，他觉得自己对每件事都感到担忧。这影响了他上学，也影响了他与朋友们相处。这也意味着当他在学校或和朋友在一起时，他会不断地证实他担忧的东西是切实存在的。我让诺亚找出最让他担忧的一件事，并使用忧虑树来解决它。我们一起把它画在纸上，并围绕它写下了一些想法。忧虑被写在纸上时，看起来就没有那么强大了。

1. 发现自己在忧虑

首先，我让诺亚细想他为什么忧虑。于是，他想到了一周以来一直困扰着他的一个特别的担忧，这个担忧一直在他的脑海中闪现，阻碍了他做其他事情。他说，两周后有一次数学模拟考试。

2. 问："我在担心什么？"

诺亚说，他觉得数学是最难的一科，他担心自己会考不及格，或者更糟糕的是，他会因为太过焦虑而不得不提前离开考场。

3. 问:"我能做些什么吗?"

诺亚说,虽然他无法取消这场考试,但他可以做些事情来避免考得不好并控制焦虑情绪。

4. 行动计划

我没有直接提出解决方案(虽然我很想这样做),而是让他想出尽可能多的办法来解决这个问题,即使这些办法看起来很愚蠢。他提出了各种办法:不参加考试、努力复习、考试作弊、找老师要一些额外的练习试卷、做他在上一节课学过的呼吸和接地练习。我们分析了每种办法的利弊,然后诺亚明白了哪一个是最好的解决办法。在考虑最佳办法时,要把孩子所认为的重要的事情结合起来。对诺亚来说,他认为重要的是取得好成绩,和在朋友面前更加自信。因此,不参加考试、考试作弊或者提前离场对诺亚来说都不是好的解决办法,因为这会让他离在意的东西越来越远。

5. 做什么?什么时候做?怎么做?

当我们帮孩子解决问题时,经常忽略这个关键步骤。与他们一起探讨确切的行动目标、行动时间和行动方式是很重要的。这能让他们排除可能妨碍计划的问题,更好地管理行动计划,也更有助于计划的实现。记住,要鼓励他们自己想办法,而不是帮助他们想办法。如果他们想出的办法不太现实,你需要引导他们想出更好的办法,毕竟只有设立好目标才能有完成它的信心和动力。

诺亚提出的办法是这样的。做什么:复习,并进行呼吸/接地练习;什么时候做:每天晚餐后在房间里(把手机调成静音,避免分心)复习45分钟(他原本提议1个小时,但我们商量后发现45分钟更可行),睡前做3分钟深呼吸(见第152页),白天至少完成一次接地练习(见第153页);怎么做:他会找老师要额外的练习试卷,周末,他可以在线上和一个朋友一起学习,这个朋友也在担心这场考试。

6. 现在做什么？

我们找出了诺亚现在就能做的事情，我鼓励他立即把这些事完成。他给朋友发了短信，问周末能不能和他一起线上复习。他在计划表上写下了他在未来两周每天晚上要复习的知识点。

7. 以后做什么？

对于诺亚无法立即完成的事情，我们计划他之后可以做什么，以及什么时候做。诺亚早上第一节课就是数学，所以他准备在那时找老师拿练习试卷。他让妈妈前一天晚上给老师发了邮件，这样老师肯定就能在第二天把卷子给他。那天晚饭后，诺亚复习了45分钟（他跟父母说希望每天的晚饭时间能够固定，让他保证计划的规律性），并且他承诺每天都坚持进行3分钟的深呼吸和接地练习。

诺亚完成练习后明显放松了许多。我让他在接下来的一周继续关注他对数学考试的忧虑程度。他没有再陷入忧虑的循环中，反之，他告诉自己的大脑："我已经有行动计划了，不需要担心了。"

忧虑卡尺

帮助孩子把情绪或忧虑量化，可以让他们更客观地意识到自己正在经历的事情，还可以和你一起想出减轻这种情绪的对策。在使用忧虑树方法之前，我问诺亚："如果10分表示特别担心，0分表示完全不担心，你对数学考试的担心程度是几分？"诺亚说是8分。在完成忧虑树练习之后，我又问他："现在你对数学考试的担心程度是几分？"他告诉我现在是6分。这让他看到了做这项活动的好处。

如果完成忧虑树练习后仍然没有太大的成效,我会带着诺亚做"放下绳子"练习(下文将详细介绍)。或者还有一种可能,诺亚能够接受在接下来的一段时间里忧虑数值是 8 分,但同时相信这种感觉终会过去,他可以战胜忧虑。

当孩子感到忧虑时,你可以用下面的忧虑卡尺来帮助他们。它能够提醒孩子,忧虑是可以通过行动缓解的。学会这一系列应对忧虑的方法之后,孩子就能更好地掌控自己的忧虑,并且知道该选择什么方式来应对。需要注意的是,忧虑在生活中是必然存在的,不可能完全消失。尽管如此,当忧虑让人喘不过气时,我们可以通过有效的策略来减轻它。

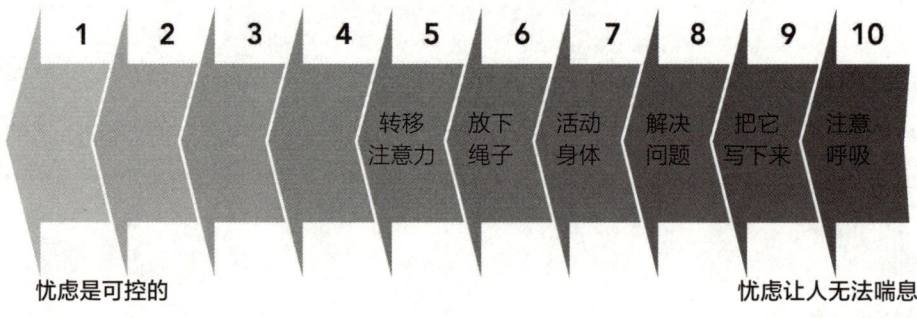

消除忧虑:放下绳子

仅仅想要停止或阻止忧虑及无益的想法是行不通的,这样做会让我们陷入与想法的战斗中,不断地内耗,感觉更加失控。过于关注通过积极思考来消除负面想法的问题在于,很多时候,我们应该去体会生活中的痛苦和难受的情绪(如第二部分所述)。从长远来看,我们需要腾出空间来感受这些情绪。只有把这些情绪消化了，它们才不会一次次地卷土重来。

我使用了"接受与承诺疗法"（ACT）[45]中针对儿童和年轻人的一个练习，即我拿着绳子的一端，让他们拿着另一端。我让他们把我想象成一个忧虑巨怪，并想象我们之间有一个巨大的无底洞，让他们用尽全力地拉。他们用尽全力往后拉绳子，因为他们知道如果输了，就会掉进深渊。但他们越用力，怪物也就越用力。我问他们："现在最好的做法是什么？"一般他们会说"用力拉"。我说："看来你的大脑告诉你要继续拉、用力拉、再用力拉，但这只怪物似乎永远不会疲倦。你被困住了，现在最好的做法是什么？"这时，对方放开了手。当他们放下绳子时，才意识到他们的手脚是自由的，不用被困在战斗中。不与"忧虑巨怪"纠缠，接受它的存在，才能让人们有精力去做一些更有益处或者回报率更高的事情。尽管怪物并没有被拉入深渊永远消失，但此时，它已经失去力量了。

如果你已经和孩子完成了"忧虑树"的练习，而忧虑又不在孩子的控制范围之内，那就试着再和他们做"放下绳子"的练习。

♞ 活动时间

帮助孩子留意他们在何时陷入了忧虑。当大脑飞速运转时，你很难意识到自己陷入了一个恶性循环。

1. 让孩子放慢呼吸 / 完成一个接地练习（第152～153页），不让他们的身体感到过度亢奋。

2. 引导孩子关注他们正在经历的感受，鼓励他们活在当下，不要执着于过去或未来。还可以鼓励他们用绘画或写作来表达想法，如果有需要的话可以为他们购买适合他们的日记本。无论写下的引发情绪的事件是积极的还是消极的，都有益于他们的健康和幸福感。[46]

3. 这些活动不是为了阻止大脑产生某些想法，而是让你选择是否与这些想法纠缠在一起。想法来得快，也可以去得快。通过练习，孩子可以选择不去关注它们。

4. 人和想法之间也可以通过距离产生美。做些有趣的事，可以让孩子从想法中解脱出来。如果孩子用搞怪的声音说出一个想法，会让这种想法失去效力。把想法写在纸上或者和他人谈论想法，都能减轻忧虑的程度。

运动是让身体与周围的空间重新建立联系的最有力的方式之一。去到不同的空间、尝试不同的活动、到处走走、观察四周的环境，都可以将注意力从你的想法转移到身边的环境。这在晚上尤其有效，因为孩子更容易在晚上陷入忧虑。听音乐、舒缓的声音或白噪声可以转移注意力，起床走动（即使是做无聊的活动）也可以避免更多的烦恼。

还有什么办法能让孩子放下绳子？

如果孩子陷入忧虑，很可能是在担忧对他们来说重要的事情。所以，要让孩子明白，情绪让他们认识到他们最在意的事是什么，这一点至关重要。例如，诺亚担心的是他最重视的东西——好成绩和好朋友。任何人身上发生了艰难、痛苦或困惑的事情，都会让他更加困惑和苦恼。如果别人能帮助我们认识到这一点，会给我们带来很大的转变。

作为父母，我们有能力协助孩子做更多他们真正关心的事情，做有益于幸福感的活动（用"幸福算盘"来实现这一点）。关注他们每周的日程安排，看看他们花在这些活动上的时间有多少。为孩子安排更多有意义的活动（例如踢足球、邀请朋友来家里玩、花更多的时间陪孩子）。

请记住，当孩子在对他们来说重要的活动中找不到满足感时，幸福感就会出现问题。孩子可能在做他们看重的事情，但他们可能会因为缺乏技能而遇到一些困难（例如，孩子想和朋友一起玩，但是他不懂得如何社交，导致这段相处时光并不愉快）。父母通过发现孩子最初的忧虑，可以进一步探究需要帮助孩子在哪个领域培养特定的技能（例如，孩子说"我因为要参加这个聚会而感到焦虑"，父母就可以帮他们提前演练可能会发生的事情，让他们顺利度过这个聚会）。

这种方法有助于建立信心，让他们能够应对不确定的情况。这样的经历会给孩子带来希望，让孩子相信只要得到正确的帮助，他们就能做到。这为他们将来的工作打下良好的基础，孩子不会因为害怕失败或未知就畏缩不前。他们通过直面这些困难和挑战，学会了勇敢去做那些对他们来说重要的事情。可以说"我真的想去参加聚会，但我很焦虑"，而不要说"我很焦虑，所以我不去参加聚会"。

我们无法保护孩子免受生活可能带来的一切影响。让孩子有能力处理不确定性，而不是活在不确定性的阴影下，是我们能给他们的最好的礼物。在下一章中，我们将探讨如何让孩子勇敢地面对让他们感到焦虑的事情。但在此之前，这里有一个简单的感恩练习，你可以和孩子一起完成。

♞ 活动时间

研究告诉我们，感恩（一种感激的态度）与幸福感密切相关，可以减轻压力、改善睡眠、提升能力、增进人际关系[47]。科学家发现下面这个简单的练习可以增强感恩之心，提升幸福感。试一试吧，两周内你就会看到效果。

★ 每天晚上睡觉前，写下三到五件让你感恩的事情。

★ 对于年龄较小的孩子，让他们在每天睡前说出三件让他们感激（或高兴）的事情。

★ 对于年龄较大的儿童和青少年，可以向他们解释，科学家发现，每天写下三件感激（或高兴）的事情有助于提高幸福感。最好让他们把这些事情记在日记本上或手机上，有很多应用程序可以辅助完成这件事。

★ 为了将这个习惯融入家庭生活，你可以在吃饭时间询问每个家庭成员："今天发生了什么让你感激的事情？"而不是"你今天过得怎么样？"

★ 有很多我们认为是理所当然的事情，其实是值得感激的，所以，可以从简单的事情找起（例如，"我很感激我有食物吃、有舒服的床睡、有一个爱我的妈妈、有一双看得见的眼睛、有一个逗我笑的朋友"）。

★ 研究表明，每天写日记（写下与日常生活有关的想法和感受）是另一种提升幸福感和保持健康的方法[48]。写日记有助于培养感恩之心，它还提供了提升自我意识以及表达难以言喻的情感的机会。通过这个过程给不好的经历赋予意义，可以提高韧性。从自身开始做起，并鼓励孩子养成这种习惯（在本子上或用电脑写日记）是巩固本章所学技能的一种简单实用的方法。

小　结

- 忧虑是人类的天性。与压力反应一样，我们在进化过程中获得了感知不安的能力，以保护我们远离危险。
- 我们的想法很强大。它们影响着我们关注什么，我们如何理解它，我们的感受以及我们的行为。
- 压力反应是由我们的想法触发的。陷入无益的想法会导致忧虑，还会占据我们时间，对事情的结果产生负面影响。
- 孩子可能认为如果担忧有助于保护他们远离坏事的发生。我们需要引导孩子：
  - ★ 通过鼓励性的自我对话把注意力从负面想法中转移出来；
  - ★ 当他们面对可解决的困扰时，采取行动解决问题；
  - ★ 当他们所忧虑的事情超过自己的控制范围时，就把它放下。
- 生活中的意外事件会使人忧虑。如果我们让孩子相信他们有能力应对这些事，他们就会以好奇、自信和乐观的心态去体验世界，获得更多成长和学习的机会。
- 每天列举三件让你感到快乐或感激的事情。这种简单的活动可以让你发觉之前认为是理所当然的东西原来如此珍贵，从而提升幸福感、改善心态。

第九章
勇气之举

许多年前,在我二十多岁时,我从纽约飞英国时有过一次可怕的经历。气流非常剧烈,整整八个小时我都在担心自己可能回不到地面了。我发誓:"如果这次我能活下来,我以后就再也不坐飞机了!"

最后我安全回到了家,但在接下来的五年里,我一次飞机都没有坐过。我坚信,如果我乘坐飞机,我会因飞机失事而丧生,或者即使飞行平安无事,我也无法再次承受在纽约航班上感受到的焦虑。虽然这并没有影响到我的日常生活,但这意味着我放弃了一些工作出差的机会,比如我被邀请出席的国外会议。我每次度假都是开车而不是坐飞机!我只要一想到坐飞机,心中就会充满强烈的恐惧感,以至于我确信任何出国旅行的好处都会被我在出发前、飞行中甚至是假期中感到的焦虑所破坏,因为我知道我还得坐飞机回去。我不坐飞机的时间越长,我的恐惧就越大。在我有了第一个孩子之后,我有了去澳大利亚的机会,正是在这个时候,我才意识到我对飞行的恐惧已经影响了我和家人的生活。我决定要做点什么。

在生活中,你可能会因为害怕或焦虑而逃避一些事情。这可能是因为你经历了困难或创伤性事件(你在这些经历中感到恐惧或失控,比如我的飞行旅程),也可能是基于想象的感受和想法随着时间的推移而逐渐增长的

（例如，担心在社交活动中出丑，所以全然不参加）。

大多数找到我的年轻人都已经到了对焦虑或担心之事避而远之的地步，而这往往会对家庭生活产生影响。我遇到的孩子最常逃避的事情是上学和参加社交活动。当孩子不去做这些事情时，虽然暂时会给他们一些从担忧中解脱的感觉，但从长远来看，他们对这件事的焦虑会增加，并且往往会蔓延到其他情况。下面是"焦虑陷阱"插图，它展示了这如何成为一个恶性循环。

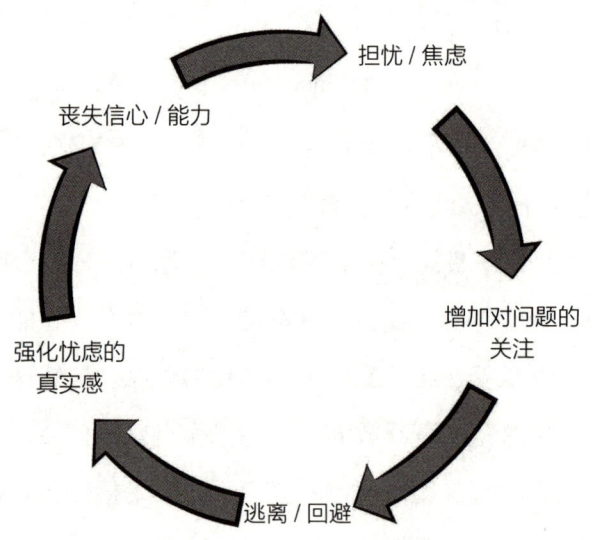

引发焦虑的行为

为了减轻忧虑或消除由焦虑引发的不适感，我们会做出一些行为，例如：

★ 回避——不去害怕的地方（例如，不到朋友家过夜）；

★ 逃离——远离恐惧的环境或逃离（例如，感到压力大时直接离开教室）；

★ 补偿——做更多的事情来减少可怕的事情发生的可能性（例如，频繁洗手避免细菌）；

★ 安全行为——养成习惯或依赖事物／人，以便感到更安全或更有准备（例如，在社交活动中玩手机而不与他人交流；需要父母陪在身边）；

★ 寻求保证——询问周围的人事情是否会好起来（例如，询问父母即将发生的事情）。

上述策略可以迅速缓解焦虑，对我们当下而言是有益的，但它们也会带来一个难题：作为父母，当我们看到孩子出现这些行为且看起来非常焦虑时，我们应该如何回应呢？如果我们不让他们使用上述策略，我们可能会看到他们的焦虑会立刻增加，在短期内对我们和孩子而言都是一场难关。有时，我们甚至会用以上的策略来减轻他们的焦虑，避免发生状况（例如，不提那些会让他们感到焦虑的事情，或者怕他们忧虑所以安慰他们没事）。试试这个练习，看看孩子可能会采取哪些行动来应对他们担心或焦虑的事情。

♞ 活动时间

回想一次你的孩子因焦虑／担忧而试图逃避的活动或情况。参考第 322 页的表格，与孩子一起填写下面的方框。问问孩子，当他们想到这件事时，身体上有何感觉（可以在第 143 页的身体说明图上指出他们的感受），脑子里又出现了什么想法（如"我做不到"），并一起想想他们能采取什么行动来应对这种情况。

身体 （有何感觉）	想法 （在想什么）	行为 （做了什么）

直面恐惧

我们为了减轻焦虑，会自然而然地做两种事情：(1) 本能行为（如果觉得某事物很危险，远离它是保证安全最有效的方法）；(2) 短期内有效的行为（关闭压力反应的行为）。但长期来看它们不太有帮助。正如第7章所述，现代生活相对安全（与石器时代的祖先不同，我们很少会遇到身体威胁），但我们却经常面临压力因素，这在生物学上让我们感觉自己遇到了危险。如果孩子用对付剑齿虎的策略来应对日常的压力和担忧（例如，学业和社交方面的压力），那么具有讽刺意味的是，这很可能会适得其反地降低他们的安全感，这是因为，通过回避或逃离害怕之事，他们无法学到：(1) 情况足够安全，并没有他们想象的那么可怕（因此不去质疑自己的想法）；(2) 他们可以解决焦虑（于是不知道由焦虑引发的身体不适感是可以忍受的）；(3) 如何有效地处理这些令人恐惧的事情（因此，没有学会技能来帮助他们在重视的事情上取得成功）。

重要的是，这些策略只在短期内是有效的，把它们转变为长期有效就需要更多的努力和动力！

我遇到的家庭基本都已经意识到了这些短期策略是有代价的，会对他们产生长远影响。孩子不再上学，不和朋友出去，也不愿尝试新鲜事物，他们的世界变得越来越小。通常情况下，到了这个阶段，孩子除了焦虑之外，情绪也会一直低落。因此，他们来找我，想找到另一种处理焦虑的方式。

直到我意识到去澳大利亚意味着孩子的未来有更多机会，我才愿意直面对飞机的恐惧，想办法克服我的心理障碍。

⌛ 反思时刻

问问自己：是什么让你敢于去面对恐惧？（例如，成就感、被他人重视的感觉、金钱，或者已经无路可退）回顾一下上面的方框（第188页），看看孩子在逃避什么。有哪些长期激励措施，能让他们敢于面对恐惧，不再逃避？

做害怕之事的力量

想象一下，如果你被要求在一大群观众面前做一个不属于你专业领域的主题演讲（75%的人都害怕公开演讲），你会有什么感觉？你脑海中会想些什么？你会做哪些事来准备演讲，又或是做什么来逃避演讲？

想象你正在做演讲。如果用 1～10 分来衡量你的焦虑程度，你会打几分？可能是 8 或 9 分？那么再假设你顺利完成了演讲，你现在有什么感觉？想象台下有支持你的听众，而且领导对你的演讲很满意，他准备让你在接下来的一周每天早上都重复做演讲。那么你觉得周二再做演讲时，你的焦虑是多少分？差不多是 7？再一次演讲成功后，周三又是几分？可能到了周三就是 6 分左右了。等到周五，你的焦虑大概率只有 3、4 分了（满分 10 分）。

这就是暴露和习惯的一个例子。在安全的环境下反复暴露在害怕的东西面前，有助于我们克服恐惧。

在这种情况下，它的工作原理是：

★ 通过训练大脑减轻压力反应并忘记负面联想，降低你的恐惧反应（详见下方的百科时间）；

★ 质疑自己对害怕之事的不切实际的想法/执念（例如，"我没法做公开演讲""我会忘词""听众会觉得无聊或者觉得我不专业"）；

★ 培养你的技能，让你在害怕的事情上表现出色（例如，提高演讲水平）。

> **💡 百科时间**
>
> 克服恐惧的最有效方法就是反复进入恐惧的情境，并在体验中把这件事转变为中性或积极的。这是因为这些经历改变了我们大脑神经元的兴奋方式。正如第 7 章所述，大脑中与生存和情绪处理有关的部分（杏仁核）最重要的作用之一就是在感受到恐惧

时，向大脑发送痛苦求救信号。研究表明，反复在害怕的事物中体会到中性或积极的感受，可以有效地减少杏仁核向大脑发送痛苦信号。例如，当害怕蜘蛛的人反复看到蜘蛛的照片时，核磁共振显示他们的杏仁核减少产生求救信号，这是因为大脑本质上学会了不需要再害怕这种东西，知道它没有伤害到他们[49]。在一个安全的环境中接触以前害怕的事物能让大脑对它重新下定义，但它不会忘记过去的恐惧。我们需要大脑具有足够的适应性来识别：在英国，我可能不需要害怕厨房里的蜘蛛，但在澳大利亚内陆，我遇到蜘蛛还是得小心。

逐级暴露

在我帮助年轻人解决恐惧问题的过程中，暴露疗法起着重要的作用。这是治疗焦虑症最有效的认知行为疗法（CBT）的重要组成部分，最近的一项研究发现，在成功治疗儿童焦虑症的案例中，有91%使用了暴露疗法[50]。我遇到的年轻人往往对某事的恐惧程度太深，无法一下子面对它，所以我们一起将他们害怕的情境分解为几个小步骤，让他们逐渐暴露在害怕的事物面前——这就是所谓的逐级暴露。逐级暴露是这样应用在年轻人身上的：让他们先尝试做一件有关恐惧的事物的不那么害怕的版本，然后再慢慢做到他们最害怕的事情（例如，看蜘蛛的照片、看装在容器里的蜘蛛、触摸蜘蛛）。

在养育孩子的过程中，我们会自然而然地通过逐级暴露的方式来让他们安全地成长并探索世界。想想你第一次教孩子骑自行车的场景。在那之前，你可能已经让孩子玩过小平衡车了（这种平衡车可以让孩子们夹着自行车走路，坐在车座上保持短暂的平衡）。也许你给孩子买了他们的第一辆自行车，颜色是他们最喜欢的颜色，或者一辆带有辅助轮的自行车，上面还印着他们最喜欢的卡通人物。你可能先在院子里或者公园平坦的路上教他们怎么骑，确保他们能控制自行车，且没有被车撞到的危险。如果孩子摔倒受伤了，你会把他和自行车扶起来，鼓励他重新骑上自行车再试一次。也许这次你会把手扶在后座上，随着他一起跑，让他有足够的安全感，并且享受这种体验。渐渐地，他们愈发熟练和自信，不再需要辅助轮，可以在更复杂崎岖的地形上骑自行车，并最终能够独立地骑车去任何他们要去的地方，比如学校（我最小的孩子现在就非常喜欢骑车去上学）。你本能地为孩子提供的帮助和训练，让他们能够独立安全地骑自行车，这就是"暴露和习惯"。你帮助孩子尽可能多地体验骑车的感觉，让他们在骑自行车时感到足够安全，勇敢地忍受恐惧和不确定感，同时培养技能和信心，享受双脚踏着车轮时的兴奋。

作为父母，我们不断地在保护孩子和让他们通过实践来学习之间找寻平衡，让他们能够培养独立性和对安全的判断力。通常情况下，我们对孩子的担忧或我们以往的经历可能会让我们本能地保护他们，却无意中让孩子误认为某件事物非常安全/非常不安全。想象一下，如果你从来没有学过骑自行车，或者在小时候经历过一次严重的自行车事故，你教孩子骑自行车的方法就会受到这些经历的影响。

本章的下一节将介绍一个实用的概念——勇敢行为梯子，你可以通过它帮助孩子逐渐面对他们的恐惧。当你和孩子一起应用这一概念时，想想哪些行为对他们学会骑自行车最有帮助。运用这些原则来鼓励你的孩子去做他们害怕的事情。例如，要有耐心，不要试图替他们做；把学习骑车的过程变得有趣并充满合作性；选择最佳的练习时间和场地；在他们遇到挫折时，鼓励他们不要放弃；不要让两次练习之间隔得太久；把骑车这项活动融入他们的日常生活中；忍耐自己的焦虑和恐惧，不将它们转移到孩子身上；不去期望孩子能够立刻学会骑自行车；为他们每一个小成功感到喜悦和骄傲。

勇气之举：语言暗示

焦虑和担心常常会让人产生失控的感觉。我遇到的许多年轻人都觉得，他们受焦虑困扰就证明自己很软弱和失败。我告诉他们和他们的父母，语言的力量是强大的，它可以影响我们对自己的看法，让我们觉得自己是否有能力。通过不同的措辞，我们可以不把自己视为是焦虑的受害者（例如，"这周我因为焦虑有两天没去上学"），而将自己视为焦虑的幸存者（例如，"我这周有三天都克服焦虑去上学了"）。我提醒年轻人，当他们身体上出现焦虑的症状或者头脑中出现担忧的想法时，要注意并告诉自己，这不是因为即将有坏事发生，而是因为他们即将做一些勇敢的事情。学会与焦虑共存，而不是被焦虑支配，可以改变孩子对自己的看法，激励他们勇敢地面对自己害怕的事情，成为自己想成为的人。

我遇到的大多数青少年都渴望变得更自信，想要追寻他们的梦想。为了做大事，我们必须学会忍受一些焦虑。我们越是忍耐，信心就越强，而且我们会发现焦虑的力量在逐渐减弱。就我个人而言，在做任何能带给我很大的成功或很多回报的事情之前，我都会感到害怕。

如果你去看看历史上鼓舞人心的人物故事，以及现代的英雄人物，从特里莎修女到马拉拉·尤萨夫扎伊,你会发现他们都在勇敢地面对不确定性,与任何可能感到的焦虑共存,以做更多对他们来说有意义的事情。

勇敢行为梯子

请看第 195 页的插图。我会向年轻人展示这个插图,或者一起把它画出来(你可以和孩子一起填写第 326 页的空白插图)。画一张梯子,首先确定好我们的目标,并把它填在最上面。

接下来,制订出实现这一目标的步骤。我们从梯子的最底层开始,找到一件虽然会引发焦虑但处于可控范围内的事情,逐级建造这个梯子,向顶层最可怕的目标迈进。这样做的原则是,重复每一级阶梯上恐惧的情境,降低孩子的焦虑水平,使其达到舒适的状态。然后再攀登到更高一级的梯子上,并重复暴露在该情境中,直到焦虑降低到可接受的水平为止。这种经历将有助于为他们之前害怕的情况赋予新的意义,打消以往觉得坏事会发生的信念,不再觉得自己应付不来,并培养他们的技能、增强信心,从而敢于进行其他稍微超出他们能力范围的活动。

我准备用第 7 章和第 8 章中诺亚的成功案例来证明这个方法。你可能还记得,诺亚对上学和友谊感到焦虑。在第 7 章中,他了解了焦虑如何引发他身体的压力反应,以及在开始感到害怕时,如何通过缓慢呼吸法、接地练习和身体运动来帮助身体快速平静下来。在第 8 章中,他发现自己倾向于假设最坏的情况(这经常触发他的压力反应),并学会了通过解决问题来摆脱忧虑陷阱。诺亚已经学会了面对恐惧的对策,因此,我们现在能很好地一起思考,如何让他在感到焦虑的情况下,做更多想做的事情。

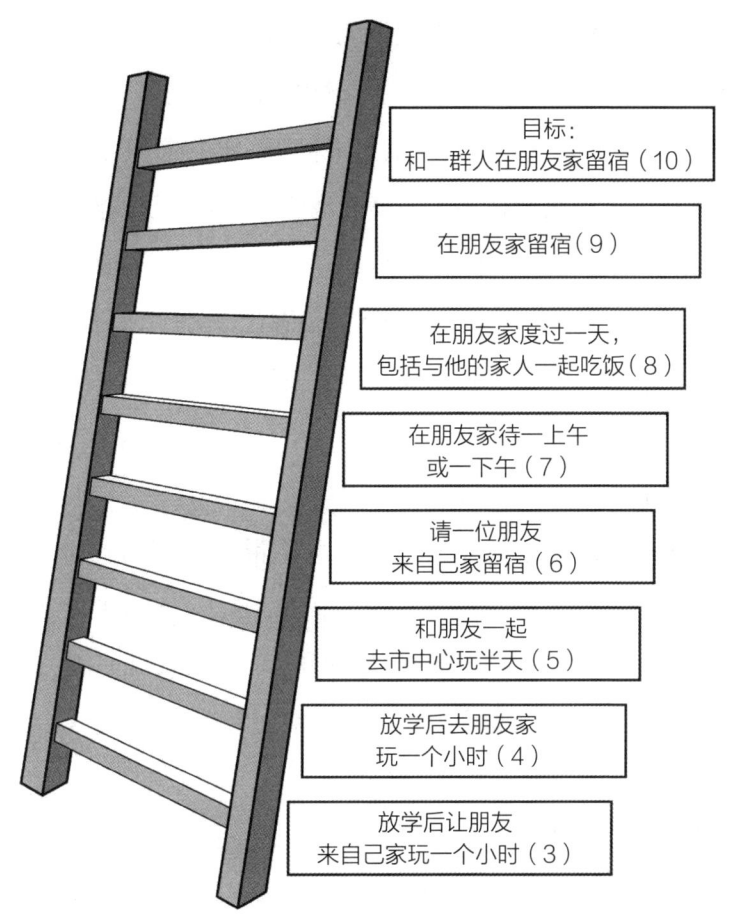

诺亚指出,他有一次在朋友家留宿时非常想家,于是他之后再也没有接受过朋友的留宿邀请。然而这却导致了更大的问题:他经常编造复杂的故事,解释为什么他不能去朋友家留宿,因此错过了很多朋友邀请他参加的活动(包括白天的活动和留宿活动)。他经常担心下次朋友们邀请他留宿时,他该如何编一个可信的借口不去。年底,学校组织过一次需要在外面过夜的旅行,但诺亚因为缺乏信心而没有参加,因为他觉得自己应对不了离家过夜的情况。

我们开始一起搭建他的梯子。他的终极目标是能和一群朋友一起过夜。我让他用 1~10 分衡量他对这件事的焦虑程度（请参阅第 2 章的评量询问）。他说 10 分。我们一致认为这是个很好的目标，并把它写在了梯子的顶端。我问他，留宿的下一级让他害怕的事情是什么。他说是独自一人在朋友家过夜，这个是 9 分。于是我们把它写在了从上往下数第二层阶梯上。

我对他说，如果想逐步搭好这个梯子，需要尝试一些让他感到有点焦虑但可行的事情，并且与朋友和在彼此家中相处有关。诺亚说他可以放学后去朋友家玩一个小时左右，但不吃饭。一想到要在别人家吃饭，他就感到非常焦虑，打了 8 分。

通过这次谈话，我们开始搭建梯子。为了帮助他提高自信心，我让他想一些比去朋友家待一个小时更不焦虑的事情。他说，让他的朋友放学后来他家待一个小时。我们在每个步骤旁边都标注了焦虑值的分数，以确保它们按照正确的顺序从低到高排列，并且数字之间没有大的跳跃。上面的插图展示了我们为诺亚勇敢行为设计的梯子。

诺亚接下来一周的任务是完成他梯子的最下面两阶。在我们接下来的一次会面中，他告诉我已成功完成了这两件事。我问他做得怎么样。他说，虽然有一些小问题，但大体上都很顺利。组织这两件事比他想象的更难，但他的父母帮了忙，让朋友搭了顺风车。当我让他给这两项活动的焦虑程度打分时，他之前打 3 分和 4 分（满分 10 分），现在都变成了 2 分。

然后我们看了看再往上一阶的活动：和朋友一起去市中心玩。我们计划了他可以做什么，并提前解决了一些可能存在的障碍。我提醒诺亚继续使用呼吸技巧和接地练习，并且写下一些能让他安心的想法，比如：

★ 我的朋友们很友善。他们喜欢我。

★ 我和朋友在一起的时间越长，我们之间的友谊就越牢固，我也会更有自信，更容易实现目标。

★ 我感觉到害怕是因为我的大脑想保护我的安全。

★ 其实我很安全。

通过这种方式，诺亚最后终于成功地实现了他的终极目标，在朋友邀请他参加聚会时住在了朋友家里。我们每次会面都会庆祝他完成了某一梯级的任务。在他把终极目标实现之后，他和家人一起吃了一顿最喜欢的外卖，来庆祝他的勇敢以及他为实现这个目标所付出的努力。后来，诺亚还非常自豪地告诉我，他已经报名了住宿旅行。他准备多在朋友家留宿几次，以建立信心，为旅行做好准备。诺亚逐步取得的持续性成功给了他继续向上攀登并不断超越的动力。

请使用第 326 页的空白梯子来和孩子一起完成这项练习。如果你们难以共同完成这项任务，那就考虑一下如何把这种逐级暴露的方式融入他的日常生活中，让他一点点做到曾经感到害怕的事情。如果你能以身作则，在自己身上使用梯子方法，并大方地谈论你是如何处理引发焦虑的情况的，将会是教导孩子最有效的方式。

⏳ 反思时刻

反思一下出于焦虑或对自己能力的恐惧和信念，你会逃避哪些活动或情况。搭建自己的勇敢行为梯子。在完成任务时，你越

> 详尽地给孩子展示你是如何处理你害怕的事情的,你的孩子就越能从你的示范中学到东西。
>
> 我经常喜欢把我在过程中的感受对孩子们讲出来。(比如,大方地说:"我很担心几周之后要做的那场大型公开演讲,所以我要先自己练习,然后在朋友面前讲一次,再在同事面前讲一次。这样做虽然不会消除焦虑,但可以让它变得不那么可怕。如果我的演讲成功了,我一定会感觉特别好,所以一切努力都是值得的。")

从他人安慰到自我安慰

五年来,我一直避免坐飞机,当我第一次坐飞机时,我疯狂从别人那里寻求安慰。我问当时的丈夫:"不会出事的,对吧?"在旅行前的准备阶段,我还征求了朋友们的意见,我问:"会一切顺利吧?今年年初你坐过飞机,没出任何问题,对吧?"我与机场工作人员或空乘人员交流时,都在寻求某种保证,确保一切无事。我对他们的肢体语言非常警觉,观察他们是否放松,以确保这次飞行是安全的。我甚至跟空乘人员说我害怕坐飞机,并询问了会不会出现颠簸。她去和飞行员沟通了一下,然后他们邀请我在飞行过程中参观了驾驶舱(由于安全措施的加强,现在肯定不会让乘客进驾驶舱了)。飞行员的放松程度让我不敢置信。他们告诉我一生中飞过多少趟航班,而且没有发生过一次意外。我带着一种全新的信心回到了我的座位上。

那个时候，我其实意识到了不可能以后每一次坐飞机都能让我参观驾驶舱，亲眼观察飞行员的能力和飞机是否安全。尽管如此，我的内心还是想继续依靠别人给的信心和安慰，而不是依靠自己来感到安心。

作为父母，你应该也遇到过孩子对他们担心的事情频繁寻求安慰的情况。在安慰他们时，你很可能会不过脑子地反复回答"对，会没事的"，以及"没错，完全不用担心"。他人安慰的问题在于，和逃避一样，它能够暂时缓解孩子的忧虑，但是从长期来看，孩子可能会依赖这种安慰来应对他们对不确定情况的恐惧。

当然，我们为亲近的人提供安慰是很正常的，但是如果你的孩子过于频繁地寻求安慰，你需要做的就不只是口头上安慰他这么简单了。

我经常对年轻人和父母说，我们都需要培养一种鼓励性的自我对话能力（自我同情）。这可能是一个很难养成的习惯。研究表明，每天记录我们的想法和感受可以改善我们的健康状况，增强抗压性，并减少压力[51]（见第182页的感恩练习）。养成这个习惯，或者鼓励孩子养成写日志的习惯，都可以促进自我同情，并为他们提供处理和表达难受情绪的机会。

当你的孩子寻求安慰时，可以试试下面的步骤来培养他们自我安慰的能力。如果孩子经常做这个练习，当他们以后感到不确定或焦虑时，就能够听到内心自我安慰的声音。这种声音将引导他们前进，让他们建立自信，敢于去做所害怕的事情。

> **让孩子从他人安慰走向自我安慰的重要建议**
>
> ★ 以开放的态度倾听孩子的烦恼。
>
> ★ 专门腾出时间做这件事——选择合适的时机（见第 107 页关于这方面的重要建议）。
>
> ★ 鼓励他们回答自己的问题。
>
> ★ 询问他们认为不好的事情发生的可能性有多大。
>
> ★ 鼓励他们提出想法，从而解决问题并让自己感到安慰，包括以前起过作用的办法。
>
> ★ 引导他们把事情分解为可以一步步实现的任务，先从最不害怕的开始。

培养韧性

随着第三部分接近尾声，让我们重温一下我们所学到的关于焦虑的知识，即如何阻止焦虑控制孩子的生活。我想再次提到第二部分中与难受的感觉相关的内容。当孩子陷入困境时，首先，我们要坐在他们身边，看到并承认他们的痛苦，而不是迫不及待地让他们从困境中走出来。如果孩子发现有人看到他并理解他，会立刻缓解身体上的反应。这样，孩子就能更好地思考和交流，并理解现在和接下来发生的事情（先建立情感，再纠正行为）。

正如第 6 章所探讨的，我们往往不希望孩子经历难受的情绪，我们想要消除这些感受或恐惧并解决问题。但其实，经历这种不好的感受对他们而言没有危险，反而可以培养他们的韧性，让他们知道在事情发生时，该如何去处理。

作为父母，我们不必假装自己什么都知道或总是掌控一切。关键是我们要陪在他们身边，看到他们的困扰，潜移默化地让他们明白寻求他人的帮助以及接受帮助是一项积极的生活技能，而不是一种失败。

我在陪许多年轻人一起练习的过程中发现，他们的焦虑或强烈情绪反映了他们缺乏相关的技能，而不是缺乏做事的意愿。也就是说，他们在某个领域遇到困难，是因为他们需要培养该领域的技能。他们拒绝完成任务是因为缺乏技能，而不是因为他们不想。这尤其适用于神经发育多样性或有额外需求的儿童。

孩子在做困难的事情时反复获得成功才能建立韧性。我们通过一次又一次成功的经验逐步建立韧性。重要的是，我们要支持孩子做他们力所能及的事情。想想教孩子游泳的过程。如果你看到他们已经能够在无人帮助的情况下游泳，你就会拿掉他们的浮力辅助装置，或者让他们去更深的地方游泳。如果我们发现孩子还不会控制呼吸或者在协调方面有困难，我们就不会轻易地拿走他们的浮力辅助装置。相反，我们会给孩子更多的鼓励和更多的练习机会，从而帮助他们建立自信、培养游泳技能，尽管他们很脆弱。这个道理普遍适用。想想你孩子的长处和他们不太擅长的领域。想办法利用他们的长处（固执有时也是一种强大的优势，孩子因为固执而不会轻易放弃追求重要的事情）。不要在无意间阻碍孩子的成功。如果孩子需要培养社交技能，以便在勇敢行为阶梯上获得更大的成功机会，从而和朋友长时间相处，那么想想你或者其他人有什么办法能帮他掌握社交技能。如果孩子在组织、写作或阅读方面遇到困难，并且影响了他们在学校的生活，就考虑一下如何通过他们的长处来培养这些技能，让他们在这些领域获得更多成功的机会。如果孩子已经学会了独立游泳，就不要再让他们拿着浮力辅助装置了——我们必须确保不会因自己对他们的担心而迟迟不肯放手，阻碍他们踏上更远的征程。

小 结

- 当我们感到害怕或担心某件事情时，会本能地想要躲避或试图逃避。
- 不去做苦恼的事情可以带来短暂的缓解，但从长远来看会增加焦虑。
- 如果孩子总是逃避那些实际上不会伤害他们的事情（比如上学），他们就无法学会：
    - ★ 情况并不像他们想象的那么可怕；
    - ★ 他们能够应对焦虑；
    - ★ 对付恐惧的场景所需的技能。
- 帮助孩子意识到，身体出现焦虑感是因为我们即将做一些勇敢的事情，可以重塑他们的自我认知。
- 鼓励孩子做一些对他们的发展和成长很重要，但会让他们感到焦虑的事情，把这些事情一步步分解成可控的任务，这是打破逃避循环的有效方法。
- 作为父母，我们应该培养孩子应对恐惧的技能来让他们获得自我安慰的能力，而不是依赖别人获得安慰。
- 一定要帮助孩子培养必要的技能来应对这些问题，这些能力将有助于他们成功地完成具有挑战性的任务，如果孩子有神经多样性（例如，孤独症、注意缺陷多动障碍等）或经历过创伤就更要如此。
- 如果孩子学会如何处理焦虑的事情，他们的成功经验会让他们在面对生活中的挑战时，更有信心和韧性。

第四部分

情绪低落:

如何走出低落

第十章
情绪低落陷阱

"我只是不想让父母知道我的心情有多差,因为他们知道了更麻烦。"

我一次又一次地听到年轻人说这样的话,他们感到既困惑又孤独,说他们无法应对。他们的父母也同样感到困惑和担心,因为孩子似乎对生活不再感兴趣,也更难以接近。父母们说:"我们只是希望他能告诉我们发生了什么事,这样我们就能尽力帮忙了。"他们期待我来解开这个谜团,有时希望我能解决问题,但有时只是想在如何帮助孩子方面得到安慰和建议。

在第四部分中,我们将探讨父母对孩子的情绪低落或抑郁产生的疑问。本书的这一部分介绍了如何有效地帮孩子提高情绪和生活动力,无论是他们偶尔经历了糟糕的一天,还是长期与情绪低落做斗争,我们都能找到应对的方法。本章解释了情绪低落的原因、孩子情绪低落的表现,并深入分析青少年的大脑特别容易受到情绪波动影响的原因,以及抑郁症的危险信号。

为什么情绪低落？

在青少年时期，每个人都会或多或少经历情绪低落、悲伤、易怒、不想和别人在一起以及对自己喜欢的事情失去兴趣等情况。这种感觉通常与生活中的磨难有关，它们来了又去，也许一天出现几分钟或几小时，又或许一周偶尔出现一天。作为父母，在这些时刻，你很容易感到沮丧，因为你发现孩子难以沟通，缺乏活力和热情。你也会担心孩子的情绪是否正常，或者是否意味着他们的健康状况出现了严重的问题。

情绪低落或悲伤是生活中自然且必要的一部分。悲伤是一种情绪，它告诉我们生活中发生了不太好的事。和所有的情绪一样，悲伤也是有目的的。这是对我们可能经历损失的情况做出的回应（例如，失去一段关系、经济保障或社会地位）。悲伤起初是为了帮我们保存能量（防止更多的损失的发生，为恢复提供空间），然后再激励我们找回失去的东西（找到正确的人、增加收入、修复关系）。悲伤是一种感受得到且能表现出来的情绪（例如，垂头丧气、流泪等）。这意味着别人能看到你的悲伤，所以它其实是一个很好的求助信号，别人发现它之后，可以帮你找回失去的东西或是给你安慰，从而减轻你失去的痛苦（如下图所示）。

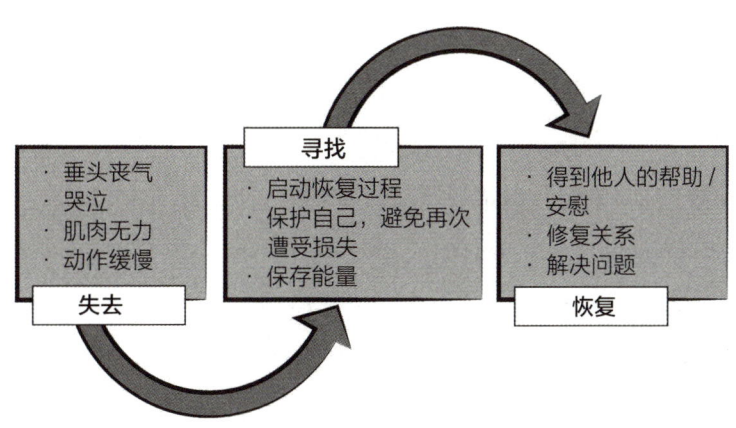

> **⏳ 反思时刻**
>
> 想一想让你感到悲伤的事情。
> 这与你生活中失去的东西或可能失去的东西有关吗?
> 你的身体感觉如何?
> 你有什么样的想法?
> 你刚开始感到悲伤的时候做了什么?
> 是什么缓解了你的悲伤?

情绪低落和悲伤可能是由我们生活中的外部压力因素（发生在我们身上的事情）引发，也可以由内部压力因素（对自己的身份、价值和目标的思考与质疑）引发。通常来讲，这些压力因素会危及以下重要领域：

★ 人际关系（与他人的联系、爱与被爱、友谊、归属感）；

★ 安全保证（人身安全、住所安全、营养充足、温暖舒适、健康、父母心理健康、身心不受伤害）；

★ 进行有意义的活动（学习、有目标感、有成就感、有所作为、关心他人）；

★ 感到愉悦和享受。

对一些年轻人来说，情绪低落可能是突然出现的，但对大多数年轻人来说，生活中总会有一些事与他们的情绪变化有关。请看下面的表格。这些是家长觉得会导致孩子情绪低落的因素。你的孩子是否会因为以下因素感到情绪低落？

🎯 活动时间

圈出你认为可能会影响孩子情绪的情况。有两个空白框，可以填写可能会对你的孩子产生影响的特殊原因。思考这些情况会威胁到"幸福算盘"七个领域中的哪一个（第 28 页）。如果你已经完成了第 6 章关于探索孩子价值观的活动（第 120 页），请思考你在下面圈出的情况是否与孩子的价值观／对他们来说重要的事情有关。请将此写在下面的方框里。

觉得自己不合群	性别认同	性取向	孤独	睡眠不足
丧亲	学校压力	网络欺凌	言语虐待	失败
家庭健康	生活剧变	身体形象	社会排斥	激素
无聊	父母冲突	与早恋相关的问题	无事可做	孤独
损失	霸凌	生存危机		
"幸福算盘"受影响的领域？		例如，与他人建立联系、睡眠		
孩子认为重要的是什么？		例如，忠诚、归属感、感到被爱		

情绪低落如何体现在孩子身上？

当孩子情绪低落时，你可能会注意到他们的情绪、思维和活动水平发生了许多变化。在下表中勾选孩子出现的表征。

情绪	思维	活动
☐ 悲伤 ☐ 更加易怒 ☐ 觉得什么都没意思 ☐ 对活动失去兴趣	☐ 难以做决定 ☐ 注意力不集中 ☐ 深陷自我批评 ☐ 感觉自己毫无价值 ☐ 思考死亡	☐ 无精打采 ☐ 疲惫感增加 ☐ 烦躁不安 ☐ 行动缓慢 ☐ 食欲变化 ☐ 睡眠变化 ☐ 痛苦

当我们的情绪、思维和活动水平长时间受到表中所述的影响时，我们会陷入"保存能量"的悲伤阶段，这会让我们没有足够的精力或动力进入采取行动解决困难的阶段。如果我们被困在这个阶段，我们在情绪低落时做的事情会让我们更加情绪低落。例如：

★ 如果我们觉得什么都没意思，而且精力也不足，就可能不会再做喜欢或对自己来说重要的事情。

★ 如果别人惹我们生气，而我们又觉得自己毫无价值，就会与他人疏远，然后减少我们获得帮助和建立社交联系的机会。

★ 如果我们陷入消极的情绪中，或者把更多的注意力放在我们遇到的困难上，就会强化绝望和无助的感觉。

低落的情绪通过阻止我们做其他事，来保护我们免受情感上的痛苦或进一步的损失。

反思时刻

回想一下孩子在失去生命中重要的东西之后感到悲伤的那段时间（例如，失去所爱的人或宠物；见不到他们在意的人，如父母和朋友）。回忆你的孩子做出了什么反应。他们可能花了更多时间来独处，也可能变得更需要他人的陪伴。他们可能不想吃东西，或者通过情绪性进食来获得安慰。他们可能难以入睡，或者总是被噩梦惊醒，或者因精力不足一直睡觉。你可能会发现他们对平时喜欢的事情都不感兴趣，比如不想和他人见面，或是对平时最喜欢的电视节目兴致全无。他们看起来心事重重，仿佛被一种沉重的东西拖累着。作为父母，你会看到这些，也明白他们的悲伤和痛苦是他们对失去之物的回应方式。看到他们这样，你会更加关心他们，给予他们温暖和关怀，并鼓励他们做一些能让他们高兴起来的事情。你也可以借此机会谈论有关失去的话题，让他们理解失去对他们而言意味着什么。他们悲伤的表现会促使你采取行动，帮助他们度过这段艰难的时期，让他们接受已经失去的现实。你所做的事情以及他们的回应将帮助他们从失去的状态中恢复过来，重新参与并享受生活。然而，如果他们对你做的事情毫无反应，并坚持做这些事情（不做他们喜欢的事情、独处、睡眠和饮食都出现问题），那么就会陷入"悲伤让他们与生活脱节—生活脱节加剧了他们的悲伤"这一循环里，从而掉入情绪低落陷阱。

我需要担心孩子吗?

我遇到的许多家长都说他们的孩子陷入了无法摆脱的情绪低落之中,这会妨碍他们做生活中需要做的事情(例如,完成学校作业、和同学一起玩)。父母们感到害怕,因为他们不了解孩子内心的想法,也不知道该如何帮助孩子。这种时候,孩子或父母通常会问我,他们是抑郁还是只是情绪低落。

根据世界卫生组织(WHO)和美国心理学家协会(APA)制定的诊断手册,临床抑郁症与正常的悲伤或情绪低落在以下三个方面有所不同:

1. 迹象和症状的数量

患有抑郁症的年轻人至少会出现情绪-思维-活动表(第210页)中列出的五种迹象/症状,并且其中至少有一种是悲伤、易怒或对活动失去兴趣。

2. 持续时间

抑郁症是一种持续的状态,因此基本上每天大部分时间都要持续出现这五种迹象/症状,至少持续两周。

3. 影响

抑郁症对生活有很大的影响。患有抑郁症的年轻人会很难参与日常活动,这会对学业(或工作)和人际关系产生负面影响。

由于孩子不太可能把他们的所有感受都和盘托出,父母往往只能靠猜。许多年轻人学会了隐藏内心的感受,他们一方面不想让身边的成年人担心,另一方面也害怕把自己的烦恼暴露出来之后得不到想要的回应。因此,当孩子的行为出现变化时,你应该把它看作重要的线索,顺着线索去了解他们正在经历什么事，是否需要更多的帮助（行为的变化包括：忽然和家人朋友疏远；不再做以前喜欢的事情；睡眠或饮食习惯变化；精力水平发生变化）。只是单一领域的变化还好，但如果同时出现多个领域的变化，特别是孩子参与生活的能力受到负面影响时，情况就严峻得多。

抑郁对年轻人来说是一种难以描述的感觉，通常是因为它是一种缺乏预期的情感，而不是强烈的悲伤感。对于一些人来说，他们的经历会产生非常痛苦的情绪，而度过痛苦的唯一途径就是压抑这种情绪或把它藏到内心深处。缺乏表达情绪的机会、无法理解这些感受以及不能给难受的经历赋予意义的后果是，他们除了切断痛苦的感觉之外，还会把其他情感也一并斩断，留下的只剩麻木和空虚。

慢性压力可能是其中的一个原因——为了应对持续不断的压力，身心关闭成了最好的保护机制。在第98页的容纳之窗中，你可以看到长时间的过度兴奋会让神经系统精疲力竭。为了自我保护，它会进入低兴奋度的保护状态，差不多就是关闭状态。

失去那些让我们有幸福感和存在感的一系列情绪会让我们觉得与他人脱离并感到无助，年轻人会觉得他们失去了主导自己生活的能力，由此可能产生对未来的绝望感。这种难以表达的内在的痛苦可能会引发自残和自杀的念头，这将在第12章中进行更详细的探讨。

我们压根不敢想象如果孩子患上抑郁症，他们的生活会变得多么的艰难。如果你意识到在自己的生活中，你曾以这些方式应对痛苦的情绪，那你可能会更加心痛。

在第二部分中，我们探讨了"连接"的力量，以及通过给难受的经历赋予意义可以帮助孩子从痛苦事件中恢复过来。正如之前提到的，让年轻人感到被倾听和重视是很关键的，要让他们知道自己的感受很重要并且是可

第四部分　情绪低落：如何走出低落

以转变的。一位年轻人曾对我说:"你可能永远不会知道一次对话对他人产生的影响能有多大。我很感激一个我只见过一面的人,因为他跟我聊了天。他救了我的命,真的。"

本书这一部分的其余部分是对第二部分建议的补充,包含已证实的对年轻人和成年人情绪低落或抑郁有帮助的信息和方法,这些内容可以与第二部分的原则相结合,让你更有效地帮助孩子走出阴影。

临床抑郁症问答

问:有多少人患有抑郁症?

答:全世界有 2.8 亿人患有抑郁症。抑郁症是全球范围内导致身心残障的主要原因[52]。与儿童(1%)和成年人(7.1%)相比,青少年经历至少一次的重度抑郁症发作的可能性最高(14%)。

问:如果孩子的父母一方曾经患有抑郁症,那么孩子是否也会患抑郁症?

答:青少年患抑郁症的最大危险因素是:有抑郁症家族史和经历心理社会应激。如果父母一方曾患有抑郁症,那么孩子患上抑郁症的概率是普通青少年的三到四倍。如果孩子在温暖和充满爱的环境中成长,并且不怎么接触到慢性压力,会降低他患抑郁症的风险。

问：什么因素导致我的孩子更容易患上抑郁症？

答：抑郁症的诱因尚不明确，但既有生物学的影响，也有社会影响。一些已经被证实会增加抑郁风险的因素包括：父母患有或曾经患有抑郁症；丧亲等突发的压力事件；长期受到欺凌或忽视；性别为女性。

问：什么能保护年轻人不患抑郁症？

答：正常的智力水平、良好的情绪调节能力、健康的应对压力方式、积极的思维方式和良好的人际关系都有助于预防抑郁症。可以参考"幸福算盘"获取更多信息。

问：如果我的孩子患有抑郁症，是否意味着他将永远无法摆脱抑郁症？即使治好了，是不是将来也有复发的可能？

答：孩子不会永远患有抑郁症，但他们未来再次患上抑郁症的风险比没有患过抑郁症的青少年更高。

问：抑郁症是因为大脑中的化学物质失衡吗？

答：几十年来，有一种观点一直认为抑郁症与大脑中的血清素水平较低有关。然而，最新的研究表明并非如此。如果认为抑郁症是化学物质失衡的结果，会让人们相信药物是治疗抑郁症的唯一手段，而不相信通过做一些事情也可以改善自己的情绪。[53]

> 人们愈发认识到身体和心理之间的联系是非常复杂的，生理和环境会相互影响。这意味着，我们的生物学反应可能导致了神经递质工作方式异常，但再往上追溯，是我们的经历影响了生物学的反应。理解了这一点，我们就不会再陷入"我怎么了"的疑问中，而是问自己"我经历了什么？我发生了什么故事？我的家庭经历了什么？以及最重要的：对我而言重要的是什么？"[54]

问：如果我的孩子被诊断为抑郁症，他会不会有自杀的倾向？
答：被诊断为抑郁症的青少年出现自杀的念头和实施自杀的风险更高。他们自残和滥用药物（吸毒或酗酒）的风险也在增加。

问：服用处方药是否有助于治疗抑郁症？
答：研究表明，抗抑郁药物可以有效地减轻青少年的抑郁症状。然而，效果因人而异，并不适用于所有人。服用抗抑郁药物存在潜在风险，可能会产生副作用和自杀的念头。被诊断为中度至重度抑郁症的年轻人需要儿童和青少年精神病学家的评估，才能考虑使用抗抑郁药物，并需要由专业的医疗团队进行监测。即使已经给儿童或青少年开了抗抑郁药物，也建议他们接受谈话疗法（如认知行为疗法）[55]。

我们能做些什么来帮助他们？

预防

正如第 7 章和第 8 章所讨论的那样，我们为了适应石器时代而进化的思维和体魄往往不太适用于现代的生活环境。如今，我们的孩子生活在一个充满多重压力的世界中，不像石器时代的人只需要生活在小集体中，考虑狩猎和采集这些活动，并且在户外度过大部分时间。拥有丰富的食物和物质资源不完全是有益的，而且我们所处的集体（家庭、学校、工作场所、社交媒体）也变得越来越庞大和复杂，这会让大家都感到不知所措。正如第 3 章概述的一样，接触到的积极事物（比如技术）也可能变成压力因素。

美国临床心理学家史蒂夫·伊拉迪（Steve Ilardi）博士确定了可以预防情绪低落的六个方面（饮食、锻炼、有意义的活动、晒太阳、社交联系、睡眠）[56]。这六个方面与第 2 章的"幸福算盘"所涵盖的七个领域是一致的。在下表中，考虑你能做哪些小小的改变，来帮助孩子或自己养成阳光积极的生活方式。

"幸福算盘"中可以预防情绪低落的生活方式	我可以通过以下方式提供帮助……
与他人建立联系：影响幸福感的关键因素。同龄伙伴和社会地位对青少年尤为重要	
体育活动：多做运动可以减轻压力的影响，改善情绪和促进身体健康	
睡眠：情绪低落会影响睡眠质量，睡眠质量不佳反过来又会导致情绪低落。良好的睡眠对身心健康都有保护作用。对于青少年来说，他们可能不知道怎么提升睡眠质量。下面将介绍家长可以如何提供帮助	
饮食：富含欧米伽-3脂肪酸的食物，增加这种营养素的摄入可以减轻压力对神经系统的影响。长期缺乏充足的阳光会导致情绪低落。大脑中的血清素在冬季最低，在夏季最高。户外活动、光疗和服用维生素D都有改善效果	
专注：参与"心流"活动（见第67页）	
不断学习：做你认为重要的、符合你的价值观并且做了之后会开心的事情	
给予：完成简单的善举不仅可以增加多巴胺，还可以建立与他人的社交联系，从而改善心情	

重要建议：睡眠

卧室：

★ 夜晚减少光线，早上增加光线。

★ 温度——人们在凉爽的环境中睡得更好，所以请确保孩子的房间不要太热。

饮食：

★ 下午和晚上避免食用含有咖啡因的食物和饮料。

★ 饥饿——避免饿着肚子睡觉。

作息时间：

★ 制订作息时间，让身体意识到自己准备睡觉了，这一点非常有益。在睡前安排一两个小时的放松时间，可以让身体逐渐放松并感到困倦。可以在放松时间做一些舒缓且不太刺激的活动，比如与他人心平气和地交谈、听平静的声音，或者洗个热水澡（降低身体的温度，有助于睡眠）。正念和睡眠冥想越来越受欢迎，可以通过应用程序免费获取相关的练习。每晚使用相同的声音、音乐或特殊的气味（例如薰衣草），可以帮助大脑将这些感官线索与睡眠联系起来。

★ 建立作息时间表，这意味着每天都在固定的时间睡觉和起床。尽量避免起床时间比正常起床时间晚两个小时以上。

★ 如果孩子在床上躺了很长时间都睡不着，可以推迟他们的就寝时间，让他们只在困意来袭的时候才上床睡觉。例如，为了保证 9 小时的睡眠，如果他们需要在早上 7 点起床，那么他们可能要在晚上 10 点左右再上床睡觉。这样不会让他们躺在床上太久不睡，从而避免身体将躺在床上与不睡觉或对睡眠感到压力联系起来。

★ 卧室一般除了睡觉之外还可以做其他事情。尽量确保孩子在床上做的唯一的事情就是睡觉，而不是其他活动。身体和心理需要将床与睡眠联系起来（而不是看电视、玩游戏或躺在床上感到焦虑）。试着在睡觉的时候把那些可能会分散注意力或引发对第二天的担忧的东西收起来。

忧虑：

★ 担心晚上睡不好会增加压力，扰乱睡眠。使用书中第三部分的技巧来促进放松反应（例如，晚上练习深呼吸）。

★ 晚上尽量避免引起压力反应的想法（例如，不与他人发生冲突），参考第 8 章提到的方法，在白天留出一些时间去谈论（或写下）自己的忧虑或困扰。

改变睡眠模式：

★ 如果你想让孩子早睡早起，那么请逐渐调整他们的睡眠周期。每隔几天改变十五到三十分钟，就可以逐渐调整睡眠模式。

★ 不要强迫自己睡觉。如果在半夜醒来，会感到非常沮丧，我们可能会自然而然地告诉自己或者孩子回去接着睡。然而，如果我们非常清醒，一点都不困，单纯地尝试继续睡觉只会带来沮

> 丧感。虽然这听起来与直觉相悖，但起床做一些不太刺激、不涉及强光的事情可能更有帮助，直到你感觉困了再回去睡觉。

青春期和情绪低落

青春期是情绪低落的高发期，在所有年龄段中，青少年患抑郁症的比例最高。第 14 章将详细介绍，青春期是身体发生巨大变化的时期，包括青春期发育（激素变化）和大脑重构。这一时期也是期望值增加的时期，强调独立性的发展，并伴有社交优先级的转变（从家人转向同龄人）。这些生物和社会变化影响着孩子做事的动力以及他们体验世界和应对压力的方式，让他们面对心理健康问题时更加脆弱。

正如第 14 章所述，青少年的大脑经历了一次重大的重构。这些变化影响了上层大脑和下层大脑相互沟通的方式。因此，青春期的孩子会经历更多极端情绪，更倾向于冒险，以及更需要参加刺激活动。与成年人相比，他们也会更关注自己的社交世界。

这些大脑的变化给我们的孩子提供了机会，但也意味着他们对自己所处的世界特别敏感。重要的是，他们同时拥有对学习的接纳度和对世界的敏感性，这意味着他们的大脑更容易感受到我们成年人提供的帮助。

影响情绪的三个方面

青少年大脑的变化通过三个方面影响着情绪：奖励、人际关系和思维反刍，这里将详细解释。

奖励：你有没有发现，当孩子进入青春期后，他们喜欢的东西似乎发生了变化？他们在做不喜欢的活动时会抱怨无聊吗？大脑科学可以解释这个现象。我们知道有关奖励和活动的大脑回路会在青春期发生变化。这是成长发育的必要阶段，可以激励青少年尝试新事物，逐渐不依赖于家庭，变得独立。为了帮助他们做到这一点，令人愉悦的神经化学物质多巴胺在青少年时期会对大脑产生不同的影响。

尽管这个领域的神经科学仍在不断发展，但一些研究表明，多巴胺对青少年大脑影响的变化可能会影响某些活动的刺激程度[57]。从本质上讲，青少年需要更多正确的刺激（奖励）才能感到愉快，这意味着他们特别依赖新的积极体验来感到激动和兴奋。因此，青少年选择做什么或不做什么，都会对他们的情绪以及大脑发育产生很大影响。

人际关系：你有没有发现，你的孩子对别人如何看待他们或者他们社交圈中发生的事情非常关心？被冷落或者遇到了友谊相关的问题，是不是对他们的情绪和压力值产生了超出正常水平的负面影响？这些也同样受到了大脑变化的影响。青少年的大脑对社交奖励和负面社交反馈特别敏感。这种敏感性是一种保护机制，让他们远离可能对自己构成威胁的人，并鼓励亲社会行为（因为他们不再那么依赖父母）。这意味着青少年会非常在意是否能融入群体，并害怕被同龄人排斥。青少年的大脑很容易受到人际关系的影响，既包括负面经历（例如，父母冲突、欺凌），也包括正面经历（例如，照顾他们的人很温暖、有一起玩的朋友圈子），他们的社交世界对他们的情绪有巨大的影响。

思维反刍：你有没有发现，你的孩子会很关注负面细节并过度纠结于这些细节？大脑科学可以解释这个现象。正如第8章所探讨的，我们陷入负面偏见的思维习惯会极大地影响我们的情绪。在青春期，大脑会为其经常进行的事情创造更强大的神经网络，从而把这些事情做得更好。我们在青春期养成的习惯很可能会延续到成年。对于那些养成思维反刍习惯的年轻人（沉溺于消极的想法），他们的神经连接会增加以加深这种习惯。思维反刍的习惯与青少年和成年人的情绪低落和抑郁有关[58]。研究表明，减少思维反刍可以：（1）改变神经连接（打破习惯）；（2）防止（预防）情绪低落和抑郁症；（3）如果年轻人患有抑郁症，会有所改善。

情绪低落	大脑在青春期面临的额外挑战	改善方法
生活中的奖励太少	需要更多的刺激来感受到奖励；对社交奖励更敏感	条理清晰、有意义的活动方案（见第11章）
人际关系出现问题/退缩	重视同龄伙伴；不太重视成年人的意见；对负面的社交暗示更敏感；对情绪的感受更加强烈；可能会表现出一切都很好的样子	加强人际关系和沟通技巧（见第二部分、第11章和第13章）
思维反刍太多	负面偏见；对负面社交反馈过度敏感；社交话语中强调"完美主义"	摆脱无益的想法（第8章和第11章）

青春期发育：作为女性所面临的额外挑战

在整个人生阶段中，相比于青春期后期的男性，青春期后期的女性会经历更高水平的焦虑，也更容易患上抑郁症。如果你有一个已经进入青春期的女儿（通常年龄在 12 岁以上），她患抑郁症的可能性是同龄男孩的三倍。尽管这是一个复杂的领域，有许多未解之谜，但研究表明激素在某种程度上导致了这种差异。在青春期，女孩体内会分泌更多的雌激素（主要是女性青春期、月经期和怀孕所需的性激素），而男孩体内则会分泌更多的睾酮（主要是睾丸和前列腺发育、增加肌肉和骨量、生长体毛所需的男性性激素）。这些激素在生殖以及中枢神经系统如何应对压力方面起着重要作用。

一些研究发现，雌激素的波动可能会增加压力反应（第 142 页）对压力的敏感性，从而增加女性患情绪障碍的风险。相比之下，睾酮的分泌可以保护身体免受压力的影响，在某种程度上降低男性患情绪障碍的风险。反过来，长期的压力也会影响雌激素、睾酮和其他重要激素的分泌。

对于女性来说，一定要了解激素周期如何影响她们的心理健康，这样她们就可以根据月经周期和激素波动较大的阶段（例如青春期、围产期和更年期）来理解她们需要面临的一些专属于女性的挑战。如果你对此感到忧虑，可以咨询专业医生。

/ 案例研究 /
查理的故事（第一部分）：
情绪低落陷阱

我们将跟随陷入情绪低落陷阱的青少年查理，看看他的故事。

查理是一名十四岁的高一男孩。他意识到自己总是情绪低落，并且他的学校生活开始受到影响。他说自己对一切都感到烦躁，甚至觉得朋友也很烦，他白天缺乏精力，晚上又睡不着，而且也不再喜欢像玩游戏和与朋友聚会这种以前喜欢的事情。

他觉得自己不够好，觉得所有事情都太难了，只想一个人待着。他的父母发现他在家的时候大部分时间都待在自己的房间里，只要一出房间，很快就会对别人发脾气。他也不再参加以前喜欢的家庭活动，比如一起出去吃午饭。家里的争吵越来越多，因为查理想要独处，但他的父母忧心忡忡地想要帮助他，一直问他怎么了，得到的答案却总是"没事，别管我"，于是父母也变得烦躁。

查理觉得这一切都是突然出现的，但我们能通过时间线得出结论，这种低落感并非突然而至。这一切始于查理的祖母去世，他为此悲痛不已。他希望悲伤会消失，但它并没有消失，而查理暂停的事情（定期去健身房；与朋友聚会）也没有重新开始。他发现自己对一切都感到无聊，选择独处是因为他发现自己过于关注朋友们是不是不喜欢他，这对他来说压力太大了。由于无事可做，他把大部分时间花在思考自己的性别认同以及自己与他人的不同之处上，这反而让他感觉更加糟糕。

第四部分　情绪低落：如何走出低落

走出情绪低落陷阱

和我遇到的许多年轻人和成年人一样,查理也陷入了情绪低落陷阱。作为父母,可能觉得帮助孩子摆脱这种情绪状态非常困难,尤其是因为很难在他们情绪低落时和他们建立联系。

使用第二部分中的方法来连接情感,并提供一个安全的空间来表达、认可和理解彼此的感受,这是至关重要的一环。除此之外,还有一些实用的方法可以让查理和其他人走出情绪低落陷阱。这些方法涉及之前提到的三个方面:

- ★ 奖励:多做一些让自己感觉良好的健康活动。
- ★ 人际关系:增加并改善与他人的社交联系。
- ★ 思维反刍:减少反刍和陷入消极思维的习惯。

这些方法有助于身心平衡,帮助孩子理解情绪低落如何影响他们的"幸福算盘",并且提供了观察、行动、表达和治愈的方法。在第11章中,我们将探讨如何在这三个方面为孩子提供实际支持。

小 结

- 悲伤和情绪低落是人类对生活中的压力和事件的正常反应。
- 当我们面对失去时，悲伤是一种重要的情绪。它最初的作用是帮助我们保存能量，然后让我们去寻找失去的东西。
- 当我们感到悲伤或情绪低落时，我们所做的事情会无意中助长低落的情绪，而不会解决我们的问题或让我们从痛苦的事件中恢复过来。
- 抑郁症与情绪低落的不同之处在于：它影响的活动更多、持续时间更长（超过两周）、持久性更强（每天大部分时间影响生活的很多方面），并影响我们正常生活的能力。
- 通过阳光积极的生活方式做促进身心平衡的活动，养成良好的习惯，可以预防情绪低落。
- 由于身体和社交变化，青少年特别容易出现情绪低落的问题。
- 可以通过三个方面来缓解情绪低落和抑郁：多做能让自己获得奖励的活动、改善人际关系和社交联系、减少思维反刍（反复陷入消极的思维模式）的习惯。

第十一章
做有意义的事

当我听到九岁的儿子说"我要是死了多好"时，我的心一沉。我注意到他近几个星期一反常态。他看起来很伤心、很孤僻。事情是从他抱怨学校开始的。他没有抱怨朋友（他有很多朋友），而是抱怨功课。他说每天被困在教室里，和他不喜欢的老师待在一起，这让他很烦，我听他的描述感觉他想说的是无聊。一开始，他只是不想上学，现在连他喜欢的足球也不想去踢了。以前他是一个非常活泼的孩子，但现在似乎对任何事情都兴趣寥寥。他只想待在自己的房间里，反复观看自己喜欢的节目。当他和家人在一起时，他会因为一点小事而暴怒或哭泣。看到儿子像失了魂一样，不断在悲伤和愤怒之间摇摆，我感到很心疼。主要问题似乎是学校，但我也不能马上把他转到另一所学校。作为家长，我想知道我能做些什么来帮助他变回我所认识的那个充满活力、爱玩爱笑的男孩。

在第一次居家隔离期间，我注意到我的两个年长的孩子也出现了类似的问题。不用去学校的新奇感消失之后，由于缺乏有组织有意义的活动，他们逐渐陷入了孤独的日子中。因为不用上学，他们睡得晚，起得也晚。因为不用见人，穿什么衣服也变得无所谓了。我的大儿子和朋友们通过一起打游戏和烹饪的乐趣来保持活力，但这不足以让他十五岁的大脑感到满足。

我的女儿则依赖于看剧以及用 Snapchat（一款以照片分享为主的社交软件）与她的朋友们交流，但没有什么能完全提起她的兴趣。我目及之处充满了冷漠和低落，对于他们和其他人来说，生活已经不再是以前的样子了。后来，学校为特殊工种人员的子女重新开放，他们不情不愿地去上学。然而，我看到他们的睡眠状态、精力水平和对学习与生活的热情在上学之后有了立竿见影的改善。这向我证明了我们对时间的分配会影响我们的情绪和活动水平。作为一名心理学家，我知道这一点，但以前从未在自己孩子的身上这么明显地感受过。

在新冠疫情期间，许多人感觉自己的幸福感下降，情绪低落的时间增加了。与疫情前相比，年轻人心理健康服务的转诊率增加了 77%[59]。这在十几岁的青少年中尤为明显，这个数字其实不难想象——青少年无法参与有组织、有意义的活动，失去了自由、自主性和人际交往，这对他们影响很大。对许多人来说，这让他们的孤独感和社会孤立感增加，而归属感和使命感降低。同时，人们获得奖励的机会减少，而关注消极方面的机会增加，我们将在本章深入探讨这两个方面。

奖励的力量

奖励的力量是惊人的。我们做的大多数事情，特别是那些不愉快或困难的事情，都是因为我们知道我们会因工作、努力或成就而得到认可。奖励不仅帮助我们朝着目标努力并克服困难，还帮助我们管理情绪。

通常，我们需要奖励来平衡生活中的一些艰辛。当我度过漫长的一天时，我经常用一些小惊喜来激励自己，以恢复状态或自我安慰。对我来说，这个奖励可以是一块巧克力、一杯酒、一个热水澡或一场电影。只要相信我所面临的困难本身会让我学到一些新的东西，或者带来更好的结果，就能激励我，让我更加努力地去完成这个挑战，也能让我变得更加坚韧。[60] 一想到这些奖励，我就更有勇气克服所面临的困难。同样的，我们也可以用奖励来激励孩子做更多我们希望他们做的事情（例如，"如果你能把卧室收拾一下的话，你就能得到零用钱或者我们就一起看电影、打游戏"）。

奖励在决策过程中至关重要，因为它会影响我们做事的动机，从而影响我们学习的机会（例如，如果我在当地商店找到一份工作，我就能得到报酬，这意味着我就有钱买自己喜欢的东西或者和朋友出去玩；在这个过程中，我还会学到在商店工作的知识并培养相关技能。我会每天早起，准时上班，尊重经理和顾客——因为我想在这个月拿到工资）。

如果奖励不足会怎么样？

如果我们得到的奖励越来越少，就会逐渐感到低落，然后慢慢不再去做那些重要的事情，因此得到的东西更少。这就造成了情绪低落的恶性循环，从而陷入情绪低落陷阱（请参见下一页的插图）。一个简单但有效的方法就是多参加一些有趣、重要或有意义的活动。研究表明，通过这样做（行为激活），更容易摆脱情绪低落陷阱，逐渐从低落中恢复过来[61]。如图所示，多做有意义的事情会让你感觉更好，也会让你在生活中得到更多收获。这就是感觉良好循环。

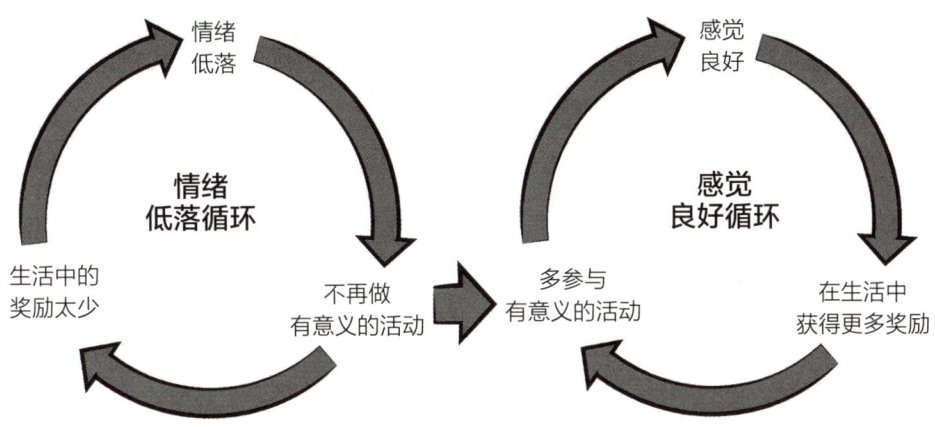

正如帕斯（Pass）和雷诺兹（Reynolds）所描述的那样，行为激活（一种治疗抑郁症的心理疗法）就是多做有益和重要的活动，少做无益的活动。行为激活之所以强大是因为做不同的事情会有不同的思想和感受。我们往往认为，首先要处理我们的思想和感受，但研究告诉我们，行动才是对我们的思维影响最大的因素（回顾第9章我们探讨的勇气之举，勇敢的行为会带来自信心和新技能）。

找出什么是重要的

当年轻人情绪低落或抑郁时，我所做的大部分工作就是帮他们弄清楚对他们来说最重要的是什么（这是行为激活疗法的一项基本元素）。重要的是，在进行这项工作时，关注的重点应该是对他们自己来说重要的事情，而不是他们的父母、老师、兄弟姐妹或朋友认为重要的东西。回到第6章的价值观活动，找出在三个关键领域中对他们重要的事情：成就（例如，学习、工作、对未来的期望和梦想）；他们喜欢和享受的事情（例如，爱好、如何照顾自己）以及人际关系（例如，家人、朋友和浪漫关系）。

作为父母，当我们与孩子深入探讨这个问题时，可能会发现对他们来说最重要的事情，比如与朋友相处、在学校或是体育比赛中取得好成绩，都在他们情绪低落之后就不再做了。我向年轻人解释了情绪低落循环，告诉他们停止做这些事情会让他们从生活中得到的越来越少。他们会感到愈发疲惫，睡眠紊乱，失去动力，情绪低落；然后变得更加无精打采，更加绝望，做的事情更少，有时甚至连洗漱和穿衣都感到困难。

但如果我们帮助别人（无论年龄大小）做更多他们认为重要的事情，他们就会感觉更好，从生活中收获更多，更乐意去做对他们来说重要的事情，从而转向感觉良好循环（行为激活有很大的证据基础）。

重要的是，不要等到情绪好转或精力充沛时才去做有意义的事情。我遇到的许多年轻人都认为，他们要等到情绪不那么低落、有足够的动力和精力的时候再去做那些对他们重要的事情，因为他们觉得只有到了那个时候才能开始做这些事情。然而，行动产生动力。研究表明，如果我们强迫自己去做这些事情，并且理解其中的基本原理，我们的情绪就会有所好转。正如我在疫情期间观察到的，孩子们去学校并改变他们的日常活动之后，情绪有了明显的改善。

活动计划

我们做什么、在哪里、和谁在一起都会对情绪产生很大的影响。行为激活疗法的一个关键之处在于，要在情绪和活动之间建立联系（可以通过每天写日志来实现）。作为父母，我们可以帮助孩子将他们当前的活动与他们的情绪联系起来，并鼓励他们做更多有意义且愉快的活动。下面的活动日志可以帮助孩子记录他们目前在做什么（包括睡觉、刷手机、躺在床上胡思乱想等一切活动）。记录几天之后，你就可以将他们的情绪与他们度过时间的方式联系到一起。然后你可以和孩子共同思考，如何在他们的日常生活中加入更多可以带来成就感、亲密感和快乐感的事情。作为父母，你要做的就是帮助他们克服参加这些活动的障碍。他们可以通过继续记日志的方式来看看哪些活动能改善情绪。按照下面的流程来完成这项任务，并参考已完成的示例（这种活动监测和活动计划都是行为激活方法的一部分）。如果孩子不想动笔写的话，可以让他们试试一款叫做 Move Mood（换换心情）的免费应用程序，转而在手机上记录这些信息。

活动时间

设置任务

1. 作为家长，请先自己完成这项活动，从而对其有所了解。然后，和你的孩子（12 岁以上）一起坐下来，使用第 327 页的工作表来完成这项日志任务（第 237 页介绍了如何与 12 岁以下的孩子一起完成这项活动）。

任务

2. 帮助他们填写他们愿意分享的细节，越多越好。用最近的时间点举例（最好是前一天或当天），帮助他们理解任务。

3. 与孩子一起，在下面的方框中写下他们所做的任何活动（无论这是件多么无聊的小事）。

4. 让他们给每项活动打分（满分为 10 分）：

　　a. 成就感：0 分 = 没有取得任何成就；10 分 = 巨大成就

　　b. 亲密感：0 分 = 没有任何亲密感（完全独自一人）；10 分 = 感觉与他人非常亲近

　　c. 享受感：0 分 = 不享受；10 分 = 非常享受

5. 在他们与你一起完成当天的日志后，让他们给自己当天的整体情绪打分（0 分 = 非常低落、不开心；10 分 = 非常兴奋、开心）。

6. 询问孩子是否认为他们的情绪与他们正在做的活动以及他们在成就感、亲密感和享受感方面的得分有关。

7. 在他们了解任务之后，让他们在下周再选两天来完成这个日志（其中一天是上学日，一天是休息日）。

8. 完成任务后，和他们一起看日志，分析一天中他们情绪最低和最高的那些时间段，看看是否和他们正在做或者没有做的活动有联系。

9. 可以参考"幸福算盘"，帮孩子思考其他有意义或重要的活动。列出他们目前或曾经喜欢的事情，考虑一下如何在接下来的几天做其中一些事情。

10. 尽可能为他们想做的事情提供支持，比如开车送他们去朋友家，或者邀请他们和你一起遛狗（同时给他们买饮料或者零食)。

继续使用日志表记录接下来几周的活动。你的孩子应该会逐渐意识到,他们所做的重要的事情越多,带给他们的成就感、享受感和亲密感越多,他们的情绪就会越好。

日期 / 时间	活动	成就感	亲密感	享受感
周三 08:00	和父母及妹妹一起吃早饭	0	4	4
周三 08:30	独自一人坐公交去学校	0	0	2
周三 09:30	上数学课发呆	2	0	2
周三 10:30	课间休息,和两个朋友一起去图书馆	5	7	7
周三 11:30	上美术课,完成雕塑作品	7	1	6
周六 11:00	刷社交媒体和视频网站两个小时	0	2	2
周六 13:00	帮妹妹做巧克力蛋糕	5	6	6
周六 15:00	制作创意视频,发布到网上;得到朋友们的积极反馈	6	6	7
周六 18:00	妈妈抱怨我没有整理房间;在我房间里的床上看天花板	0	0	0
当日情绪得分:0 分 = 非常低落、不开心;10 分 = 非常兴奋、开心 周三 =5;周六下午 =7;周六晚上 =3				

/ 案例研究 /
查理的故事（第二部分）

查理完成了两天的活动日志。在上学的那天，他注意到他列的一些活动在成就感、亲密感和享受感方面得分较低。他在课间休息时和几个朋友一起去了图书馆，这让亲密感、成就感和享受感的得分变高了。他还发现，在课堂上他能参与其中，他的表现会更好，成就感和享受感也更强。在不上学的一天，查理发现躺在卧室刷社交媒体或者什么都不干的时候，三项得分都很低。但当他在网上创作内容时，三项得分都有所提高。他还注意到，与父母强迫他参与不感兴趣的家庭活动相比，把时间花在和家人一起放松或做饭这样的活动上，他的亲密感和享受感得分会大幅提升。他的情绪分在周三（上学日）一整天都保持相对一致的低分，但在周六，他发现情绪得分会在白天做了事情之后提高，而在和妈妈发生争执之后降低。

进行这项活动有很多好处。首先，年轻人会意识到他们情绪低落并不是突然出现的，相反，这往往与他们在做的事情以及和谁在一起有关，通常是由人际关系问题或冲突引起的。第二，他们能将活动与幸福感联系起来，知道哪些活动会提升幸福感，哪些活动会降低幸福感，从而在意识到自己情绪低落时，去调整他们的活动。例如，在接下来的一周里，当查理开始感到情绪低落时，他会问朋友们是否可以在学校的午餐时间见面。他也意识到，在家里独自一人什么都不做或是沉迷社交媒体会让他感觉更差。和以前不同的是，他开始注意到自己情绪低落，然后会去思考：我可以做什么重要的活动来振奋自己的精神？

关于年幼孩子的注意事项

之前我提到过我九岁的儿子,他正面临着情绪低落的困扰,这影响了他选择做什么事(玩电子设备),也影响了他的精力水平(成天躺着)。他的年龄还不足以和我一起做活动日志。但我可以花时间和他讨论他最喜欢做的事情(牢记成就感、亲密感和享受感)。我们谈论了对他来说重要的事情,以及他如何在一周内腾出更多时间来做这些事情。作为父母,我会观察和记录他度过时间的方式,这样我就能在他的活动和情绪之间建立联系。再次提到"幸福算盘",它是一个很有效的工具,可以帮助你和孩子建立对话。

他告诉我,足球是他的一大乐趣。他不再和球队在周六一起踢比赛,因为他觉得压力太大了。于是,为了能让他在更轻松的环境中踢足球,我们找到了一个课后俱乐部,每周三都会组织踢球。虽然他总是想尽早回家,但我建议他在学校多待一段时间,于是他加入了足球俱乐部,并且在那段时间,他回家时明显更有活力和热情。我每周还会带他去另一个校外的体育俱乐部,他特别喜欢那里。这样做还有一个额外的好处,就是减少了他使用电子设备的时间(我们发现电子设备不会改善他的情绪)。基本每天晚上,我们都会在睡前安排一小段时间(十分钟左右),一起玩简单的游戏,或者他给我读故事。这段和我共处的时间似乎成了他的避风港,为他提供了一个安全的空间来分享任何烦恼。几个星期后,他的精力和信心都恢复了,他重新加入了周六的足球队,也不再那么易怒和沉默寡言。

他在学校的时候,我对他的时间安排影响较小,为了解决这个问题,我请求了一些帮助。我和儿子以及他的班主任老师,一起坐下聊了聊儿子在学校感到无聊的问题。由于我儿子很喜欢承担额外的责任、接受挑战,所以我们一致认为让他承担更多责任可能会有帮助。一方面我们同意他到图书馆帮忙，另一方面他的老师也在课堂活动中给他布置更多的任务。虽然他还是不喜欢上学，但这种方法让他发现学校更具有刺激性，并提高了他的参与度。

这是一个很好的例子，说明我们如何通过调整并利用低落的情绪，找出对我儿子重要的事情，从而一起做出一些简单的改变，克服困难，并给他提供更多获得奖励的机会（见第 6 章）。因此，在这种支持下，他能够摆脱情绪低落的陷阱，把时间花在更重要的事情上，从而改善他的情绪和精力水平。我看到那个爱玩爱笑的儿子又回来了。

帮助孩子获得奖励

我们如何帮助年轻人获得奖励（例如，生活中他们认为重要的事物）？这对年幼的孩子来说可能更容易，因为我们通常是他们奖励的来源。给予他们关注、表扬、好奇和重视就能激励他们，让他们更自信，对自己和周围的世界感觉也更好。我们的时间往往是最宝贵的礼物。我们可以抽出一小段时间（只需 10 到 20 分钟）陪伴我们的孩子，融入他们的世界（请参考第 107 页，了解如何做到这一点）。

但是对于青少年来说，这可能不太容易做到，因为他们更倾向于把我们推开，甚至希望我们不要总是花时间和他们在一起（无论他们情绪低落与否）。由于第 291 页所描述的大脑变化，他们可能对其他类型的奖励更有反应。因此，我们需要考虑他们更看重什么奖励，而且对于那些他们没有精力去做但对他们很重要的事情，我们要帮他们消除障碍，比如把他们送到朋友家——给他们提供实际的帮助，让他们能够参与自己喜欢的活动。

> **反思时刻**
>
> 想一想你的孩子。对他们来说重要的是什么？他们关心且能够作出回应的奖励是什么？你如何为他们提供更多机会来获得这些奖励？
>
> 理想情况下，通过完成更多对他们而言重要的活动，他们能体验到的奖励范围也会扩大。但在早期阶段，切实可见的奖励可能更有效。父母能想到的一些奖励有：叫外卖、看电影、见朋友、购物、玩游戏和给钱。对大多数年轻人来说，最有力的奖励之一就是与你一起度过更多不受打扰的时间。一起玩游戏或一起看他们喜欢的节目通常是最佳选择。请参阅第107页，获得更多想法（特别是与青少年相处的方法）。"幸福算盘"七大领域中的活动往往能让他们获得有效的奖励。

在第14章中，我谈到了"从经理到教练"的概念。从本质上讲，我们应该用合作的方式与青少年相处，给予他们更多的选择和指导，而不是命令。在我和父母们沟通的过程中，我倾向于让父母采用这种"教练"方法，给青少年提供更多做重要的事情的机会。这种方法对他们培养自我认同和自主意识尤为重要。作为父母，我们这样做往往意味着妥协，可能需要放弃对家庭生活某些方面的控制（和批评）。

例如，如果我们想让青少年参与做晚饭这件事，可能需要让他们选择晚餐想要做什么，或者允许他们在厨房里做饭，并且按照他们的方式来做，从而培养他们相关的技能。(场面可能比我们想象的更混乱，我们可能要远离厨房，才能让他们发展自主性!)你了解你的孩子——在给予他们自由的同时，也要为他们打下成功的基础，以便他们建立自信，这一点也很重要(比如，不要期望他们第一次就能做出米其林星级的餐点，或者厨房能干干净净)。如果我们要叫外卖，也可以鼓励他们承担更多的责任，比如由他们来为全家人点餐。在我们帮助他们发展自我认同时，还需要优先考虑他们重视的事情，并且给他们鼓励(例如，让他们在厨房或是车里播放自己喜欢的音乐，对他们的网络世界或朋友圈子表现出兴趣而不加评判)。

帮助孩子获得奖励的其他重要建议

★ 鼓励孩子将他们喜欢的事物与无聊或不太愿意做的任务相结合(例如，与朋友一起做作业和复习，一边洗碗一边听播客)。

★ 想办法庆祝孩子取得的小小成就，无论是口头表扬(例如："你今天早上打扫了房间，我真为你感到骄傲。我知道你早上很困，但你还是做到了，谢谢你。")，还是更具体的奖励(例如："这周你每天都按时上学，真棒。我给你买了最喜欢的零食来表扬你为此付出的努力。")。

★ 让孩子有更多机会参与心流活动(见第67页)，在创意或体育活动中培养一种掌控感(这有助于平衡多巴胺和压力反应跷跷板)。

★ 如果奖励变得可预测，那么奖励的意义就会大打折扣。意外的奖励对我们的多巴胺系统有更大的刺激作用。考虑如何让你的孩子接触新鲜事物，以及如何通过他们意料之外的积极肯定给他们带来惊喜。

★ 如第3章所述，请确保给孩子的奖励并非都与数字技术相关。一些研究表明，情绪低落的年轻人花在电子设备上的时间更多，这可能会干扰对幸福感有益的其他领域。请翻回第56页，考虑他们使用电子设备可能对睡眠、饮食和体育活动产生的影响。也要考虑到他们的人际交往与数字社交接触和活动的范围，这可能会减少他们获得更多有益奖励的机会。

★ 经证实，善举活动（第26~27页）可以改善焦虑感和抑郁情绪。

摆脱无益的想法

第8章更加深入地探讨了我们的想法对情绪产生的影响，以及如何摆脱忧虑和消极的思维模式。这与情绪低落尤其相关。导致情绪低落的一个重要因素是思维反刍（消极的想法在我们的脑海中挥之不去）。反刍是无益的，因为它会触发压力反应并抑制多巴胺的产生（见第223页）。因此，作为父母，我们要帮助孩子摆脱无益的想法和反刍。

当孩子情绪低落时，作为家长，我们常常会听到他们这样说："做这件事没有意义""没有一件事是好事""我真没用"。我们面临的另一个问题是，无论孩子在青春期是否受到情绪低落的困扰，他们都很可能对我们作为成年人所说的任何话持有偏见。当孩子说出这些话时，我们与孩子之间的沟通也会变得不太顺畅。我们很可能会说"你说的不对"或者"你什么意思"，而这会让我们与孩子的距离越来越远。第13章为你提供了一些沟通方法，帮助你解决这个问题。在我们深入讨论这些之前，我将分享一些关于如何帮助孩子或青少年摆脱消极想法的方法。

你可能从个人经历中知道陷入消极想法是什么感觉，知道它是多么地消耗精力和体力。你感觉那些想法如此真实，很难从那些想法中跳出来，因为它们往往涉及你非常关心的事情。

> **重要建议：在你和想法之间拉开距离**（给你的孩子分享并示范）
>
> ★ **提醒自己。**这只是一个想法，不代表它是真实的。告诉你自己，想法不等于事实。经常会有一股恐惧感让我们觉得这个想法是一种预感，预示着不好的事情即将发生。一定要提醒自己，想法只是想法，并不能预测未来，这一点很重要（请参阅第171页，"如果我一直忧虑，坏事就不会发生"）。
>
> ★ **把想法当成过眼云烟。**意识到你有一些想法，并把它们当成过眼云烟，是减少思维反刍的有效方法（参见第178页，"放下绳子"）。这个活动帮我们建立习惯，让想法来得快去得也快，而不是让它们压垮或控制我们。很简单，你只需要对自己说："啊，我注意到我又有这个想法了，谢谢你，大脑，我知道你在试图保护我，但我觉得我不需要被困在这个想法里。我要把注意力转移到别的事情上。"正念练习有助于我们学会将注意力转移到其他事情上，即使在感到压力很大时。
>
> ★ **削弱想法的力量。**用傻傻的声音（例如，唐老鸭的声音）反复对自己说这个想法，可能会让我们笑出声来。幽默往往可以削弱思维的力量。与他人分享你的想法也可以大大地削弱它的力量，并得到一些关于这个想法是否有意义的反馈。许多年轻人都

告诉我，他们对自己的想法感到担心，总觉得这些想法在暗示他们一些东西。与他人分享这些想法，理解特定情况下出现这些想法是正常的，并获得明智的观点，这样做能有效地减弱这些想法的力量或阻止其不断扩大。

★ **不要管它，或者把注意力转移到其他事情上**。许多年轻人经常把自己困在卧室里，要么关了灯呆呆地躺在床上，要么刷手机，沉浸在令人痛苦的思绪中。我给他们的建议是，在这些时刻，他们需要做一些其他事情：起床，离开他们的房间，并采取一些有益的行动。梅尔·罗宾斯（Mel Robbins）提到了"五秒法则"[62]。一般来说，当你不想做一些重要或必要的事情时，就倒数："五、四、三、二、一，行动！"，并且在数到"行动"时，开始朝需要的地方移动，你就可以战胜拖延症，激活自己的行动力（例如："我感觉更糟了，躺在床上无济于事，我需要下楼和其他人一起待着。倒数五秒之后，我就要下床走到卧室门。五、四、三、二、一……行动！"）。

作为父母最重要的任务：找机会和孩子建立连接

作为父母，我们可以做的最重要的事情之一就是确保孩子知道，在他们需要我们的时候，我们随时都在，并且当他们告诉我们觉得某件事特别困难的时候，不要轻视他们的问题或者反应过度。正如第 6 章所述，如果孩子发现我们有能力应对他们的困扰，那么在他们分享自己的情况时，就不会感到忧心忡忡，因为他们相信我们在他们寻求帮助的时候就已经做好准备并有能力帮助他们。我们在这些时刻表现出的反应将决定他们在未来遇到困难时是否愿意回到我们身边。在第二部分中，我们探讨了如何在这些时刻回应孩子，第 13 章将在此基础上提供关键的沟通技巧，让我们不仅能在孩子寻求帮助时做出良好的回应，还能在他们不知所措时主动伸出援手。

小　结

- 如何利用时间会影响我们的情绪和活动水平。
- 奖励是生活中重要的一部分：它能激励我们，帮助我们培养技能和掌握感，同时改善我们的情绪。
- 当我们情绪低落时，我们倾向于少做对我们而言重要的事情，这意味着我们从生活中得到的奖励更少，从而感觉更低落——这就是情绪低落循环。
- 每天多做一些对我们重要的事情，我们就会从生活中得到更多的奖励，情绪也会逐渐转好——这就是感觉良好循环。
- 弄清楚对年轻人来说什么是重要的，是确定他们可以增加哪些活动和减少哪些无益活动的第一步。
- 作为父母，你可以给孩子提供更多的机会去做对他们来说重要的事情，并增加他们获得奖励的机会。
- 消极的想法会影响孩子做重要事情的动力。我们可以帮助他们从这些想法中解脱出来，鼓励他们给这些想法贴上标签，把它们当成过眼云烟，削弱它们的力量，以及把注意力转移到别的事情上。
- 当孩子遇到困难时，我们沟通和回应的方式会影响他们的感受。

第四部分　情绪低落：如何走出低落

第十二章
自我伤害

　　我轻轻地抚摸着女儿的手臂，这是一个亲昵的动作。但那一刻，一阵困惑忽然涌上心头——我碰到的不是软肉，而是硬痂。我立刻拉过她的胳膊，看到了一条条令人愤怒的伤痕，每个都有几厘米长。本周早些时候，我曾在车里注意到了她手上的一些痕迹，红色的划痕和笔迹混杂在一起，看起来很不对劲。她说这是她和朋友们一直在玩的游戏。我虽然半信半疑，但我还是选择相信了她。可是现在，我的大脑很难忽视这伤口可能是什么。我盯着她，她意识到我已经注意到了。她立刻抽回了自己的手臂，迅速跑进浴室并锁上了门。"我不想聊这件事，让我一个人待着！"她隔着门喊道。我跟着她，站在门外，轻轻地叫她的名字："艾米莉，没事的，我不会生气。你可以讲给我听。"说这话的时候，我全身都在发抖。无力、害怕、愤怒。我怎么也想不通。为什么？为什么我的女儿明明这么坚强、勇敢又才能出众，却要这样伤害自己呢？门紧紧关着。我茫然无措地回到了卧室。我心里很难受。我很害怕。这意味着什么？我应该做什么？我要怎么帮助她？是我的错吗？我拿起手机。我想找人帮忙，但找谁呢？这是我女儿的私事。如果别人对她评头论足，否定她，认为她是在引人注意，或者觉得她有心理疾病怎么办？如果他们认为我作为母亲很失职怎么办？污名、评头论足，还有羞耻，我无法面对它们。于是我放下了手机。我听到女儿回了她的卧室。我又拿起手机，给她发了一条消息：我爱你，我想要帮忙。我看到她上线了，我的消息旁边出现了两个蓝色的"√"。她正在输入。我屏住了呼吸。

来自一位家长的描述

什么是自我伤害？

自我伤害（自残/自伤）是指故意伤害自己的行为，包括外伤（例如，自我击打、撞击、撕裂伤口、抓挠、刀划、掐、咬、扯头发），服毒（例如，服用过量药物），或者其他伤害身体的方式（例如，绝食、过度运动、酗酒、吸毒）。全世界每年约有17%的青少年（年龄在12至18岁之间）故意伤害自己。令人担忧的是，越来越多的年轻人有自残行为，据报道，2011年至2014年，13至16岁女孩的自残事件增加了68%。[63]

任何父母看到这些数字都可能会感到担忧。作为知道或怀疑自己的孩子有自残行为的家长，你的感受很可能与开头故事中的家长一样强烈，震惊、痛苦、愤怒、悲伤、无助，还有怎么也想不明白的问题："为什么？"以及"我该怎么办？"在你试图寻找答案之前，请深呼吸。用双臂环绕自己，给自己一个拥抱。这是一个很难的话题。如果你的孩子自残，证明他无法应对生活中的某些挑战。放心，你可以通过你的力量帮助孩子，如果需要的话，你也可以带孩子去寻求额外的帮助。他们不需要独自面对这个问题，你也不需要。

关于本章的说明

有许多关于自残的优秀资源可供家长参阅，其中涵盖了更多细节。本书没有足够的篇幅来涵盖所有内容，并且我也不认为应该涵盖所有内容。我写这一章，并不是为了搬运那些信息，而是基于我与家长以及年轻人的对话，把重点提取出来并展现给大家。我在这里不会涵盖所有要素（例如，管理伤害、自残的替代方式），如果这个话题与你有关，请积极寻求其他的帮助。

自残行为指标

这些迹象并不一定意味着你的孩子出现了自残行为。但勾选的项目越多，孩子自残的可能性就越高。请注意：

- ★ 服装——为了遮盖身体的某些部位而换衣服（即使天气很暖和也要穿长袖）、衣服上（或者床上用品/毛巾上）有血迹、不愿参加衣物遮盖较少的活动；
- ★ 出现缺乏合理解释的割伤、擦伤、划痕或烧伤；
- ★ 个人物品中有尖锐或锋利的物品（例如，卷笔刀片、圆规、剃须刀片）；
- ★ 情绪低落或起伏不定，易怒：
  - 变得孤僻、孤立
  - 自卑、自责
  - 饮食/睡眠发生变化
  - 学习/工作表现不佳

- 对喜欢的活动失去兴趣

为什么自残?

如果年轻人伤害了自己,他们很可能在生活中遇到了一些应对不了的困难。这些困难可能会引起强烈的、令人不愉快的想法和感受,让他们逐渐不堪重负。如果没有其他应对方法,他们可能会发现自残是一种快速缓解情绪的方法,也是一种自我安抚方式。父母们理解了这一点之后,可能会暂时松一口气,因为自残除了对身体造成伤害外,还有其他功能。

感受太多

研究表明,在自残之前,人们会经历严重的情绪困扰,而在自残之后,这种困扰会明显减轻[64]。因此,自残是帮助调节情绪和减轻痛苦的有效方法。

感受太少

当一个人不堪重负到什么都感受不到(麻木),或者觉得自己失了魂(分离),自残会有所帮助。自残行为(经历身体上的疼痛)可以帮助一个人重新感受到某种感觉,即使是疼痛,也能让他们感觉活着,有一种真实感。
年轻人说自残能让他们:

★ 减少负面情绪;

- ★ 缓解紧张或压力；
- ★ 分散注意力，远离消极想法；
- ★ 增加积极感受，包括感觉更加平静；
- ★ 对问题或感受有掌控感；
- ★ 当觉得自己不够好时，作为一种自我惩罚的形式。

尽管自残一开始可能会带来宽慰感，但随之而来的往往是内疚和羞耻，这会加剧整体痛苦感，从而使自残循环往复。

了解自残是一个人表达痛苦的方式之后，我们可以用多种方式帮助孩子：

1. 我们可以考虑是什么导致了孩子的痛苦，并帮助解决这种情况，或者帮孩子找到应对这种情况的方法。

2. 我们可以让孩子学习更健康的方式来缓解他们的痛苦，比如鼓励他们向我们（或其他可信赖的成年人）分享他们的痛苦，从而得到安慰，知道他们并不孤单。

是什么导致了痛苦？

当自残行为出现时，了解造成痛苦的原因是非常重要的。请看下面的表格中与自残相关的因素。孩子的生活中可能发生了什么事，导致他们如此痛苦？圈出你认为可能会影响孩子的因素。你可以在空白框中添加你的孩子特有的问题。

🐴 活动时间

人际关系困难	性别认同	焦虑	学习上有困难
丧亲	学校压力	父母冲突	歧视
残疾	情感虐待	身体虐待	不去上学
慢性身体疾病	与父母发生冲突	被忽视	吸毒/酗酒
父母心理健康	对金钱的担忧	被霸凌	缺少亲密好友
见到别人自残（朋友/家人）	媒体和互联网影响	情绪低落	

如果孩子有理解他们的父母、有亲密的朋友、在学校表现良好的话，就不太容易出现自残行为。

根据下面的表格来思考你的孩子可能在哪些方面遇到困难：家庭、学校或与朋友相处。孩子在各方面可能需要哪些实际帮助或者情感支持才能缓解他们的痛苦？如果你想不到孩子正在经历什么困难，不要害怕，使用第101～102页的方法与他们开展对话。

	家庭	学校	朋友
孩子在这方面遇到了什么困难？			
我该如何在情感上支持孩子？还有谁可以帮忙？			
有哪些实际的帮助？			

通常情况下，在发现孩子自残时，我们的所有关注点都会放在伤口上，然而这会分散我们的注意力，反而无法解决青少年的潜在需求。如果他们的需求没有得到满足，却被要求立刻停止自己强烈的感受或者停止自残，对他们而言是不公平的。想象一下，有人因为发烧而出汗——出汗是发烧的一种症状。了解人为什么会发烧是治疗发烧的关键，治疗到一定程度，就不会再出汗了。请看下面詹姆斯的故事，但请注意，这可能会引起你强烈的情感反应。请在合适的时间、合适的地点，以合适的节奏阅读这个故事。

/ 案例研究 /
詹姆斯的故事

詹姆斯是一个 14 岁的男孩，与他的妈妈一起住在家里。他和父亲从未有过联系。妈妈每天要轮班工作很长时间，晚上 10 点才能到家，那时詹姆斯已经从学校回来了。家里经济一直都很紧张。詹姆斯认为自己非常自立。他认为学校是一个好地方，所以经常参加课后俱乐部，以减少独自在家的时间。回家之后，他一般会遛狗、吃零食、看电视、打游戏，直到妈妈回家。妈妈到家之后做晚饭，他们吃完就很晚了。两个人都在凌晨之后才睡觉。詹姆斯注意到自己的生活与朋友们不同，但他一直都能应付自如。然而，一个月前，他的狗去世了。他崩溃了。放学回家后，他感受到了彻底的孤独，悲伤和空虚交织在一起，他觉得自己痛苦得快死了。他发现如果用力撞头，就能分散注意力，缓解痛苦。感觉平静后，他就会去睡觉，直到妈妈回家。由于晚上睡了一段时间，到了半夜就很难入睡。他躺在床上，满脑子充斥着关于人生的意义的悲观想法。他在网上搜索并看到自残的图片后，把撞头改成了用刀割肉。他把用刀割肉视作他的安全毯，甚至把它当做期待的事情，也是他回家后的例行事项之一。他陷入了一种模式，只有在学校、自残和睡觉时，他才能逃避强烈的悲伤和绝望。有一天放学后，他去找了他的班主任，说如果他现在回家的话，他会自杀。他觉得妈妈已经有太多事要操心了，所以他不想告诉妈妈这些。但他无法再度过这样一个晚上。他感到羞耻、害怕和孤独。他不想死，但他不知道该如何逃离这个困境。

读了詹姆斯的故事，你有什么感受？你的直觉告诉你詹姆斯需要的是什么？是什么让詹姆斯很难得到他想要的东西？如果我们将詹姆斯自残和自杀的念头视为出汗（症状），那么发烧的潜在原因就是他对狗的死亡感到悲伤和难过，并且由于与妈妈相处时间有限和长时间独处而感到孤独和寂寞。理解詹姆斯的自残行为之后，我们就可以开始思考如何通过实际行动和情感支持来帮助他。想一想，当我们发现孩子自残或感到痛苦时，我们能做的第一步是什么？

做什么

无论是孩子告诉我们／给我们看他们的伤口，还是通过其他方式引起我们的注意，当我们看到孩子有自残行为时，会立刻出现强烈的情绪反应。我们会启动自己的压力反应，可能会进入战斗模式（生气、愤怒）、逃离模式（逃避对话、用其他事情分散注意力），或者僵住模式（很难做出任何回应）。

想想你做过的最糟糕的事情，或者最让你感到羞愧和内疚的想法。想象把这些想法／行为刻在你的手臂上，暴露出来，让另一个人看到。这个人看到了你最深感羞愧的事情，然后抬头看着你，这时你会想做什么？在那一刻，你需要他们做什么？

在艾米莉（章节开头的女孩）和詹姆斯的痛苦（自残伤痕、想死的念头）被揭示给他人的那一刻，他们是非常脆弱的。在那些时刻，对方的反应要么能安抚并缓解他们的情绪，要么会带来更多的痛苦。如第 5 章所述，在这个时期提供孩子所需的回应涉及四个阶段：关注、连接、认可和合作。

关注

关注自己的感受，并找到一种让自己感到稳定或平静的方法（深呼吸），从而让自己集中注意力去帮助孩子。艾米丽的妈妈在意识到她自残的那一刻情绪非常激动，很难立即给出安慰的回应。艾米丽逃离是为了掩盖她的脆弱和羞耻。如果你和孩子之间也有过这种经历，你会发现你的表现和他们非常类似。对艾米丽和她妈妈来说，重要的是，尽管她妈妈很震惊，无法掩饰自己的反应，但她还是停顿了一下，深呼吸之后很快地回到女儿身边，告诉女儿她不生气，而是爱她，想找到办法来帮助她。妈妈尊重女儿对空间的需求，但仍以一种女儿可以参与的方式来和她保持联系。

连接和认可

找到与孩子建立连接的方法，让他们感受到你的存在以及你带给他们的平静和安慰，这能立刻减轻他们的痛苦。不要被他们的痛苦压垮，而是与其建立联系，让孩子感到不那么孤独，不那么害怕被拒绝，然后告诉孩子他们的感受是真实而重要的。这能让他们明白，尽管困难重重，但希望并未破灭，有人能帮助他们。记住，重要的不是我们说了什么，而是我们怎么说。在这些时刻，你的孩子需要的是父母，而不是专家。

找到适合孩子的方法

年轻人经常告诉我，他们很乐意和父母或其他成年人一起探讨最佳沟通方式以及表达爱和关心的方式。一些年轻人在感到痛苦时喜欢被抚摸，这能让他们感到安心，但也有一些人不想被抚摸或拥抱。不要害怕和孩子聊这些，大方地问他们的喜好才能让他们感到被尊重。"我真的很想帮你。你觉得怎么帮你才最舒服？聊天还是发短信？你想让我拉着你的手或是抱抱你吗？"

孩子一开始寻求帮助时，可能不想和我们面对面交谈。他们可能更喜欢通过发短信或写信的方式来分享发生在他们身上的事情。孩子的偏好（不愿意面对面交流、不想要身体接触）可能会让我们作为父母感到很难受，感觉他们很冷漠并且在拒绝我们。但是，有时候通过发短信、写信这些方式沟通，能让孩子的情绪不那么强烈，控制自己的脆弱，从而向你敞开心扉。事情的关键是，即使不面对面交流，你也要用温暖、易于理解的方式传达你的爱和认可。在这个过程中，你们建立信任，重新建立联系，为之后的面对面交流打下基础，让他们敢于面对那个在现实中脆弱的自己。对于一些父母和年轻人来说，发送一条空白短信或者一条带有特定词或符号的短信（你们一起想出来的对他们来说具有象征意义的东西），是可以让父母知道他们需要父母的陪伴和帮助的一种方式。你陪在他们身边,和他们一起参加活动，这样他们就不再感觉孤单。他们可能会在这段时间向你敞开心扉（请记住第107页的建议）。

合作

一旦孩子感到被理解了,我们就可以与他们一起思考帮助他们的实际方法。我们可以一起探讨:(1)如何在未来几周和几个月内让孩子得到来自父母和其他可信赖的成年人的更多的情感支持,从而让孩子感受到关爱(请参阅第 302 页的建议);(2)减少他们生活中让其感到痛苦的压力因素的实际方法(有时需要使用第 173 页的解决方法)。

获取更多帮助

有自残倾向的年轻人发现,他们可以从生活中已经存在的人那里得到支持(包括家人、朋友,以及学校、社团和俱乐部里的人)。也有一些年轻人需要专业人士的额外帮助。建议你与孩子的学校老师、校医或者医生沟通,他们会在孩子需要的情况下给予他们更多的帮助。自残行为不仅对孩子及其父母有很大影响,还会影响其他家庭成员(兄弟姐妹)。由于朋友和家人有时很难理解孩子自残给家长带来的特殊困扰,所以许多父母会参加家长互助小组,并从中受益良多。我一直倡导,在处理孩子的心理健康问题时,父母应该向更多人寻求支持,扩大自己的互助网,这对每个人来说都是一种巨大的安慰,让大家感到被理解,知道自己不是一个人。任何成年人在面对处于困境或有自残行为的孩子时,都可以采用下面方框中的原则。

帮助处于困境中的年轻人的有用话语

★ "谢谢你来找我,我很想帮忙。情况听起来真的很艰难。我在想,我们是否应该换个更安静点的地方聊这件事。去另一个房间怎么样?"

★ "听起来你现在有很多事情要做。谢谢你跟我讲这些。还有没有我需要了解的事情?"

★ "哦,天哪,这听起来真让人难过。我想你一定很受伤。"

★ "我能理解。你不用一个人面对这些。我们可以一起想一些事情来帮助你。我们一定能找到解决问题的办法。"

★ "谢谢你这么勇敢地告诉我你的感受。我知道这对你来说很不容易。我为你感到骄傲。"

正确做法:
- 合适的时间、合适的地点、合适的节奏(第107页)。
- 言语温暖,不妄加评论。
- 向孩子解释虽然你的声音和表情可能看起来充满担心,但你没有生气,只是因为你太在乎他们。
- 让他们相信你正在想方设法帮助他们,或是促成他们得到别人的帮助。
- 理解并认可他们的感受。
- 好奇他们在生活中遇到了什么困难。

做完这些后:
想办法一起制订计划,让他们不再感觉孤单。

错误做法:
- 关注这件事对你作为家长/成人的影响。
- 告诉或要求年轻人不要再出现自残行为。
- 以适合你但不适合他们的方式进行沟通。
- 让年轻人感觉自己做错了事或陷入了麻烦。
- 只在发生自残事件时才对年轻人给予关爱。
- 总觉得这个年轻人想自杀。

自杀念头

如果孩子故意伤害自己，你就很自然地会担心他们是否有自杀念头。许多年轻人会自残，但并不想自杀。也有些年轻人可能会有自杀念头，但不会自残。抛开自残不谈，只要一想到自己的孩子有不想活的念头，并且有可能采取行动，父母就会吓得魂不守舍。因此，你可能根本没有勇气询问孩子的自杀念头。

对于许多结束或试图结束自己生命的人来说，因寻求帮助而产生的羞耻感往往是阻碍他们求援的最大障碍。作为父母，如果我们发现孩子的行为出现了明显的变化，认为他们出现了严重的心理健康问题，我们应该直接问他们是否有自杀念头。我们可以使用本章中的方法来与年轻人进行富有同情心和好奇心的对话，但如果我们怀疑他们有自杀念头，一定要提出明确的、只需回答是与否的问题，比如"你是不是想自杀／结束自己的生命／终结你的生命"？

有些人认为，如果我们询问有关自杀的问题，可能会让年轻人萌生自杀的想法，或者让他们感觉更难受，但这其实是一种误解。如果年轻人想要自杀，他一定会因为这些想法而感到孤立无援。反之，如果有人能让他安全地分享这些想法，他就不会感到那么孤单，并且有机会在别人的帮助下处理危机，走出困境。

有些年轻人可能会想要死亡或结束他们的生命（自杀倾向），但并没有任何计划或意图去这样做。有些年轻人可能有自杀倾向，他们已经计划好如何结束自己的生命，并打算采取行动。

直接与孩子谈论这个问题，可以让他们有机会分享是否有结束生命的想法或计划。在与他们建立连接并认可他们的感受之后，我们就可以考虑如何保证他们的安全并让他们获得更多帮助。

自杀预防慈善机构 Papyrus 有一项防自杀安全计划，专业人士会参考此内容来和年轻人进行对话，以保护他们的安全。父母也可以使用这种方法。如果你的孩子有自杀念头，确保他们不仅能得到你们的帮助，也能得到专业人士的帮助。联系你孩子的专业医师，并解释你需要紧急预约，以及担心的是什么。让孩子远离一切可能被他们用来自残的东西（例如药物）。如果你担心无法保护孩子的安全，请拨打当地心理健康求助热线或将孩子送往急诊。

其他成年人的正面作用

通常情况下，家长往往从学校老师或医务人员等其他成年人那里得知自己的孩子有自残行为或有结束生命的想法。孩子一般会告诉朋友，然后朋友会告诉成年人。作为父母，你可能会深感震惊，感到羞愧不已（"可能是我的错"），又或许你会稍微松一口气（"还好我不是一个人。希望告诉我的这个人也能帮到我"）。在我的工作中，我经常与年轻人交谈，然后与他们的父母交流有关他们自残或自杀的信息。我发现，孩子往往都害怕伤害父母的感情，也怕增添父母的忧虑。他们感到羞愧、内疚和焦虑，担心自己的父母会失望或拒绝他们。但与此同时，有一点让我十分宽慰。如果他们的父母给予了关心和充满爱意的回应，他们的负担就会少很多。

如果你的孩子没有告诉你这些事情，而是告诉了别人，不要因此难过。因为他们和你的关系太密切，可能对相关的问题难以启齿。他们不告诉你这些，可能是想保护你。他们知道告诉另一个值得信赖的成年人之后，他们会把信息传达给你，这样你就能够帮助他们。

你的孩子永远需要你的爱和支持。不过，如果还可以和另一个可信赖的成年人倾诉，他们的情感压力就没那么大。当我与年轻人交谈时，他们相信我能够倾听并帮助他们，不会担忧我能否帮助他们解决问题。

无论我是单独和他们交流还是和他们的父母打交道，我都清楚这一点。你的孩子需要你的爱和关心，你与他们建立的连接将帮助他们渡过难关。永远不要怀疑这一点。有时你是孩子的希望，有时你需要别人的帮助来为自己和孩子提供希望，但永远不要放弃。相信在正确的帮助下，你们能够渡过所有难关。

临床抑郁症问答

问：我的孩子是为了寻求关注才这么做吗？

答：自残不是一种寻求关注的方式。年轻人通常偷偷摸摸地进行自残行为，会不遗余力地隐瞒这件事。羞耻和内疚的感受常常会伴随自残而来，因此无论是寻求帮助还是谈论此事都变得更加困难。如果你的孩子在一个非常显眼的地方（例如手上）自残，并给人一种自残是为了引起关注的印象，你可能会感到困惑。这更有可能是一种表达痛苦和寻求他人支持的方式。

问：孩子在自残时能感受到身体上的疼痛吗？

答：能。虽然我们还没有完全了解自残的生物学机制，但我们知道内啡肽在其中发挥着作用，孩子把自残作为一种应对困难的方式。身体通过内啡肽自然地调节疼痛，包括身体疼痛和社交/情感疼痛。在自残之后，这些内啡肽可能会提供一种自然的快感，帮助缓解情感和身体上的痛苦。一些研究表明，对于那些反复自残的人来说，他们的疼痛阈值可能会随着耐受力的增强而改变。

问：我听说很多年轻人都自残。我的孩子是不是在追随潮流或者为了合群？

答：目前仍在研究自残的社会因素。自残的年轻人不会仅仅为了融入同龄人而这样做。他们往往用自残来应对痛苦。如果年轻人有朋友自残，那么他自残的可能性也更高，这一点可能会让家长和学校工作人员感到困惑。这就是所谓的"社交传染效应"。痛苦的年轻人最初可能会尝试自残来应对他们的痛苦，因为他们在周围环境中接触到了这种行为（看到亲密的朋友使用这种方法，或者通过浏览图片和网上的某些内容）。让孩子不要接触网上与自残有关的内容是很重要的。

问：如果我忽略自残这件事，它会过去吗？

答：一些研究表明，许多父母对孩子自残的第一反应是忽视它，希望它会过去。人们常常担心关注自残行为可能会使情况恶化，或加强孩子将其作为应对机制的做法。要意识到孩子出现自残行为意味着他们无法应对生活中的一些事情，以及他们需要帮助。思考如何让自己发挥正面作用，鼓励他们与自己交流，让孩子明白你和他们在同一战线，而不是站在他们的对立面，同时再想想你还能寻求什么其他的帮助。

小　结

- 孩子可能会通过伤害自己来应对情感困扰或向他人传达他们的痛苦。
- 自残可以暂时缓解痛苦,但从长远来看会增加痛苦。
- 了解造成年轻人生活困扰的原因,是帮助他们的第一步。
- 有的年轻人将自残作为一种应对困难的方式,父母和可信赖的成年人需要为这些年轻人提供实际帮助和情感支持。
- 我们如何与年轻人谈论他们正在经历的事情,以及我们如何为他们提供支持,关键的四步是:关注、连接、认可、合作。
- 询问孩子是否有结束生命的念头并不会促使他们自杀。相反,如果他们真的考虑自杀,你的询问可以让他们向你敞开心扉,并且让你有机会制订安全计划。
- 为自己和孩子寻求他人的帮助是很重要的。孩子自残或者担心孩子有伤害自己的想法,会给整个家庭带来巨大的焦虑。
- 你能做的最重要的事情之一就是相信自己能帮助孩子,但也不要吝啬于寻求额外的帮助。

第五部分

帮助：

给予和获得的秘诀

第十三章
建立牢固的关系——沟通技巧

    我在工作中遇到的年轻人都描述过在与朋友或家人交流自己的想法和感受时遇到的困难。坏消息是，当孩子的心理健康情况恶化时，他们寻求支持和与他人沟通的能力也会下降。然而，与他人的联系和来自他人的帮助是幸福感最重要的来源，所以当孩子最不想寻求帮助或者最疏远我们的时候，可能恰恰是他们最需要我们的时候。作为父母，这可能是一段痛苦和沮丧的时期，因为我们试图支持和理解孩子，但他们的回应却与我们所希望的相反。我们无意间的反应可能会导致我们和孩子进一步沟通失败，让自己和孩子都更加孤立和痛苦。

    在最后一节中，我们将探讨当我们与孩子的关系最脆弱时如何与他们沟通，以及当我们意识到他们的需求超出我们的能力范围时，如何在适当的时间为他们提供正确的帮助。

心情和人际关系

    对我们所有人来说，在影响我们整体幸福感的因素中，最能够预测的就是我们的人际关系。这是因为我们的情绪和我们的人际关系是相互关联的——从本质上讲，我们如何体验人际关系会影响我们的感受（我们的心情）。例如，与亲密的朋友争吵可能会导致情绪低落，而与亲密的朋友一起玩耍则会让人感到快乐。

而我们的感受（我们的心情）又会反过来影响我们的人际关系。例如，情绪低落和烦躁可能会引发更多的争吵，导致我们与他人疏远或关系破裂，而积极和快乐的感受会带来善意，让我们愿意与他人联系并改善关系。我们从这些争论或善意的行为中得到的回应可以强化我们的心情，进而影响我们与他人的联系程度。

如下图所示的循环表明，如果我们能改善人际关系，就能改善我们的心情和幸福感。让孩子学会这种技能，就能够帮助他们更好地管理生活中的人际关系，从而提升他们的幸福感。

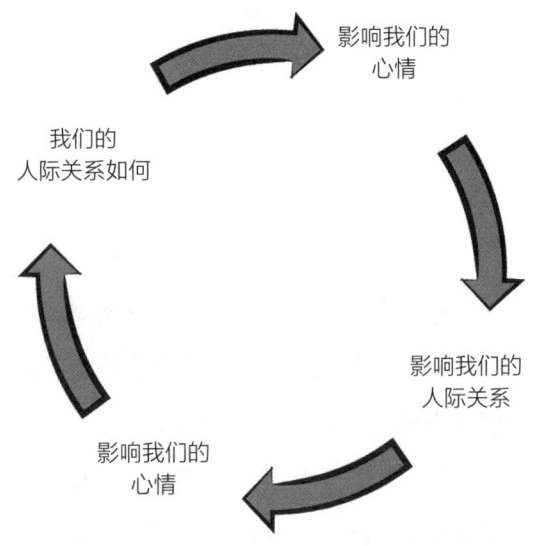

> **⏳ 反思时刻**
>
> ★ 想象这样一个场景：在你心情不好、感到疲倦或者有压力时，你对另一个人（家人/朋友）的行为反映了这种情绪。接下来发生了什么？（例如，因为心情不好所以更容易生气，进而与他人发生争吵或者和他人疏远。）
>
> ★ 想象这样一个场景：你与他人的关系中出现了一些问题，影响了你的心情/压力水平（例如，与伴侣的争吵让你情绪低落）。
>
> ★ 想象这样一个场景：你和别人经历的积极事件，影响了你的心情（例如，与亲密的朋友共度时光让你感到快乐和被关爱）。
>
> ★ 哪些关键人物对你的心情影响最大？哪些关键人物对孩子的心情影响最大？

情绪会使沟通变得困难

自从我女儿满 13 岁以来，我和她之间发生了越来越多争吵（第 14 章阐明了青春期对此的影响）。就在前几天，她要我马上带她去朋友家。我不能放下一切手上的事情来做这件事。听到"不行"的一瞬间，她火冒三丈，开始责备我是个坏妈妈。这让我很生气，我回应她说她很粗鲁，不体谅别人。然后她大声喊道她希望和她爸爸住在一起。我也发火了，我反驳她，暗讽这真是个不错的主意！她气冲冲地回到自己的房间，一直都没出来。她因没有见到朋友而非常生气。我猜她也对自己说的那些残忍的话感到内疚。那天剩下的时间里，我都在为自己的反应感到愤怒，为没有控制住情绪感到自责，想收回那些不是我的本意的话。我在想也许我应该更愿意送她去朋友那里。整个下午，我们两个在两个不同房间，同时感觉糟透了。

正如辩证行为疗法（DBT）所描述的那样，在我们的人际关系中，我们经常陷入以下紧张关系之中：

★ 从他人那里得到我们想要和需要的东西；
★ 维持（而不是破坏）关系；
★ 保持自尊（确保我们不会妥协自己的价值观）。

这种复杂的任务组合往往意味着我们与他人的互动充满了各种情绪。这些情绪会使沟通变得更加困难，让人感到不被理解。如上所述，我的女儿很快就被愤怒淹没了，她发了脾气，当她的下层大脑控制她的时候，她所说所做的事情让我很快被自己的情绪（并怀疑自己是不是一个好妈妈）所控制。当我也发脾气时，我们思考和有效沟通的能力就被摧毁了。

那天剩下的时间里，我们俩的情绪都很低落，而且我女儿没有得到她想要的东西（我带她去朋友家），我们的关系出现了裂痕（被对方的话伤到了），我们俩都感到内疚（因说了不好的话感到难过）。对于我和我的女儿来说，这种情况导致了以下可能性：

★ 进一步的冲突和关系恶化，幸福感下降；
★ 学习、修复和发展以更健康、更有效的方式进行沟通所需的技能。

通过后者，我们可以为解决未来的冲突、与彼此建立更牢固的关系、培养可用于其他人际关系的技能铺平道路。

作为父母，我们知道这项任务艰巨。我们过去尝试过这样做，然而可能导致痛苦升级、彼此关系更紧张，于是我们不敢再这样做。如果我们的孩子情绪低落，他们会更易怒和敏感，更难与他们沟通。再加上我们自己的压力水平和低落情绪，与我们在乎的人心平气和地沟通似乎是一项不可能完成的任务。

正如第二部分所述，我们说话的方式、时间和内容可以极大地影响我们的上层大脑和下层大脑之间的连接，上层大脑与下层大脑之间稳定的连接不仅有助于调节情绪，还能帮助我们与他人沟通并建立更积极的关系。本章的其余部分将在此基础上展开，概述你可以采取的实际措施，改善你与孩子的沟通方式。

说什么和怎么说

重要的不仅是你说什么，还有你怎么说。我们的语气、非语言表达和肢体语言对对方如何接收信息有着巨大的影响。这反过来又会影响对方的反应，而这种反应往往会决定对话的结果。在上述情况下，我的女儿以一种咄咄逼人、大声、强硬的方式说道："妈妈，你现在能带我去我朋友家吗？"她的脸板着，她侵入了我的个人空间，确保我全神贯注地听她说话。如果我女儿面带微笑，身体语言放松，以平静、询问的语气说出同样的话，我的回应可能会是"让我看看"，而不是"不行"，从而导致完全不同的结果。以下辩证行为疗法（DBT）的技能有助于提醒我们如何与他人进行沟通以获得最佳结果，并减少下层情绪大脑与上层思考大脑脱节的可能性。

GIVE 原则 [65]

温和（Gentle）：注意语气，表示尊重。

示以兴趣（Interested）：通过表现出感兴趣的样子来表明你在倾听（例如点头、良好的眼神接触、不打断对方说话）。

认可（Validate）：通过温柔和好奇的方式表达你理解到的意思，大方地猜测对方正在经历的事情（例如，"我猜你感到如此沮丧是因为你的朋友对你来说非常重要……"）。

随和（Easy）：保持友好的姿势，给予足够的个人空间，语气友善，可以适当说些俏皮话或幽默一下。

在与青少年交谈时，遵循 GIVE 原则尤为重要，因为他们对是否受到尊重特别敏感。他们经历的身体变化意味着他们更重视社会地位。我在与青少年交谈时使用了一个小技巧，即想象自己在与地位最高的人交谈——这可以改变对话的方式，让整个沟通更具合作性。

六个沟通技巧

我在工作中接触到的青少年，他们在人际关系中遇到的挑战往往对他们的生活产生了巨大影响。随着他们情绪波动越来越大，对社会关系的依赖程度越来越高，他们与世界沟通的方式以及父母与他们沟通的方式都会影响他们的幸福感。我教年轻人和他们的父母六个简单的沟通技巧，这些技巧可以深刻改变他们之间的关系走向。这些技巧来自杨（Young）、穆夫森（Mufson）、和舒勒（Schueler）开发的一项基于实证的计划，名为人际心理治疗——青少年技能培训（IPT-AST）[66]。他们认为，如果能教会青少年有效的沟通技能和解决人际问题的技巧，就能帮助他们改善人际关系，预防抑郁症的发生。在 IPT-AST 计划中，年轻人学习了六种沟通技巧：暂停对话；用"我"开头；具体一点；换位思考；提出解决方案；不要放弃[67]。我在工作中经常鼓励父母和年轻人使用这六种技巧来提升他们的沟通能力。在这样做的过程中，家庭成员学会了如何培养他们所需的技能来处理生活中重要的关系，包括亲子关系。我们将探讨每项技巧，并将它们与下面详细介绍的克拉拉的故事联系起来。

/ 案例研究 /
克拉拉的故事

接下来我们将跟随十七岁的女孩克拉拉，看看她的故事。

克拉拉最近觉得家庭生活和大学生活都很不顺利。

克拉拉和她的妈妈以及十四岁的妹妹住在一起，她告诉我她们经常吵架。所以克拉拉更想一个人在卧室里待着，或者和朋友出去，总之是想远离这种争吵。问题是，她最好的朋友最近交了一个男朋友，他们俩总是腻在一起，即使朋友和克拉拉见面时，也总在谈论这个男生。克拉拉逐渐感到孤独，并对周围的人感到不满。但她发现很难与家人和朋友谈论这件事。她一开口，谈话就逐渐向争吵的方向发展，然后她就感觉更糟了。她慢慢放弃与他人沟通，越来越依赖社交媒体和网上聊天来打发时间。网友似乎总是能理解她的难过，并给她一些建议，告诉她应该如何甩了她的朋友，或者跟她的妈妈和妹妹发火。这些所谓的建议似乎在吞噬她的能量，让她感到更加痛苦和孤独。克拉拉希望能有更多的时间与妈妈和她最好的朋友在一起，但她感觉现在已经不可能了。在接下来的章节中，我们将用克拉拉的故事来解释杨等人提出的六种沟通技巧是如何帮助克拉拉更接近她的朋友和家人，并改善她的心情。

暂停对话

选择合适的谈话时机对谈话的结果至关重要。当我们心情平静、没有压力时，最有可能进行开诚布公的对话（请参见第98页的"容纳之窗"）。如果对话中的任何一方感到愤怒或痛苦，那么你或对方都很可能无法得到期望的对话结果，而且你们中的任何一方都可能会说出一些让自己事后后悔的话，就像本章前面提到的我和我女儿的对话一样。

重要的是，如果自己或对方没有处于进行对话的最佳心态或环境，我们要及时认识到这一点。这时，我们应该带着尊重暂停对话，安排一个更合适的时间进行对话（一个你们不受外界干扰、能心平气和地进行对话的时间），这是一项宝贵的生活技能。此外，如果你有想要谈论的事情，可以询问对方是否有时间交谈，如果没有，可以安排一个更好的时间，这也是一个很好的策略。

我的孩子们似乎总是在最不合适的时候提出棘手的问题，比如在我们赶着出门去上班和上学的时候。他们似乎并没有意识到我正处于心不在焉的状态，因此不太可能对他们的问题做出良好的回应。同样，当我的孩子心情不好时，我也经常会提出一些事情，而我却没有意识到这一点，因为他们没有告诉我他们的情况。

如果谈话已经开始了，请暂停谈话，并把它安排到一个更好的时间进行。向孩子解释："现在咱们得赶去上学，时间很紧，很难好好谈论这件事，但我知道这对你很重要。我们能不能等晚饭后，等我有更多时间好好听的时候再聊这件事？"确保你说到做到，因为孩子会记住你说的话。他们能认识到这不是在停止对话，而是在试图保护对话。

如果对话还没有开始，你或孩子想要谈论一些重要的事情，可以询问对方是否有时间谈话，或者安排一个谈话时间——"我想说点事。你现在有时间吗？或者之后什么时间合适？"

首要任务是找到一个更有利于进行谈话的时间。一般每个家庭都会有一些可以预见的比较平静的时刻，所以要找到那个对你们干扰最小的时间。如果你感到压力实在太大，别忘了孩子身边还有其他重要的成年人，他们能够进行这些安抚性的对话。要敢于向他们寻求帮助。

对克拉拉来说暂停对话是什么样子的

强行对话

我让克拉拉讲讲她和妈妈最近的一次争吵。她说是她想问妈妈她能不能和朋友一起去参加聚会。我们就具体情况进行了以下问答。

★ 那一刻妈妈的心情如何？/ 克拉拉的心情如何？

克拉拉说她妈妈刚下班回来，正在准备晚餐。妈妈应该是又累又饿。克拉拉感到焦虑不安，因为她想去参加聚会，但又担心自己最好的朋友不能和她一起去。

★ 妈妈是否分心？/ 克拉拉是否分心？

妈妈明显因做晚饭分心了。克拉拉一心只想从她妈妈那里得到她想要的东西。

★ 有足够的时间来讨论这个问题吗？

克拉拉要出门，所以她和妈妈的交谈时间只有五分钟。

★ 这个地点会受外人干扰吗？

克拉拉的妹妹在厨房里，她不停地说，如果让克拉拉去参加派对，那她也要去。这让她妈妈心烦意乱，也让克拉拉生气。

暂停对话

我们一致认为，如果她暂停对话，事情的走向可能就不一样了。克拉拉意识到，如果她想得到最好的结果，应该在她和妈妈都更放松的状态下进行这次对话。克拉拉明白自己本可以说："妈妈，我有件事想和你谈谈。你现在有时间吗？或者之后什么时间合适？"

克拉拉的妈妈也参加了这次心理咨询会谈，她同意克拉拉的想法。不过，她也意识到，如果克拉拉开始了对话，并注意到她或她的妈妈逐渐变得心烦气躁，她也可以暂停对话，向对方解释说："我现在情绪不是很稳定，需要一些时间冷静下来，好好想想这件事。这件事情应该对你很重要,所以等你下班回家吃完晚饭后再聊可以吗?"

请看下面的活动。想一想,在什么情况下你可能会与孩子发生分歧或争论,然后像上面克拉拉一样问自己这些问题。找一个更好的时间进行对话会出现更好的效果吗?

活动时间

写下适合你和孩子好好进行对话的时间和地点。尽量安排在这些场合进行对话。	写下不利于你和孩子好好进行对话的情况。尝试在这些场合暂停对话。

用"我"开头

每一句话都用"我"开头,而不是说"你"怎样怎样,可以彻底改变一次对话的走向。以"我"开头的语句往往被用来向别人解释你的感受。当我们用"你"开头说话时,经常会营造一种责备的语气,让对方处于防御模式,拒绝倾听。此外,如果你是在描述自己的感受,没有人会对此有异议,因为这是你的个人体验。我们和孩子说话的方式往往会让他们认为我们在生他们的气，而实际上我们是在担心或难过。例如，如果我对女儿以"我"开头说话（例如，"我会因为你一直待在房间里而感到难过，担心你会感到孤独。有没有什么是我能帮你的？"），和以"你"开头说话（"你又把自己关在房间里，不修边幅，还摔门，你想干吗？"），会引发截然不同的结果。

要注意，即使以"我"开头讲话，也要与情况相称，不要让孩子感到压力太大，从而打开防御模式，觉得我们试图让他们感到内疚，例如，"我觉得好难过啊，你这周末都不想跟我在一起，我实在是太伤心了"。相反，要是以积极的语句开头，这样也有助于表明你想理解他们的感受，例如，"我知道这个周末你很想和朋友见面，这对你来说很重要，但我很难过我见不到你了"。这样，这段对话就会走向一起思考和合作解决问题的方向。孩子可能就会提议在周末和你打电话，或者和你简短地见一面。

克拉拉如何用"我"开头

克拉拉和她妈妈注意到，她们吵架时经常说"你"怎样怎样。我们一起分析了最近发生的一段对话。

妈妈："你从来都不听我的话！"

克拉拉："我为什么要听你的？你也从来不听我的。你从来不把我说的话当回事！"

我们探讨了在这种情况下如何换成以"我"开头的表述。

> 克拉拉："我会因为你不把我说的话当回事而感到烦闷。你好像完全不在意我说什么。"
>
> 妈妈："我很抱歉你觉得我没好好听你说话。"
>
> 克拉拉和她妈妈一致认为，以"我"开头说话可以让她们感觉彼此都在倾听，从而进行更真诚的对话。

具体一点

当我们感到恼怒时，我们可能会夸张概括，使用"总是"或"从不"这样的绝对说法。如果我们直接对别人说这种话，很可能会让对方感觉很糟糕，也不太可能促成合作性的对话。应该把重点放在具体的事情上，举一个最近发生的例子，而不是翻旧账说起几个月甚至几年前发生的事情。例如，要说"我发现你昨晚忘了把自行车停到车棚里，它要是被雨淋坏了多可惜"，而不是"你总是忘记把自行车停好，你从来没有好好照看过自己的东西"。

如果孩子陷入了低落的情绪之中，就很难清晰地思考。他们更容易陷入消极的思维模式中，从而导致过度概括或者把一切都想得很坏。在你们的谈话中，你应该具体说明导致当前困扰的原因，并举出具体的例子帮孩子找到困扰他们的事情。进行更具合作性的对话将帮助他们意识到事情没有他们想的那么糟糕。在确认孩子可能遇到的困难后，他们才更有可能接受你的帮助，从而采取行动或解决问题，你也才能帮他们解决困难并纠正他们的思维错误。

克拉拉的"具体一点"是什么样的

这周克拉拉的妹妹未经允许就拿走了克拉拉的化妆品，于是她们吵了起来。

克拉拉："你总是把我化妆品拿走，然后我就找不到了。你从来不为我着想！"
妹妹："我没有总是拿走你的化妆品。你又瞎说！"

克拉拉想出了一个与妹妹开始这个对话的替代方案，这次她以"我"开头进行了具体的陈述：

克拉拉："我有点不高兴，因为这周你有两次没有问我就拿走了我的睫毛膏。"
妹妹："你说得对，那个睫毛膏很好用。我的确用了两次。我明白你为什么不高兴了，下次我会经过你的同意之后再借走的。"

克拉拉想了想，如果妹妹这样说的话，她会很乐意跟她分享自己的化妆品。

克拉拉还想到另一个和妈妈对话的例子。

克拉拉:"我受够了。什么事都不顺,干脆什么都不做算了。"

妈妈:"怎么了,亲爱的?跟我说说具体的。今天发生了什么事让你这么烦躁?"

克拉拉:"安娜贝尔又放我鸽子了。我们本来周五要去看电影的,现在她却和威尔一起去了。我讨厌被冷落的感觉!"

妈妈:"这的确很让人恼火,我能理解你的难受和失望……我想知道你该如何处理这件事,才能让你在周五晚上不会感到独孤,还能让安娜贝尔知道这件事对你的伤害有多大。"

换位思考

理解别人的观点,并向他们表达出来这一点,可以让对话更具合作性,还能避免争论。作为父母,这么做有时会让我们感到尴尬,因为我们可能会担心这样做意味着我们完全赞同他们的观点。理解别人的观点不那么容易,需要充分调动我们的上层(思考)大脑。我们需要想象对方的处境,而只有当我们冷静下来,上层大脑和下层大脑相互连接时,才能做到这一点。有些孩子由于年龄不大或者患有神经多样性疾病(例如,孤独症、多动症),体会他人的思维或感受对他们来说可能是一项非常困难的任务。

要想换位思考并有效地与他人沟通，首先要体会他们现在的感受，其次要找到一种方式向他们解释你正在努力地感同身受。完成这些后，你就可以开始分享自己的感受了。

例如："爸爸，我明白在你叫我吃饭的时候，我没有马上下来让你很生气。但是那会儿我正在忙别的事情，你让我立刻放下那件事来吃饭，我会很难受。"

当我们特别担心孩子时，想想他们的感受有时可以帮助我们与他们建立联系。但有时候，这反过来会引起我们强烈的情绪，在自己的脑海中放大这些感受，以至于感到压力过大或反应过度。确保我们得到正确的帮助，并且在自己状态最佳的时候进行这些对话，从而能更加客观公平地说出自己的观点，并控制好自己的反应。

克拉拉的"换位思考"是什么样的

克拉拉曾试图和安娜贝尔聊过她和威尔在一起，却把她晾在一边的问题。但是对话进行得并不顺利。

克拉拉："你为了和威尔约会，把我丢到一边，还改变我们的计划，这既不公平也不合理。"

安娜贝尔："克拉拉，威尔是我的男朋友，那你想要我怎么做呢？总之，我没有想把你丢下。"

> 克拉拉真的不想和安娜贝尔闹翻。设身处地地站在安娜贝尔的角度去思考之后,克拉拉可能会以不同的方式处理这个问题。
>
> 克拉拉:"你和威尔感情这么好真是太好了。我知道你很想跟他在一起,我也知道你在其中做了很多不容易的取舍。但我也很怀念和你一起玩的时光。在你取消我们计划好的事情时,我真的很难过,因为我很期待和你一起玩。"
>
> 安娜贝尔:"我没想到你会这么难过。对不起。我有点把我们的友谊当作理所当然了,因为我知道你会一直在我身边。我会努力保证不再这样做。我们改到周六去看电影好吗?"
>
> 克拉拉和安娜贝尔通过互相分享和倾听彼此的感受,想出了一些办法来解决这个问题。

心中准备几个解决方案

在我们进入一段讨论之前,如果我们明确知道我们想要达成某件事,但并不太好达成,可以在事先准备好几个替代方案,这样可能有助于克服困难。教会孩子在可让步的事情上灵活变通,在不可让步的事情上决不妥协(例如,安全问题),这是需要学习的一项重要技能。在进入讨论之前,事先准备好几个解决方案，表明你愿意妥协，从而避免陷入僵局，防止冲突升级，通过让步达到所需。

作为父母，鉴于自己年轻时经历过的一些事情，我们可能会对孩子应该做什么有相当强烈的固有观念或期望，但很多时候，我们需要根据孩子成长的大环境重新评估我们的一些价值观，并确保我们的要求与他们的发育年龄相称（例如，一个十七岁的孩子想要去一个没有成年人在场的派对，你猜测他们应该会喝酒，再想想一个十四岁的孩子也想要去这种场合）。对于十七岁的孩子，你虽然可能不喜欢他们去参加派对，但是你可以让步，答应他们去，但是要求在凌晨1点的时候接他们回家（也有可能比这个时间晚）。然而，对于十四岁的孩子，你心知肚明肯定不会同意他们去参加派对，但你可以同意在某个周末让孩子邀请一些朋友来家里过夜。

克拉拉心中的"解决方案"是什么样的

克拉拉想去一个朋友组织的派对，她妈妈不认识这个朋友。朋友的父母会出席这个派对，但是克拉拉不确定她的妈妈是否同意她去，因为她曾经参加过一个派对，派对上的父母邀请大家喝了很多酒，克拉拉那次回家后因为喝醉了病得很重。克拉拉需要在合适的时机和她妈妈进行这个对话（暂停对话），确保说的话都用"我"开头，站在妈妈的角度思考，并说得具体一些（"我特别想要参加这个派对，但我理解你可能会担心，因为上次我参加派对喝多了，然后生病了，我知道这让你很不高兴"）。

克拉拉想出了一些解决方案和她可以妥协的事情，从而通过让步达成自己想要的结果：

★ 分享举办派对的朋友妈妈的详细联系方式，以便自己的妈妈能够联系对方并确认派对安排。

★ 在安娜贝尔家过夜，安娜贝尔的妈妈会在午夜去接她们（克拉拉的妈妈信任安娜贝尔的妈妈），而不是整晚待在派对上。

★ 诚实地告诉妈妈自己到时候会不会喝酒，要么承诺不喝酒，要么只喝一两杯。

★ 晚上时不时给妈妈发短信，让妈妈知道克拉拉很在意她，而且没有出状况。

不要放弃

作为父母或年轻人，改变我们与他人互动的方式可能并不容易，尤其当我们试图与一个人建立积极关系，而对方对我们的尝试没有反应的时候。通常，当我们尝试一种新的沟通方式时，往往最初无法得到我们期望的积极回应。旧的互动习惯很难改变。然而，如果我们坚持运用第 5 章的原则（关注、连接、认可、合作）和六种沟通技巧，我们就会发现与孩子的沟通变得更加健康、更有成效。

无论你多大年纪，都可以学着用新的方式与他人沟通。孩子看到我们努力培养这些技能，自己也会慢慢掌握解决人际问题的方法。我遇到的许多年轻人都说，虽然他们经常反应过度，让父母别管他们，但他们其实总坐在自己的房间里，等着父母来找他们。

即使你走进孩子的房间，他们似乎仍然不想看到你，运用本章前面提到的 GIVE 原则，让孩子知道你随时在他们身边等着帮助他们，让他们在合适的时间和你交流。当我的女儿不想见到我时，我晚上做的最后一件事仍然是把头探到她的门口，说"晚安，我爱你"。她的冷淡回答虽然常常让我感到难过，但我认识到，尽管她疏远我，她仍然能感受到我在她身边，这一点很重要。即使你的孩子第十次摔门而去，你也要保证自己不离开他们，这一点非常重要。不要放弃与他们建立连接。

记住，年轻人不喜欢直接被问"你怎么了"或者"你为什么要这么做"，他们往往不知道怎么回答这种问题，因为他们不知道如何表达自己的感受，有时连他们自己都无法理解自己的行为。因此，这些问题实际上是无益的，反而给他们留下一种我们在评判他们、不赞成他们的印象。无论孩子处于幼年还是青春期，我们都要用好奇心和第二部分中介绍的原则，有质量地陪伴并支持他们。即使成年后，他们在应对人际关系的挑战，或者当他们自己成为父母时，仍然会向我们寻求支持、建议和指导。

IPT-AST 六种沟通技巧简要总结

暂停对话

当自己或对方情绪状态不好时,不要谈论棘手的事情,最好先给彼此一些空间,等冷静下来再谈。

用"我……"开头,不要用"你……"开头

说出你对正在发生的事情的感受,例如,"当……时,我很难过"。

具体一点

避免使用"你总是……"或者"你从来不……"这种绝对化的说法。相反,你应该更具体地描述你观察到的事实(好坏都要说)。

换位思考

思考对方通过言语表达出的背后的感受和初衷是什么。

心中准备几个解决方案

如果你能在讨论之前提前准备好一些让步的方案,你就更能推动事态向你希望的方向发展。

不要放弃

当你试图与孩子交流却被拒绝时,的确很难坚持下去。但你应该勇敢地尝试新的沟通方式,找到适合你和孩子的方式。

小　结

- 孩子的人际关系的质量对他们的幸福感有很大影响。
- 他们的人际关系中发生的事情会影响他们的情绪。
- 反过来，他们的情绪又会影响他们的人际关系。
- 情绪（包括低落情绪）都可能使沟通变得困难。
- 学习关键的沟通技巧可以帮助我们更好地与孩子沟通，从而提升他们的幸福感。
- 注意我们说话的方式（语气、肢体语言等）。
- 我们可以通过学习使用六种沟通技巧来改善与孩子的关系：暂停对话、用"我"开头、具体一点、换位思考、心中准备几个解决方案以及不要放弃。
- 如果孩子看到我们使用这些技巧，他们也会学会这些，从而更好地应对他们在人际关系中遇到的困难。

第十四章
青春期——风险和机遇并存的时期

在西方社会,青春期(大约十岁到二十四岁)代表着从童年到成年的过渡阶段。在此期间,年轻人会经历许多身体、情感、认知和社交方面的变化,为他们日后独立做好准备。尽管这一概念是在上个世纪才发展起来的,但历史上对从童年过渡到成年的年轻人的描述与当前社会对他们的刻板印象惊人地相似——"冒险、寻求刺激、反抗权威"是亘古不变的主题[68]。了解青少年身心的独特性或许可以解释近年来神经科学家感兴趣的行为。青春期的经历(无论是好的经历还是坏的经历)会对接下来的岁月产生重大影响——成年人 75% 的心理健康问题在 24 岁之前就已经浮现,而且越来越多的年轻人难以获得幸福感。

在本章中,我们将探讨发生在青春期的一些变化,这些变化会影响青少年调节情绪的能力以及与他人相处的方式。拥有支持性的人际关系是保证一生幸福和身体健康的最大积极因素之一[69],因此,作为父母,我们越能帮助青少年建立牢固的人际关系,同时帮助他们体验充实的生活,他们就越有可能以积极的心理健康地过渡到成年。

青春期的目标是什么？

作为父母，我们的工作是确保孩子安全地长大成人。我们不仅希望他们活着，还希望他们能够茁壮成长，发挥自己的潜力。我们可能对孩子长大后的样子、生活方式和他们拥有怎样的幸福有所期望。我们想要保护孩子免受我们年轻时遇到的一些困难，对于我们经历过的痛苦和走过的弯路不要重蹈覆辙，并且经常希望我们的孩子拥有我们自己没有的东西。

反思时刻

闭上眼睛，想象一下你的孩子长大成人的样子。写下你对他们的期望。写下你希望他们拥有怎样的价值观；他们和谁在一起，如何度过时间；他们的生活质量（对自己是否满意）；以及你希望在他们成年生活中扮演的角色。

我们大多数人都希望孩子成年后能够做到以下几点：

★ 自给自足并具有社会责任感；

★ 有能力照顾自己和他人；

★ 从他们的人际关系和成就中得到幸福感、找到生活的意义；

★ 为自己的生活和社会做出积极贡献。我们中的一些人可能希望孩子将来能成为有爱心的父母；

★ 能够应对不确定性、挑战和损失；
★ 能在需要的时候寻求并接受帮助。

在孩子的童年时期，我们可能会忽略这些目标。从被保护得很好的童年，到需要自己承担责任的成年，这是一段漫长的旅程。我们虽然在他们童年时投入了巨大的精力，但往往没有为他们的成年做好准备。孩子为了成功地从童年过渡到成年，身体、心智和社交关系都会发生重大变化。这些变化同时发生，是他们迈向成年的过程中必须适应的改变。然而，这些改变也给孩子带来了更大的压力和挑战，可能会对他们人生的这个阶段产生重大影响。与此同时，孩子的变化也给我们带来了挑战。尤其是，如果我们的孩子想成为的样子与我们对他们的期待不同，或者他们认为有意义和幸福的事情与我们所认为的大相径庭，我们会非常为难。而具有讽刺意味的是，他们可能会去追寻我们一直让他们远离的事物，与我们给予他们的生活背道而驰。这可能会让你感到非常痛苦和困惑，担心孩子未来会走弯路。

⌛ 反思时刻

你在青春期时最显著的特点是什么？与我交谈过的父母提到的关键词有：困惑、喜怒无常、睡懒觉、对性感兴趣、重视友谊、情绪强烈（高涨和低落）、叛逆、孤独、焦虑、身体变化、同伴压力、想要合群以及想要与众不同。写下当时的你需要从周围的人那里得到什么来帮助你度过青春期。

青春期的左右摇摆

我有两个十几岁的孩子，他们完全沉浸在同龄伙伴关系中，尤其是我的女儿。他们以前觉得我无所不知，然而现在觉得我说什么都不对，成了家里的老古董。相反，孩子们开始认为自己以及朋友什么都知道。我还记得从某个时刻开始，儿子不再想牵我的手，女儿不再想我接她放学，而是和朋友一起走回家。我意识到孩子们的身体已经变成了成年人的模样，他们的性特征已经发育完全，并且可能对两性充满兴趣。这样的时刻对于父母来说苦乐参半。一方面，我们庆幸孩子能交到朋友，走向成熟；而另一方面，我们意识到自己与他们的关系和对他们的重要性已经改变，心里很不是滋味。他们对我们不再感兴趣，或者经常不顾我们的感受，为了和朋友一起去做什么事而放我们鸽子，这都让我们感觉被拒之门外。

在青春期，孩子的人际关系会进一步发展并变得更加复杂，从理论上讲，我们希望这能让他们建立一个相互支持的人际关系网。如果我们和孩子相处得很好，我们就能潜移默化地影响他们更多。我们可以为他们提供一个安全的港湾，让他们探索不断扩大和日益复杂的世界，直到他们有能力独立。我们希望我们无条件的爱能成为他们的铠甲，成为他们坚实的后盾，帮他们在这个苛刻且冷酷的世界中度过一生。

至少我们希望如此。然而现实是，我们与孩子的关系可能会经受考验，他们在这一时期的行为和沟通方式可能会让他们遇到许多挫折，并导致我们之间关系破裂。他们过度关注自我，远离家人，逐渐成长为一个我们不认识的人。让人难过的是，当他们为自己的未来做出决定时，可能会无视父母的意见。相反，他们认为朋友、社交媒体和网络世界，比我们更有智慧和魔力。

第五部分　帮助：给予和获得的秘诀

同龄伙伴关系

从受父母影响到受同龄伙伴（同伴）影响的转变是由生物学驱动的，而且非常强大。青少年需要参与社会关系，才能成功地过渡到成年。作为社会的一分子，保持社会联系是人类进化的重要组成部分。人多会带来安全性（如果你处于族群中，被狮子吃掉的可能性就会小很多）。青少年需要与同龄人在一起（学习亲社会行为），从而在不断变化的世界中立足。这样做可以让他们培养新的社会技能和关系技能，发展家人之外的支持性人际关系，这有助于青少年建立自己的地位和群体，并学会负责任。

这种驱动力不仅影响着青少年想要与谁待在一起，也影响着他们对社会排斥的敏感程度——对一些人来说，这可能是生死攸关的问题（就像一只被族群排除在外的瞪羚，更有可能成为捕食者的目标）。

作为父母，我们可能会无法想象当孩子意识到他们已经或可能被朋友排挤时，他们是多么的痛苦。我们可能认为他们与朋友之间的分歧是微不足道的，他们对潮流运动鞋或者手机的痴迷是不健康的，所以我们低估或无视他们的感受，这可能会无意中加剧他们的痛苦。在下一节中，我们将探讨这些强烈情绪背后的一些大脑科学，看看如何帮孩子发展健康的同伴关系，同时培养孩子对可能导致痛苦的事件的适应能力。但在此之前，让我们先看看人际关系是如何影响心理健康的。

> 💡 **百科时间**
>
> 青少年寻求成为社会群体一分子的原因是因为被欺凌、被歧视或感觉自己与同龄人不同（特别是那些被认定为性少数群体或神经多样性的年轻人）会给青少年带来痛苦，减少他们的幸福感。
>
> 有一些年轻人想要发展人际关系，但他们做不到。无论是因为被焦虑和情绪低落困扰、交友困难，还是因为他们认同的同龄人数量有限，缺乏人际关系都会加剧青春期的孤独感。他们的应对方式可能是进一步远离同龄人和成年人，而这往往会加剧焦虑和情绪低落，难以培养社交技能和建立支持性人际关系，并很有可能延续到成年。遇到这种困难的年轻人必须得到正确的帮助（在第三部分和第四部分中提到过），让他们感受到归属感、拥有与成年人和同龄人的联系，这将缓解焦虑、情绪低落和社会孤立等问题。

青春期大脑

丹·西格尔博士将青春期描述为"生命中最具勇气和创造力的时期"[70]。这一时期，孩子的大脑灵活且适应性强，能够鼓励他们尝试新事物（冒险），并以更强烈的方式感受情绪。这些变化给青少年和关心他们的成年人带来了好处，也带来了坏处。了解青少年的大脑有助于我们理解他们的一些行为，让我们可以鼓励积极的一面，防范消极的一面。

在第 4 章中，我们探讨了房子一样的大脑，可以帮助我们理解大脑发育的方式。神经科学告诉我们，大脑的不同部分以不同的速度发育。正如第 81 页所示，下层（情绪）部分在我们出生时就几乎已经发育完全。这部分大脑主要负责我们的安全。它由情绪驱动，可以激活战斗或逃离反应。上层（思考）部分是大脑的控制塔，它负责计划、组织、做出决定、控制冲动、语言交流，并让我们能够思考别人的想法。

在青春期，与快乐、兴奋和奖励相关的下层（情绪）大脑非常敏感，很容易通过冒险而被激活，而上层（思考）大脑的成熟速度较慢，直到二十四岁左右才会完全成熟。大脑中的这些变化意味着青少年可能会更强烈地感受到情绪，做出更冲动的决定，追求有回报、有刺激性，但存在风险的活动。虽然他们缺乏理性、容易冲动，但是他们讨论复杂话题和大千世界的能力可能会让我们感到惊讶。作为父母，我们希望孩子能够成熟地管理情绪和做出决策，同时也期望他们能够承担更多的责任、有更强的独立性，但有时这会让我们感到失望和矛盾。对于青少年来说，尽管他们的意图是好的，但他们仍然会犯错误，无法达到自己或他人的期望，这也可能会让他们自己感到失望。

然而，青少年的大脑正处于学习和完善技能的黄金时期（这也是为什么青少年在学习语言、新的运动、发展音乐才能方面通常如此出色）。这是因为上层大脑在青春期经历了戏剧性的微调（包括突触修剪和髓鞘形成）。用非专业术语来说，就是"要么使用，要么失去"。如果青少年经常使用特定的知识或技能，与之相关的神经通路将变得更加强大。如果他们不用，通路就不会形成，这意味着青少年如何度过他们的时间对于培养他们成年后的才能和习惯尤为重要。这些过程促进青少年大脑的整合发展，所以青少年连接上下层大脑的机会越多，这种连接就会越强——帮助他们平衡思考和感受，并给我们更多机会来加强我们作为父母的影响力。

压力的影响

研究表明，童年和青春期的慢性压力会影响青少年大脑的结构和功能，这也就能够解释青少年为什么越来越容易出现心理健康问题。压力的增加会让青少年更加依赖他们的下层大脑（对威胁更敏感），并减缓上层大脑的发育。如第223页所述，青少年在青春期养成的思维习惯（例如思维反刍）可能会维持到他们成年后，长期影响他们的思维方式。然而，青少年大脑可塑性（灵活性）的增强意味着，在正确的支持和指导下，他们也可以学习纠正这些思维习惯。看看下面的"百科时间"，了解睡眠和营养与青少年情绪和精力水平的关系。

> **· 百科时间 ·**
>
> 青少年睡眠困难是很常见的，这会影响情绪和精力水平。这可能是因为在青春期，昼夜节律（即我们入睡和醒来的生物学机制）发生了变化（请参见第20页和第149页，了解睡眠与幸福感之间的联系）。青少年困意来袭的时间通常比较晚，而且如果允许的话，也会较晚醒来。但是，当需要早起上学时，这种生物

学导致的睡眠模式变化就很棘手了。青少年可能没有足够的疲劳感，无法在上学期间早早入睡，也就达不到建议的八到十个小时的睡眠时间（只有不足三分之一的青少年能睡够八到十个小时）。他们会选择周末大睡一觉，或者放学回家后打个盹。然而，这些习惯可能会产生反效果，加剧晚上入睡困难的问题。青少年需要家人的帮助，以理解睡眠的价值以及如何获得高质量的睡眠（见第 219 页的重要建议）。

青少年在经历青春期的重大身体变化时需要更多的营养和热量。你可能会注意到他们喜欢的食物发生了变化，对高脂肪的食物开始感兴趣。雌性激素的增加可能会使女孩对糖的渴望更强烈，一旦开始来月经，她们对铁的需求量就会增加 33%。青少年需要更多的维生素和矿物质来促进他们的发育。请再次阅读第 21 页的建议，确保你的孩子得到他们所需的营养，从而保持健康、维持幸福感。

情绪和决策

在青春期，我们的孩子不仅想花更多时间与同龄人在一起，而且更容易受情绪影响，很难进行理性思考。这种强烈的情感和对良好感觉的渴望驱使年轻人尝试新事物、结识新朋友，并最终赋予他们探索世界和独立生活的能力。这带来了许多积极的因素，包括"精力、激情和活力"，我们经常把这些词和青春联系在一起。

问题在于，情绪的强度会在一天内迅速变化，让周围的人对这些无法解释的情绪波动感到困惑。与人际关系和友谊相关的情感可能会很极端（无论是坠入爱河还是关系决裂），可能导致冲动的行为。青少年更倾向于根据情绪（下层大脑）而不是逻辑和推理（上层大脑）来做决定。

做新奇的事情

与成人或儿童相比，青少年在进行新奇或冒险活动时，会经历更高水平的奖励激活。这是因为在经历涉及风险、危险或挑战极限的活动时，大脑中的奖励回路通过释放高水平的多巴胺（一种让人感觉良好的神经化学物质），从而产生一种追求新体验的动力。在做冒险的事情时感受到更大的刺激会鼓励青少年进行更多的冒险行为。一方面，这具有积极意义，因为它会令青少年产生一种尝试新事物的内在动力，鼓励独立性。而缺点在于，青少年更容易做出能带来刺激或兴奋感的决定，却忽视潜在的风险。这意味着他们可能会追求即时满足，而不考虑长期后果，更容易尝试像酒精和尼古丁这些有害健康的物质（见下面的百科时间）。

尽管青少年更喜欢冒险，但他们绝不会轻易拿自己的社交关系开玩笑（因为他们需要成为同龄人群体的一部分）。这会影响他们的决策（例如，冒着第二天身体不适或与父母发生冲突的风险参加派对喝酒）。研究表明，青少年受同龄人的影响比受成年人的影响更大，这意味着即使我们的孩子信任并依赖我们，他们仍然更倾向于受朋友的影响而非我们的影响。这样做的坏处在于，如果青少年只和同龄人接触（特别是那些有负面影响的青少年），不去接触或者排斥可信赖的成年人，他们可能会参加更危险的活动，并在同伴意见的推动下做出决策，从而对他们的生活产生不利影响。

这给父母们提出了一个两难的问题。我们知道，成功的同伴关系是孩子向成年过渡的关键。然而，如果孩子受其他青少年的影响过多（他们倾向于冒险和做出冲动的决定），那么我们作为父母应该怎么做？我们应该退一步让他们与朋友顺其自然地发展，还是应该控制并限制他们与朋友的联系？在《每个孩子都需要被看见》（Hold On to Your Kids）这本书中，加博尔·马泰（Gabor Maté）和戈登·诺伊费尔德（Gordon Neufeld）博士解释说，父母保护青少年过渡到成年的最好方法是改善与他们的联系和关系。在最后一节中，我们将讨论如何有效地做到这一点[71]。

💡 百科时间

研究表明，由于种种原因，青少年比成年人更容易酗酒和药物成瘾[72]。首先，他们更有可能被尝试这些物质的新奇感所吸引，尤其是如果他们的朋友也在这样做的话，他们就会更想做这件事（青少年和其他青少年在一起的时候会比自己一个人喝更多的酒）。其次，他们的大脑对烟酒的初始愉悦效应更为敏感，这会让他们在那一刻放下戒备，享受兴奋感和缓解忧虑。因此，处于较大压力或逆境中的年轻人可能更容易使用烟酒作为快速逃避情绪困境的手段。第三，由于他们的大脑仍在发育，经常饮酒/吸烟会改变大脑的奖励回路，使他们必须更加依赖这些物质才能感觉良好，增加他们在青春期和成年期的成瘾倾向。尼古丁是一种兴奋剂，越来越多的青少年开始抽电子烟，这使得人们对青少年随意就能接触到电子烟感到担忧，担心这对他们的健康和成瘾有潜在影响[73]。酒精和尼古丁的使用增加了他们做出冒险行为的可能性，使青少年受到伤害的风险增加。因此，对青少年进行教育并提供适当的限制可以帮助他们做出更好的决定，减少参与危险行为的可能性。在我们的孩子遇到麻烦之前就与他们达成协议，告诉他们如果处于困境中，可以向我们寻求帮助而不必担心后果，这会有所帮助。

父母的角色：从管理者到教练

我们的养育方式需要调整，以适应孩子成长为青少年后的变化。这种灵活性将帮助我们发展亲子关系，并积极地相互影响。克里斯汀·卡特（Christine Carter）在她的书《新青春期》（*The New Adolescence*）一书中提出了"从管理者到教练"的概念[74]。她建议我们在孩子小的时候就在他们的生活中扮演管理者的角色：安排他们的一天、准备他们的食物、挑选他们的衣服、计划他们的社交、指导并决定他们如何度过时间、和谁一起度过时间。随着我们的孩子进入青春期，这种管理者的角色变得难以维持，对他们的发展也没有帮助。我们的孩子需要学会成为自己的管理者，因此，我们从管理者的位置转变为教练，会对他们更有好处。为了让他们掌控自己的生活（我们作为教练在背后指导和支持他们），他们需要我们减少对他们生活的微观管理。

父母可能难以完成这种转变，并被困在管理者的角色中，这可能会导致一系列的紧张关系。如果孩子与我们疏远，而我们又努力保持着管理者的角色，我们可能会面临两种情况：

★ 孩子表面上听话，从不反驳什么，同意我们要求他们做的一切，但背地里，他们却在寻找掌控自己生活的方法，并向我们隐藏内心的困惑和想法，增加了他们的痛苦和孤立感。

★ 也有些孩子把叛逆写在脸上，表现为不服从、与同龄人形影不离、做更多冒险行为等。

这两种情况的问题都在于，他们无法向我们分享他们面临的挑战和困境，因此我们与孩子之间的鸿沟越来越宽。这意味着我们失去了以积极的关系支持和引导他们的机会。

我们通过将身份从管理者转变为教练，支持孩子自己做决定。通过鼓励他们同时使用情绪大脑和思考大脑，帮助他们建立更易调节且更完整的大脑。这是一项微妙而复杂的任务，因为作为教练，我们在孩子身上投入了情感，我们可能会目睹他们做出有悖于我们的决定。

当我们担心孩子的行为和举动时，我们可能会对他们加以控制，而这会让青少年觉得我们充满敌意。如果他们感到被误解，他们可能会通过反击或尝试通过更极端的行为来夺回控制权。我们也有可能会感到不知所措和无助，于是对他们撒手不管，不帮他们处理困难，希望他们能自己解决问题。无论是在哪种情况下，我们和孩子的关系都会变得越来越不好，导致我们之间关系紧张的问题也会升级。

青春期的界限感非常重要。教练的角色并不意味着要成为一个过于宽容的父母，让孩子做所有的决定，自己什么都不做。相反，它创造了一种关系和环境，在这种关系和环境中，你是一个支持性的合作者，不是指示他们做什么，而是用明确的期望来指导他们，不是只顾自己说话，而是倾听他们，给他们表达自己的空间。如果我们在他们表达自己的观点时给予关注，他们就会感到被重视和被倾听。从这样一个温暖又有界限感的角色出发，我们可以和孩子建立连接，陪伴他们走过未来的每一步（请使用第5章和第13章的沟通方法与他们谈话）。

父母与青少年交谈的重要建议

1. 相互尊重

你或许已经发现，当你与孩子分享信息时，他们往往会抵触。他们可能会对你的意见不屑一顾，表现出一副"我早就知道这些"的态度。他们身体和大脑的变化会让他们更注重社会地位，所以如果他们觉得自己被贬低或被忽视，他们很可能会拒绝合作。青少年对别人是否尊重自己很敏感，所以克里斯汀·卡特建议父母带着最大的尊重来和孩子交谈，就好像他们是世界上最重要的人（想象一下你的肢体语言、语气和说话内容）。这会立即将他们的大脑切换到接受和合作模式。这听起来好像违反直觉,尤其是当他们很粗鲁或很难相处的时候,但不妨试一试,效果会出乎意料。

2. 不要唠叨,而是问:"你的计划是什么?"

厌倦了一遍又一遍地重复一个要求吗?有没有发现,同一件事你要说好几遍,孩子才会有反应?他们是否听了你的唠叨("妈妈第五次叫我起床,可能我是得起床了")?相反,试着问:"你的计划是什么?"这可以培养一种合作解决问题的方法,他们可以在你的支持下承担主要责任(例如:"你有什么计划来保证充足的睡眠?")。

3. 学会失败

父母和青少年都会犯错,彼此之间的关系也会出现危机。我们能给孩子最好的礼物就是伸出橄榄枝,提供修复关系的机会。看到孩子做出不好的、大概率会带来痛苦和失望的决定,作为父母的我们可能会很难受,但这些经历其实都是生活的一部分。社会的期望会对孩子提出很高的标准。当青少年犯错时,我们要让他们知道,犯错并从中吸取教训是生活充实而有意义的一部分,从而减少他们由犯错引发的羞耻感。由此,他们也会明白支持性关系能帮助他们更安全有效地面对和管理失败。如果我们以身作则,让孩子们知道除了一直背负着错误,把它当作负担之外,还有另一种选择,就是放下错误,把它当作成功的垫脚石。这样一来,我们就赋予了他们勇气和宽恕的力量。

创造安全空间

在我的心理咨询谈话中,父母常常惊讶于孩子表现出的成熟和能干。我解释说,治疗师和孩子之间进行相互尊重的对话,远比父母与孩子容易。作为一名家长,我经常会陷入这样的误区:我对孩子们言行做出的反应往往由我的情绪控制。当我的女儿抱怨她和一个朋友闹翻时,我的第一反应是想说:"你看,我之前就警告过你,你们俩的关系会出问题。"然而,作为教练,我释放出的信号应该是:"我支持你,而不是对抗你。"因此,我不得不咬紧牙关听她的抱怨。当她感到被理解时,就是我提问的机会,于是我的女儿能够在一个安全的空间里解决她对友谊的一些问题。

我们的孩子处于各种压力、情感和困境之中。他们在一次次经历中尝试探索新奇且激进的想法,试着表达个性等。作为父母,我们可以为他们提供一个低风险的场所,让他们在那里处理这些情感和想法。如果我们有正确的心态,他们能在我们提供的更安全的空间里探索这些困境,而不是和同龄人一起处理这些事情。要知道同龄人不太能接受差异,也不太能帮助我们的孩子整合下层(情绪)大脑和上层(思考)大脑。

如果我们愿意,并且觉得我们有足够的情绪韧性来创造一个安全的空间,我们可能需要为谈论具有挑战性的话题做好准备,这些话题可能会引起我们的情绪反应,并把我们推出舒适区。我们必须承认,我们并不总是知道正确的答案,而且可能在某个话题上与我们的孩子有不同的看法。只有当孩子觉得这是一个安全的地方时,他们才能与我们进行建设性的对话,因此我们可能需要克制自己的反应,专注于他们所说的话。我们可能需要忍受一定程度的不适,忍受焦虑或不赞成的感觉。我们可能不同意他们的观点，或者当我们的孩子做出与我们不同的选择时，我们可能会感到困惑、害怕或担心他们走上一条弯路。确保我们在合适的时间、合适的地点，以合适的节奏进行这些对话（见第 99 页和第 107 页），使我们能够管理自己的内心世界，同时帮助孩子理解他们的内心世界。如果谈话变得激烈，不要不好意思叫停或要求在更合适的时间重新谈话（记住第 271 页的"暂停对话"）。重要的是，我们要教会孩子观察我们什么时候状态最好，这样他们就能更好地选择合适的时间来分享他们的困境。

信任的圈子

我们的孩子需要信任与他们讨论重要问题的成年人，所以即使我们不是他们唯一或最好的交谈对象，我们也要向他们强调，我们愿意并且有能力与他们对话。我们还需要一个强大的后援团来帮助我们应对这些艰难时期。从进化的角度来看，孤立地抚养孩子并不符合自然规律；从历史的角度来看，孩子们都是在集体中长大的，周围有其他孩子和成年人陪着他们。作为母亲，我也有属于自己的圈子或群体，我和我的孩子可以相信他们，并在适当的时候可以向他们寻求支持、指导和关怀。想办法为我们和孩子创造一个类似的圈子非常重要，否则他们能依赖的可能只有身边的同龄人。

在你的生活中建立一个可信赖的成年人圈子，让他们与你的孩子建立支持性关系，这对你和孩子来说都是至关重要的。这些人可以是值得信赖的学校工作人员、孩子参加的俱乐部的青年工作者，也可以是孩子的阿姨或叔叔、祖父母或朋友。找到成熟明智的成年人来和孩子相处，能够帮助我们维持与孩子的联系，并且让他们受到成熟明智的成年人的影响。在孩子们最不稳定、压力最大的时候，向这些人求助，请他们帮助我们和孩子。在关键时刻，这个后援团能让我们和孩子保持冷静，让我们控制住情绪，同时也向孩子们表明，在需要的时候是可以向别人寻求帮助的。

社交媒体的好与坏

社交媒体可能会给年轻人的生活带来额外的压力和干扰（一种无法逃离网络世界的感觉），但它也可以给予他们支持，让他们能够与同龄人或有共同语言的人建立联系，对于那些在身份认同上感到孤立的年轻人来说，他们可以找到共鸣并获得归属感。

年轻人受同龄人的影响很大，他们从同龄人那里获得的信息很大程度地影响他们三观的形成和所做的决策。如果他们在社交媒体上接触到不准确或有偏见的信息，他们会很容易受到影响，并且以不利于他们的方式使用这些信息。做一个像教练一样的父母，帮助孩子有取舍地使用社交媒体（更多关于社交媒体的内容请参阅第 3 章）。

日常习惯和仪式感

日常习惯和仪式感有助于年轻人获得安全感。找到一天中我们可预测的能与孩子们进行情感交流的时间，能够给我们提供更多与他们联系和亲近的机会。如果孩子开始相信，一天中有些时间他们可以和我们"无压力"地相处，他们就更有可能与我们进行有意义的对话。当然，这也会因每个家庭的情况而有所不同。我的小儿子是个早起的人，所以我们每天早上做的第一件事就是一起吃早餐和给他做午餐。他比我早睡，所以我总是在他睡觉前抽空陪他。我利用这段时间来放松并问他我感兴趣的问题，鼓励他分享自己的想法，也许会一起做一次感恩练习（见第 27 页）。我的大儿子喜欢在晚上做夜宵，所以我尽量在这个时候待在厨房，趁这段时间交流一下。我女儿喜欢提前说好我们什么时候在一起，并且不受他人干扰，因此我们约定在特定的时间一起看她喜欢的节目。这些都为保持联系提供了一个低风险且轻松的环境。通过划分出这段时间，孩子也能更了解父母——"我会把困扰我的事情留到妈妈情绪好的时候再跟她说，这样我可以畅所欲言，她也不会过度反应"。

定期花时间与朋友和家人在一起，并让孩子参与这些活动（可以是简单地与成年人坐在一起聊天，也可以是玩游戏），为我们在信任圈内与孩子进行有意义的对话提供了更多机会。

和孩子共度时间

当看到孩子逐渐疏远我们时，作为父母的我们可能会很难接受。我们之间关系的变化好像意味着孩子不再需要我们，我们也不能全身心地投入在他们身上了。悲伤的是，我们只能通过扮演一些管理角色，才能与他们保持联系。然而，在这样做的过程中，我们会发现，我们的大部分互动都是基于我们让他们做某些事或者不许做某些事。我们不应该害怕寻找与孩子高质量共度时光的方式。我们可以努力创造一个不被打扰的时间来和他们一起玩，重点是关注彼此之间的关系。我们可能需要根据他们不断变化的兴趣来掌握与他们相处的艺术，这需要我们具备一定的灵活性。

利用青少年对冒险的热情和竞争的渴望，我们可以让他们参与计划的制订，然后和他们一起进行活动。只要陪他们在院子里打打羽毛球或者篮球，他们就有机会展示身体优势，并且享受击败我们的乐趣！我总是很惊讶于青少年对玩桌游或看电影的喜爱程度，尤其当其他成年人在场时更是如此。计划一次散步活动，让他们来导航或者引路，这可能会很有趣，尤其是如果终点是他们感兴趣的地方。记住，只要放手让他们做，他们有能力把平凡变成非凡，只是这可能会给我们的生活带来一些冒险。

计划有益于身心健康的活动意味着你可以和孩子一起做对你的身心健康有益的事情。一开始，我们可能需要生拉硬拽着他们参加，或者讨价还价（例如："周六我送你去朋友家，周日你参加我安排的散步活动怎么样？"）。如果我们在活动中展现出积极的态度并且充分地参与其中，他们最初的抗议通常会消失。例如，我的女儿不喜欢散步，但对健身房很感兴趣。我不太喜欢健身房，但她需要成年人陪伴，所以这个活动正好让我们有更多的时间在一起。我可以利用女儿的热情和我自己尝试新事物的愿望（做一些我从未想过的事情，比如力量绳和跳箱训练），来鼓励自己做更多事情，让我们在一起的时光更快乐。与此同时，我的女儿也在我的激励下走出家门，远离屏幕，享受和我出去玩的乐趣，这就是双赢！找出适合你和孩子的方法，并列一个清单来帮助你们跳出思维定式。

角色和责任

我们的孩子在经济上依赖我们的时间比任何时候都长,这不利于培养他们的自主和独立意识。这也会限制他们可以参加的活动范围。为孩子创造机会,让他们在家庭中承担一些责任,这可以帮他们掌握成年所需的技能,并让他们能够为家庭生活做出有价值的贡献。我的孩子们轮流做饭,为全家人准备晚餐。作为一名单身在职母亲,孩子们做饭这件事从根本上改变了我的生活以及我晚上所面临的压力。他们也会因自己体会到做饭的辛苦而感激别人为做饭所付出的努力!我的大儿子能够做一些我力所不能及的事情,比如在家里和花园里干力气活,以及做一些高个子才能完成的任务。我很重视他的帮助,我能够以一种尊重和感谢的方式表达我的感激之情。

寻找方法来引导青少年发挥他们的优势和才能,对新奇事物产生渴望,同时让他们在家庭或社会中做出贡献,有助于他们成长为全面发展的成年人。这也为父母腾出更多的时间和他们一起玩耍(例如,如果他们已经把碗洗好或者把衣服晾好,父母可能就有时间和他们一起看电影)。鼓励青少年把精力投入运动、体育活动、艺术甚至兼职工作中,可以促进他们的学习、成长和发展。请看下面的活动,了解如何创造安全空间,建立更牢固的积极关系。

🎯 活动时间

想一想处于青春期的孩子。针对下面提到的四个领域，考虑以下问题，写下你可以做什么事情来创造安全空间、促进支持性关系。

信任的圈子	想想你信任的人（例如，家人/朋友/专业人士）。你怎样才能为你的孩子提供更多与他们相处的机会？你需要传递给孩子什么样的信息，让他们相信你是值得信任的成年人？
日常习惯和仪式感	思考一下你家的日常生活习惯。你什么时候最有精力陪伴孩子？写下一天中你可以承诺陪伴孩子的时间，并且这个时间对他们也适用。如果你们需要一起探讨时间，请与孩子进行合作性对话。
和孩子共度时间	想想你孩子喜欢的活动。尽量安排时间与孩子一起放松并享受这些活动，而不是指导或唠叨他们。记住：有舍才有得——看到你走出舒适区之后，你的孩子才更愿意走出他们的舒适区。
角色和责任	想想你的孩子的长处和优点。他们如何利用这些来为家庭做贡献？他们需要什么样的帮助才能适应新的角色？给他们支持和空间。例如，如果他们要做晚餐，让他们来选择做什么菜。快手菜就是一个不错的开始。想想他们喜欢或擅长什么，并鼓励他们加入有组织的集体。

/ 案例研究 /
克拉拉的故事（第二部分）

第 270 页介绍了克拉拉的故事。她是一个十七岁女孩，正在与情绪低落作斗争。理解了青春期面临的独特挑战之后，我们可以继续探讨克拉拉的妈妈该如何帮助她。

问题

克拉拉说自己总是想和朋友联系或者和朋友一起玩。当她们在一起相处顺利时，她会觉得非常开心。但是她经常觉得妈妈阻止她见朋友，这导致了母女关系的紧张。为了保证和朋友们有共同话题，克拉拉花了很多时间在社交媒体上关注最新热点。她担心如果不这样做，朋友们就不会喜欢她，她就会被排除在朋友圈之外。有时，当她和朋友出去玩时，她会做一些自己不确定的事情（比如在派对上喝酒），因为这让她感到兴奋，而且她担心如果不这样做就显得不合群。克拉拉经常在与朋友见面之前感到焦虑，担心自己出洋相。有时，当她和朋友相处不顺利时，她会非常沮丧。这种情况不仅发生在她和朋友见面的时候，也发生在她回复群聊信息的时候。她会在脑海里反复地想这件事（思维反刍），于是变得情绪低落。她不会在这种时候寻求妈妈的帮助，因为她担心妈妈的反应，害怕妈妈不同意她再出去找朋友玩。

妈妈担心克拉拉的朋友对她的情绪和行为产生过多影响。她发现她们的友谊变化莫测，担心只要事情稍有变动，克拉拉就会过分在意。自从克拉拉去参加派对，喝得酩酊大醉并病倒之后，她对克拉拉的信任度就下降了。她觉得克拉拉不再愿意和她一起共度时间，也不想听取她的任何建议。与克拉拉如此疏远让她感到非常难过。

机会

克拉拉渴望社交往来和认可，这意味着如果她的妈妈能够使用本书中的一些方法，就有很大机会重新与女儿建立联系，并提供克拉拉所需的支持和安慰。首先，克拉拉的妈妈可以考虑创造一些情境，拉近她们之间的距离。她没有对克拉拉晚上总是待在房间里这件事放任不管，而是用了 GIVE 原则（第 269 页），问她想不想像去年一样，每天晚上和妈妈一起看点什么。妈妈补充道："我真的很喜欢和你一起。"尽管克拉拉最初对这个想法嗤之以鼻，但妈妈一直兴致勃勃地邀请她，承诺给她准备最喜欢的零食，并愿意看克拉拉想看的任何东西。克拉拉和妈妈建立了一个新的生活习惯，那就是晚上 9 点一起看克拉拉想看的节目。妈妈在这段时间里努力做到全身心放松和投入，表现出对节目的兴趣（即使她不太喜欢这类节目）。在这个时候，当克拉拉提到一些关于朋友的事情时，她会运用沟通技巧（第 101 页），以友善和好奇的方式回应，充分认可克拉拉的感受。克拉拉逐渐打开了话匣子。有时，当克拉拉敞开心扉时，妈妈不得不控制住自己的恐慌情绪，但她已经开始懂得，她需要先认可克拉拉的感受，才能和她一起探索其他想法，找出解决问题的方案。如果她以尊重和不带评判的态度与克拉拉交谈，克拉拉似乎会更认真地听取她的建议。通过换位思考，妈妈认识到在克拉拉看来，被朋友接受和做有趣的事情有多么重要，她对克拉拉的焦虑和渴望更有同情心。随着时间的推移，克拉拉和妈妈建立了一种理解——当克拉拉在某件事上拿不定主意时,她的妈妈可以通过设立清晰的界限来保护克拉拉,比如不能在派对上过夜。克拉拉和妈妈都认识到与成年人交谈的价值,交谈过后能够帮助她们解决很多问题。克拉拉的阿姨既有趣又值得信赖,所以克拉拉的妈妈问她是否可以帮忙接送克拉拉上下学,这样克拉拉就经常有机会与另一个成年人交流。她们一致认为让克拉拉参加今年的大学话剧试镜是个好主意。这会让她更专注,有机会做一些新的、令人兴奋的事情,还有时间和她非常喜欢的话剧老师一起相处。在克拉拉妈妈温柔的坚持下,她们每天都会找时间简单地聚聚,而且妈妈不再阻止她和朋友出去玩或者自己独处,她们之间的关系改善许多。她们发现了彼此的另一面,克拉拉学会了在周围成年人的支持下处理青春期的高潮和低谷,提升了她的归属感和自信心,对自己和自己在世界上的位置也有了更清晰的认识。

我们想让青少年知道什么

作为父母,我们可以引导孩子在他们长成大人的过程中发挥他们独特的潜能和优点,在他们遇到困难时帮助他们,在他们失败时鼓励他们。这并不容易,而且很多时候,即使我们做得很好,这些事的困难程度和我们为此付出的精力也会让我们觉得自己失败了。重要的是,不要让我们对可能出错的恐惧阻碍我们与孩子的关系,更不要影响我们对他们的优点和长处的认知(例如,我女儿喜欢尝试一切有趣的事情,而我担心这会给她带来危险,也就无法欣赏和赞同她性格中的这一点)。带着对孩子的爱和在这本书中学到的一切,我们可以成为最好的自己,并鼓励他们成为同样的人。

活动时间

根据你在本章中所读到的内容，你想告诉孩子什么？用纸和笔给你的孩子写封信，告诉他们你想让他们知道的事情。这封信不必很长，只要能够分享在我们忙碌的日常生活中有时会忽视的东西就可以了。例如，当我读到这一章时，我想告诉我的女儿："我觉得你很棒。你充满活力，你拥有大自然最美好的能量，虽然有时我限制你做一些事，这可能让你觉得我在抑制你的热情，但我真的很为你骄傲。我希望你能相信我，让我帮你成为更好的自己。和你共度时光是我觉得很重要的事。我想向你学习，因为你对世界的看法令人耳目一新，你向我诠释了生活中所有的可能性。我相信任何事你都能做到。"是否与孩子分享这些取决于你自己。

小 结

- 从童年到成年的过程涉及许多身体和社会关系的变化。
- 青少年大脑中发生的变化意味着他们更容易受朋友和强烈情绪的影响，渴望尝试新鲜事物和冒险活动。
- 这些变化需要我们调整与青少年的相处方式和教育他们的方式。从管理者到教练的角色转变，能够鼓励青少年向我们寻求指导和帮助。
- 我们可以通过以下方式帮助青少年与可信赖的成年人建立积极的关系，从而增强他们应对压力的能力：
  ★ 在孩子的周围建立一个可靠的成年人圈子；
  ★ 建立日常习惯和仪式感，让孩子在需要帮助时可以联系到我们；
  ★ 和孩子们一起出去玩，做一些能够增进彼此关系的活动；
  ★ 鼓励他们承担责任，发挥自己的优势，为家庭和社会做出贡献。
- 与青少年保持沟通，感受他们独特而令人兴奋的能量，并找到更好地理解和了解他们的方法，这将有助于你们双方建立一种终生受益的积极关系。

后 记

postscript

最近，我去看了本地高中演出的音乐剧《歌舞青春》。现场有三百多名儿童、青少年、成年人和老年人。我们都被带入了青少年的世界，探索他们生活中的高潮和低谷。这个耳熟能详的故事被这些年轻人精彩地演绎出来。它向我们呈现了不被理解的痛苦，受人欢迎背后面临的困扰，对摆脱父母期望的渴望，新恋情带来的兴奋，对可能成为竞争对手的人的厌恶，被误解的孤独感，不同群体之间意外联盟的喜悦，以及在背景不同的情况下，被接受和归属感带来的奇妙感受。音乐、歌唱和舞蹈捕捉到了青春期的活力和多样性。青少年通过扮演角色，清楚地表达了他们在这段时期遇到的困境、风险和机遇。

演出接近尾声时，一百多名孩子站在舞台上尽情歌唱，脸上洋溢着喜悦和兴奋，他们因观众的反应而对自己的表演感到非常满意。我情不自禁地流下了眼泪。

这些孩子们在快乐中显得如此美丽，那么自信，那么充满活力。这些十一岁到十八岁的年轻人，他们的经历、生理特性、特长和才华都各不相同，每个人都对未来怀有不同的希望和梦想。我意识到他们每个人的故事都并不简单。孩子们的童年经历、家庭背景各不相同，而那些能够让他们登上舞台参与演出的优秀父母们，他们也曾经历过独特的困境和挑战。在这里，

后记

在一些才华横溢、尽职尽责的成年人（同样的，这些成年人也都有自己的故事）的指导和带领下，孩子们共同合作、互相学习、互相支持，呈现了这场精彩的演出。每一位年轻演员在登台表演时都必须面对自己的脆弱，他们相互支持，相信自己，并希望得到别人的信任。我能看到其中的勇气和承诺，他们提醒着彼此，只要团结一致，他们就可以做出伟大的事情。

我的眼泪中夹杂着复杂的情绪。这一刻的喜悦会留在每个孩子的心中，在往后艰难的日子里提醒他们："我可以做伟大的事情。"我感恩学校话剧团的存在，在这里，我们所有人，无论年龄大小，都可以聚在一起，庆祝这场音乐剧对生活的完美演绎。最后，我为一些与我合作过的家庭感到悲伤，他们也很想和孩子一起参加这样的演出，但却做不到，因为他们没有及时得到所需的帮助。这个简单的时刻对我来说蕴含着复杂的情感，反过来又赋予了这个时刻强大的意义。

学会与自己和他人的脆弱建立联系需要勇气。当你读完这本书时，我希望你能在书中找到新的理解，获得新的希望，并且不要太过苛责自己，因为你正承担着世界上最复杂但最有意义的角色之一：为人父母。

练习表和活动

简单的善举活动练习表

挑战：

一天内完成三个善举，每周两次。

善举：

帮助他人或给他人带来快乐的或大或小的事情，需要你付出一些努力（以时间或金钱为代价）。

如何取得最好效果：

- ★ 不要仅限于做单一类型的活动。
- ★ 头脑风暴一下，列举你在不同类别的活动中可以做的善举。
- ★ 使用下面的头脑风暴框，与孩子一起想出不同类型的善举。
- ★ 记住，人们往往在行动之前会觉得：
  - 做善举会很尴尬（而其实并非如此）；

- 这种行为不会产生多么积极的影响（而其实它会）。[75]

★ 记住，善举最重要的是让别人受益（尽量不要期望从你帮助的人那里得到回报）。

★ 确保让孩子自己决定何时、何地以及为谁完成善举。

头脑风暴：写下你能想到的不同类型的善举（例如，给迷路的同学带路；主动联系朋友，确认他们是否安好；注意到别人做得好的事情并夸奖他们；帮忙拎购物袋；为家庭活动烤一个蛋糕）。

"幸福算盘"练习表

使用第319页的插图，查看"幸福算盘"的每一行，探索孩子在每个领域的表现——哪些方面做得好，哪些方面可以改进。孩子可能会喜欢给珠子涂色。

要记住三件重要的事情：

★ 答案没有对错，这是孩子从自己的角度探索这些领域的过程。它提供了对话和分享想法的机会。

★ 孩子如何用数字来评价他们的体验是由他们自己决定的。例如，孩子可能天生喜欢在各个类别中使用较高的分数（可能普遍是7~9分），或者较低的分数（3~5分）。我儿子觉得5分对他来说是个不错的平均分，因此在他的描述中，大部分分数都在5分上下。他并不以追求10分为目标，这样很好。分数之间的差异才是关键，你要做的是去探索那些进展顺利的事情和他们可能正在努力解决的事情之间的差异。

★ 没有哪个分数是绝对好或绝对坏。你不需要在所有领域都达到10分。你探索的是日常生活中发生的自然变化。尽量避免对数字进行评判（例如，"真糟糕，这项怎么只有2分"或者"太棒了，你打了7分"）。相反，好奇地询问为什么是这个打分以及它是如何与幸福感联系在一起的。我们要努力地帮助孩子们理解，他们的生活中可能会发生一些事情，影响他们的感受和行为，这都是正常的。我们也试图帮助他了解，当他们遇到困难时，他们可以做些什么来让自己的身心感觉好一点。

让他们给每一项打分，10分是满分（1分代表最差，10分代表最好）。使用以下的解释帮助他们理解"幸福算盘"每个领域的重要性。如果你发现孩子在某一领域遇到困难，请花些时间好奇地了解原因，以及孩子的生活中发生了什么可能会影响这个领域的事情。这可以：(1) 认可孩子的感受；(2) 给你提供一些有帮助的想法。

1. 与他人建立联系："给我讲讲你的人际关系怎么样/你和别人相处得怎么样。我指的是家人（你的爸爸妈妈、兄弟姐妹），以及学校的朋友和老师。"你的孩子可能会给不同的关系打不同的分数（例如，家人6分、朋友4分、老师3分、体育教练7分）。告诉他们："得到身边人的支持，会让你觉得生活很美好。有时候，大家吵架或闹矛盾，或者我们失去了生命中重要的人，都会让我们感到担心、难过。这时候，感受到别人的理解和关心就会让我们好很多。我们都喜欢有归属感，这就是家庭、朋友和学校如此重要的原因。"（如果在这个领域遇到问题，请参见第6章。）

2. 体育活动："我们的身体活动也会在很大程度上影响我们的感受。能够四处走动、锻炼、参加体育运动、去户外进行身体活动对我们的身心感受都非常重要。仅仅十分钟的体育活动就能起到不错的效果。"（更多建议，请参见第 153 页。）

3. 睡眠："我们的睡眠非常重要，因为在睡觉的过程中，我们的身体进行自我修复，同时大脑也能得到适当的休息。当我们第二天醒来时，就可以集中精力、认真学习，而不是看谁都烦。如果睡眠不好，我们会对事情更加忧虑。有时我们也会出现入睡困难和半夜醒来的问题。"（更多帮助请参见第 219 页。）

4. 饮食："我们什么时候吃东西、吃什么东西都会影响我们的能量水平和情绪。我们一天需要吃三顿饭（早餐、午餐和晚餐），通常在两顿饭之间还要吃点零食。如果我们饮食不规律，或者吃太多含糖食品，我们可能会发现自己更容易心烦意乱。"（更多帮助请参见第 21 页。）

5. 专注："专注是指我们停止思考未来和过去，而是聚焦于当下。一个很好的例子是，当你走路去学校时，你是在关注冷 / 暖空气在你皮肤上的感觉，关注天空的颜色，周围的世界，还是忙于思考脑海中的想法或接下来会发生的事？提高专注力可以让我们欣赏更多事物，防止我们陷入忧思无法自拔。"（更多帮助请参见第 67 页和 179~180 页。）

6. 不断学习："我们的大脑喜欢学习新事物。学习新事物能让我们感觉良好，尤其是当我们以不同的方式学习的时候。例如，通过看在线视频、读书、玩游戏、与他人交流感兴趣的话题、动手练习新的技能（绘画、运动、音乐），都可以学到新东西。学习也会增强我们的信心。不过有时候，我们在学校学的东西可能太难了，会让我们感到挫败，不觉得学习是一种享受，同时失去信心。也有时候，我们学的东西太过简单，也会让我们失去兴趣或者感到无聊。让我们想想你在生活中的哪些地方能学到新东西（例如，学校、家庭、俱乐部）？"（请参见第9章和第11章，获取活动策划方面的帮助。）

7. 给予："赠人玫瑰，手有余香。你都给了别人什么？可能是你的时间、感情，也可能是你对他人的帮助和倾听。善举就是一种给予的行为。"（见第27页的活动）。

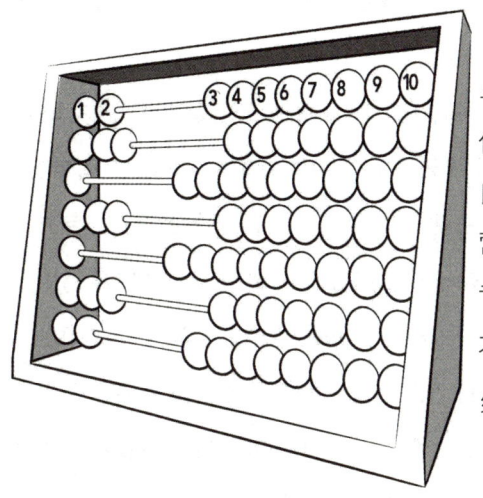

与他人建立联系
体育活动
良好的睡眠
营养充足的饮食
专注
不断学习
给予

有助于丰富谈话内容的重要建议

★ 你可以用评量询问（第30页）来找出哪些方面已经做得很好（例如，"是什么让你打了4分而不是5分呢？"或者"为什么从5分变成4分呢？"），以及哪些方面需要改进和提升（如，"做些什么改变就能从5分变成6分呢？"）

★ 如果你发现孩子在一周的不同时间都出现问题，你可以

练习表和活动

> 想想这一天和另一天比起来有没有什么区别（例如，周六和上学日相比）。有些孩子喜欢上学日的井井有条，而对缺乏安排的周末感到无所适从。也有些孩子觉得上学日会限制他们做自己喜欢的活动。这种讨论有助于你们共同解决问题，无论是在一周的其他时间加入更多日程安排或者感兴趣的活动，还是建立起不同活动与幸福感之间的联系。
>
> ★ 如果你们想探索那些很难改变但是产生了影响的事物，可以问："如果我用魔法让它凭空消失了，会和现在有什么不同？你的行为会有什么变化？你的一天会有什么变化？"有时，不一定非要解决某个问题，只要鼓励孩子做些不一样的事情即可（例如，我儿子说他在学校感到无聊是他的主要问题。我问他，如果我把它变没了，会有什么改变？他说，那他就不会再因为无聊而走神了。他不会在课上跟不上老师，学习成绩也就不会落后。然后我们就能够考虑其他帮助他的方式）。

发脾气循环练习表

想想你或孩子可能会在什么情况下发脾气。

写下接下来发生了什么行为。写下这些行为给对方带来的感受。写下这些感受带来的行为上的反应。

是什么情况（例如，被责备）或感受（例如，羞耻、愤怒、感觉不被爱）

触发了一开始的情绪失控？再深入一层。如果是愤怒，那么愤怒背后的感受是什么（例如，害怕失败、不公平）？可以采取哪些行为或传递哪些感受来缓解或打破这种循环？

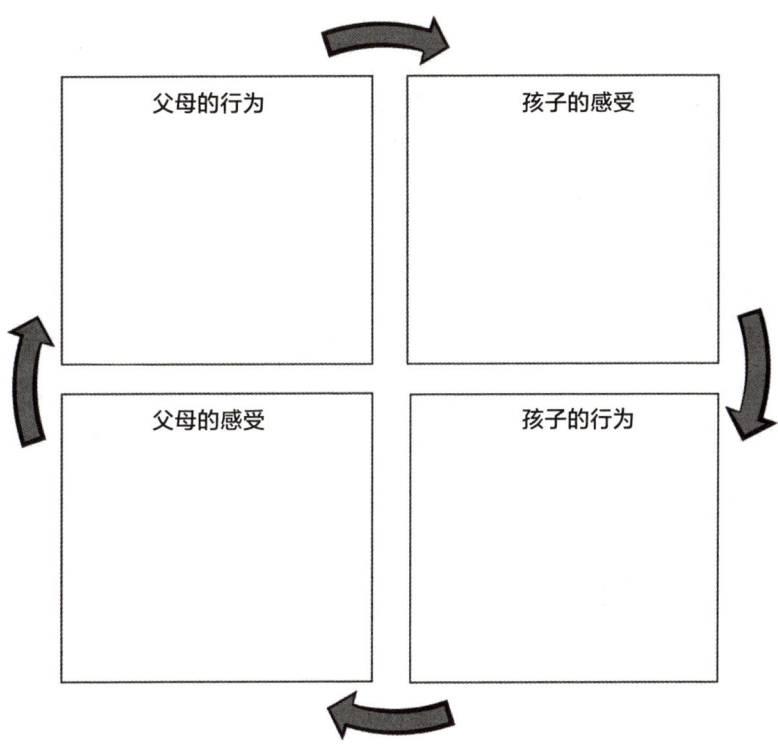

身体—想法—感受练习表

想一个你的孩子因焦虑和担忧而试图逃避的活动或情况。

和孩子一起把下面的表格填写完整。

1. 问问你的孩子，当他们想到这种情况时，他们的身体感觉如何。（可以使用第 323 页的战斗或逃离身体图,指出他们的反应。)

2. 让他们描述一些可能出现的想法(例如,"我做不到")。

3. 和他们一起思考能用什么行为来避免或应对这种活动和情况(请参阅第 187~188 页的示例行为)。

身体 (有何感觉)	想法 (在想什么)	行为 (做了什么)

战斗或逃离身体图练习表

请看下面的身体图示。使用这张图表,帮助孩子回想一下他们最近感到焦虑的时刻。回忆当时身体上有什么感觉,并给那些出现的感觉涂上颜色。

聊聊身体为什么会出现这些感觉。可以让他们给整个区域上色。（网络上有很多解释压力反应的视频，找一段讲解战斗或逃离反应的视频给孩子看可能会有所帮助，它可以解释身体上为什么会出现这些感觉。）

向他们解释这些感觉并不意味着他们有危险或者生病了。相反，这些感觉是身体帮助他们远离危险的一种方式。回到第147页。解释烟雾报警器在没有火时也会报警。

一起想想孩子可能会感到焦虑的情况。判断他们是否身处危险之中。

现在翻到第152页，解释一下如何用呼吸缓解压力反应。

一起做这些练习。

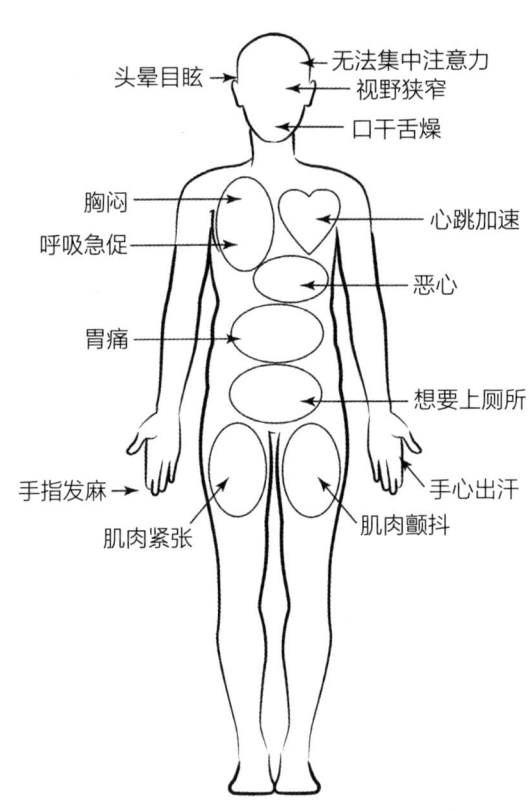

日常习惯练习表

和孩子回顾一周的日常活动。找出可预测的压力因素。想出一些适合他们且容易融入他们日常生活的办法,帮助他们自我平衡压力(例如,早晨的压力 = 准备上学;放松方法 = 深呼吸、活动一下身体、走路去上学。下午的压力 = 回到家发现每个人都很忙;放松方法 = 在家找一个安静的地方,做自己喜欢的活动来放松身心。晚上的压力 = 担心第二天的事情;放松方法 = 听音乐、画画、写日记、和爸爸妈妈一起看自己喜欢的节目)。

日期	早晨 (压力/放松方法)	下午 (压力/放松方法)	晚上 (压力/放松方法)
周一			
周二			
周三			
周四			
周五			
周六			
周日			

思维侦探练习表

和孩子一起完成这张表格，帮助他们：

★ 注意到那些无益的想法；

★ 好奇地质疑这些想法的真实性，而不是轻易相信它们就是事实；

★ 想想这些想法是如何影响事情的结果的。

记得温柔地陪伴孩子完成这个活动，不要妄加评判，并且鼓励孩子用自己的语言来表述。尽量不要替他们解决问题。耐心地等待他们自己的想法。分析完无益的想法之后，再分析一次有益的想法，看看结果会不会有所不同。

描述情况	描述想法	**证据**（哪些事实证明了这个想法的真实性？） **选填**（对于这种情况或可能出现的结果还有什么其他解释？）	接下来发生了什么？
	你为什么担心？ 你觉得会发生什么？ （这种情况）让你担心的是什么？	你为什么认为（这种情况）会发生？ 这种情况以前发生过吗？ 如果之前发生过，你是怎么处理的？ 你曾经看到过这种情况发生在别人身上吗？ （这种情况）发生的可能性有多大？如果可能性很大，你能做些什么来帮助你应对这种情况？ 你能想想除此之外还会发生什么吗？ 如果（这种情况）确实发生了，还可能有其他原因吗？ 如果别人处于同样的情况，你会怎么想？ 如果另一个孩子或者他们心目中的偶像处于这种情况下，他们会怎么想？ 你如何测试这个想法的真实性？	你的孩子是怎么想的？ 你的孩子做了什么？ 你的孩子感觉如何？

勇敢行为梯子练习表

　　使用梯子来帮助你确定一个目标（你想要实现的某件事，但焦虑让你无法做到这件事），把这个目标放在最上面。

　　制订实现这个目标的小步骤。为每个梯级评定你的焦虑程度，满分为10分。梯子底部的事情最不容易引发焦虑，越往上越容易引发焦虑。重复做每一个阶梯上的事情，直到它们不再让你感到特别焦虑，或者焦虑值到达你可接受的范围内。然后，向梯子的更高一阶迈进。重复这件事，直到你准备好移动到再高一阶。利用呼吸法、应对焦虑的方法和解决问题的能力，帮助自己完成每个阶段的任务。渐渐地，你会达到自己的目标。如果某项任务比预期的难度大，你可以再迈回之前的一阶。如果你卡在了某个阶段，请回去看看第8章的"解决问题"相关活动。

日期/时间	活动	成就感	亲密感	享受感

当日情绪得分：0 分 = 非常低落、不开心；10 分 = 非常兴奋、开心

推荐阅读

It's All About Bodd: Helping Little Humans Manage Big Feelings - Lindy Wheeler and Tom Lawley (The Human Toolbox Company, 2019).

It's All About Bodd: Parent and Teacher Guide - Lindy Wheeler and Tom Lawley (The Human Toolbox Company, 2019).

Nodding Off: The Science of Sleep from Cradle to Grave - Alice Gregory (Bloomsbury, 2018).

Stuff that Sucks: Accepting What You Can't Change and Committing to What You Can - Ben Sedley (Robinson, 2015).

The Art of Feeling Better: How I Heal My Mental Health (and You Can Too) - Matilda Heindow (Vermillion, 2023).

参考文献

1 Peytrignet, Sebastien, et al., 'Children and young people's mental health: Covid-19 and the road ahead', The Health Foundation (2022).

2 Plewes, Joseph, 'Analysis: the rise in mental health demand', NHS Confederation (2022).

3 'What is mental illness?' (no date), Psychiatry.org 请访问：https://www.psychiatry.org/patients-families/what-is-mental- illness (Accessed: 27 March 2023).

4 Mate, G., and Mate, D., The myth of normal: Trauma, illness and healing in a toxic culture (Vermillion: London, 2022).

5 Perry, B., 'Bonding and attachment in maltreated children' (no date), rip.org.uk. 请访问：https://fosteringandadoption.rip. org.uk/wp-content/uploads/2016/01/bonding-and-attachment-in-maltreated-children.pdf (Accessed: 28 March 2023).

6 Brady, Ann Marie, et al., 'Chronic illness in childhood and early adolescence: A longitudinal exploration of co-occurring mental illness', Development and Psychopathology, vol. 33 (3), pp. 885–98 (2021).

7 'Covid-19 pandemic triggers 25% increase in prevalence of anxiety and depression worldwide' (no date), World Health Organization. 请访问：https://www.who.int/news/item/02-03-2022-covid- 19-pandemic-triggers-25-increase-in-

prevalence-of-anxiety-and-depression-worldwide (Accessed: 27 March 2023).

8 Aked, Jody, et al., 'Five ways to wellbeing: Communicating the evidence', New Economics Foundation (2008).

9 Perry, p. 28.

10 Peng, Biao, et al., 'Parenting style and adolescent mental health: The chain mediating effects of self-esteem and psychological inflexibility', Frontiers in Psychology, vol. 12 (2021).

11 'Picky eating in children' (2020), YouTube. 请访问: https://www.youtube.com/watch?v=pMcxiYb4ANc&t=913s (Accessed: March 27, 2023).

12 Kabat-Zinn, J., Wherever you go there you are: Mindfulness meditation in everyday life (New York: Hyperion, 1994).

13 Galante, Julieta, et al., 'Mindfulness-based programmes for mental health promotion in adults in nonclinical settings: A systematic review and meta-analysis of randomised controlled trials', PLoS Medicine, vol. 18 (1), (2021).

14 Cregg, David R., and Cheavens, Jennifer S., 'Healing through helping: an experimental investigation of kindness, social activities, and reappraisal as well-being interventions', The Journal of Positive Psychology (2022) DOI: 10.1080/17439760.2022.2154695

15 Davies, Sally C., et al., 'United Kingdom Chief Medical Officers' commentary on "Screen-based activities and children and young people's mental health and psychosocial wellbeing: a systematic map of reviews"', Department of Health and Social Care (2019).

16 Orben, Amy, and Przybylski, Andrew K., 'The association between adolescent well-being and digital technology use', Nature Human Behaviour, vol 3, pp. 173–182 (2019).

17　Making sense of media, 'Children and parents: media use and attitudes report 2020/21', Ofcom (2021).

18　House of Commons Science and Technology Committee, 'Impact of social media and screen-use on young people's health: Fourteenth Report of Session 2017–19', Parliamentary Copyright House of Commons (2019).

19　House of Commons Science and Technology Committee, p. 60.

20　Making sense of media, 'Children and parents: media use and attitudes report 2020/21', Ofcom (2021).

21　Lieberman, Daniel Z., and Long, Michael E., The Molecule of More How a Single Chemical in Your Brain Drives Love, Sex, and Creativity and Will Determine the Fate of the Human Race (Dallas: BenBella Books, 2019).

22　Granic, I., Lobel, A., and Engels, R. C. M. E., 'The benefits of playing video games', American Psychologist, vol. 69(1), pp. 66–78 (2014). https://doi.org/10.1037/a0034857

23　Poldrack, R., 'Novelty and testing: When the brain learns and why it forgets', Nieman Reports (2015). 请访问: https://niemanreports.org/articles/novelty-and-testing-when-the-brain-learns-and-why-it-forgets/ (Accessed: 27 March 2023).

24　Csikszentmihalyi, M., Finding Flow: The Psychology of Engagement With Everyday Life (New York: Basic Books, 1997).

25　Siegel, D. J. and Payne Bryson, T., The Whole-Brain Child Workbook: Practical Exercises, Worksheets and Activities to Nurture Developing Minds (Wisconsin: PESI Publishing & Media, 2015).

26　Golding, K. S., 'Connection before correction: Supporting parents to meet the challenges of parenting children who have been traumatised within their early parenting environments', Children Australia, vol. 40(2): pp. 1–8 (2015); Golding, K.

S., and Hughes, D., Creating loving attachments: Parenting with PACE to nurture confidence and security in the troubled child (London: Jessica Kingsley, 2012); Siegel, D. J., and Payne Bryson, T., The Whole-brain child: 12 proven strategies to nurture your child's developing mind (Robinson, 2012); Perry, B., and Szalavitz, M., The boy who was raised as a dog (Basic Books, 2017).

27 Siegel, D. J., The Developing Mind: Toward a Neurobiology of Interpersonal Experience (New York: The Guildford Press, 1999).

28 Siegel, D. J. and Payne Bryson, T., p.115.

29 Siegel, D. J. and Payne Bryson, T., p.115.

30 Aldao, Amelia, et al., 'Emotion-regulation strategies across psychopathology: A meta-analytic review', Clinical Psychology Review, vol. 30(2), pp. 217–37 (2010).

31 Golding, K., and Hughes, D. Creating loving attachments: Parenting with PACE to nurture confidence and security in the troubled child. (London: Jessica Kingsley Publishers, 2012).

32 Treisman, Karen, Working with Relational and Developmental Trauma in Children and Adolescents (Abingdon: Routledge, 2016).

33 Eger, E., The Gift: 12 Lessons to Save Your Life (London: Rider Books, 2020).

34 Brown, B., 'Dare to lead list of values', (2022). 请访问: https://brenebrown.com/resources/dare-to-lead-list-of-values/ (Accessed: 27 March 2023).

35 Murray, L., et al., 'The development of anxiety disorders in childhood: an integrative review', Psychological Medicine, vol. 39(9), pp. 1413–23 (2009).

36 Banissy, M., When we touch: Handshakes, hugs, high fives and the new science of why touch matters (London: Orion Spring, 2023).

37 Kozlowska, Kasia, et al., Functional Somatic Symptoms in Children and Adolescents: A Stress-System Approach to Assessment and Treatment, eBook (Cham: Palgrave Macmillan, 2020).

38 Anderson, Elizabeth, and Shivakumar, Geetha, 'Effects of exercise and physical activity on anxiety', Frontiers in Psychiatry, vol. 4 (27), (2013).

39 Kozareva, Danka A., et al., 'Born this way: Hippocampal neurogenesis across the lifespan', Aging Cell, vol. 18 (5), (2019).

40 Kozareva, Danka A., et al., p.173.

41 Tseng, J., and Poppenk, J., 'Brain meta-state transitions demarcate thoughts across task contexts exposing the mental noise of neuroticism', Nat Commun 11, 3480 (2020).

42 Tseng, J., and Poppenk, J., p.182.

43 Courtney E. Ackerman, M.A., 'Self-fulfilling prophecy in psychology', PositivePsychology.com (2023). 请访问: https://positivepsychology.com/self-fulfilling-prophecy/ (Accessed: 27 March 2023).

44 Butler, G., and Hope, T., Manage your mind: The mental fitness guide (Oxford: Oxford University Press, 2007).

45 Harris, R., ACT made simple: An easy-to-read primer on acceptance and commitment therapy (New Harbinger Publications, Inc., 2009).

46 Pennebaker, James W., and Smyth, Joshua M., Opening Up by Writing It Down: How Expressive Writing Improves Health and Eases Emotional Pain (New York City: Guilford Publications, 2016).

47 Wood, Alex M., et al., 'Gratitude and well-being: a review and theoretical integration', Clinical Psychology Review, vol. 30(7), pp. 890–905 (2010).

48 Eatough, Erin, 'Learn how to start journaling. It's a ritual worth the time',

BetterUp (2021).

49　Björkstrand, Johannes, et al., 'Decrease in amygdala activity during repeated exposure to spider images predicts avoidance behavior in spider fearful individuals', Translational Psychiatry, vol. 10(1), p. 292 (2020).

50　Schopf, Kathrin, et al., 'The role of exposure in the treatment of anxiety in children and adolescents: protocol of a systematic review and meta-analysis', Systematic Reviews, vol. 9(1), p. 96 (2020).

51　Eatough, Erin., p.222.

52　Depressive disorder (depression) (no date) World Health Organization. 请访问: https://www.who.int/news-room/ fact-sheets/detail/depression (Accessed: 31 May 2023).

53　Moncrieff, Joanna, et al., 'The serotonin theory of depression: a systematic umbrella review of the evidence', Molecular Psychiatry (2022).

54　Bloom, Sandra L., 'The Sanctuary Model: Developing Generic Inpatient Programs for the Treatment of Psychological Trauma', Handbook of Post-Traumatic Therapy, A Practical Guide to Intervention, Treatment, and Research, edited by Williams, Mary Beth, and Sommer, John F., Jr. (Greenwood Publishing, 1994), pp. 474–91.

55　NICE guideline [NG134], 'Depression in children and young people: identification and management', National Institute for Health and Care Excellence (2019).

56　Ilardi, Steve, The Depression Cure: The Six-Step Programme to Beat Depression Without Drugs (London: Vermilion, 2010).

57　Siegel, Daniel J., Brainstorm: The Power and Purpose of the Teenage Brain (London: Scribe, 2014); Reynolds, Lauren M., and Flores, Cecilia,

'Adolescent dopamine development: connecting experience with vulnerability or resilience to psychiatric disease', Diagnosis, Management and Modeling of Neurodevelopmental Disorders: The Neuroscience of Normal and Pathological Development, edited by Martin, Colin R., et al. (Elsevier, 2021), pp. 295–304.

58 Roberts, Henrietta, et al., 'Mechanisms of rumination change in adolescent depression (RuMeChange): study protocol for a randomised controlled trial of rumination-focused cognitive behavioural therapy to reduce ruminative habit and risk of depressive relapse in high-ruminating adolescents', BMC Psychiatry, vol. 21(1), p. 206 (2021); Kujawa, Autumn, and Burkhouse, Katie L., 'Vulnerability to Depression in Youth: Advances from Affective Neuroscience', Biological Psychiatry: Cognitive Neuroscience and Neuroimaging, vol. 2(1), pp. 28–37 (2017).

59 Plewes, Joseph., p.255.

60 Lieberman, Daniel Z., and Long, Michael E., p.256.

61 Pass, Laura, and Reynolds, Shirley, Brief Behavioural Activation for Adolescent Depression: A Clinician's Manual and Session-By-Session Guide (Philadelphia: Jessica Kingsley Publishers, 2020).

62 Robbins, M., The 5 Second Rule: The Fastest Way to Change Your Life (New York: Post Hill Press, 2017).

63 Morgan, Catharine, et al., 'Incidence, clinical management, and mortality risk following self harm among children and adolescents: cohort study in primary care', British Medical Journal (Clinical Research Ed.), vol. 359, (2017).

64 Kuehn, Kevin S., et al., 'A meta-analysis on the affect regulation function of real-time self-injurious thoughts and behaviours', Nature Human Behaviour, vol. 6 (7), pp. 964–74 (2022).

65 Rathus, Jill H., and Miller, Alec L., DBT Skills Manual for Adolescents

(New York City: Guilford Publications, 2014).

66　Young, J. F., Mufson, L., and Schueler, C. M., Preventing adolescent depression: Interpersonal Psychotherapy – adolescent skills training (Oxford University Press, 2016).

67　Young, J. F., Mufson, L., and Schueler, C. M., p.299.

68　Leppanen, Luke I., 'The Changing Perspective on Adolescence', Conspectus Borealis, vol. 6(1), (2020).

69　'Health-Related Quality of Life (HRQOL): Well-Being Concepts', Centers for Disease Control and Prevention.

70　Siegel, D. J., Brainstorm: The Power and Purpose of the Teenage Brain (London: Scribe Publications, 2013).

71　Neufeld, Gordon, and Maté, Gabor, Hold On to Your Kids: Why Parents Need to Matter More Than Peers (London: Vermilion, 2019).

72　Bava, Sunita, and Tapert, Susan F., 'Adolescent brain development and the risk for alcohol and other drug problems', Neuropsychology Review, vol. 20(4), pp. 398–413 (2010).

73　Eardley, Frank, 'Vaping among teens: A growing trend?', House of Lords Library (2022).

74　Carter, Christine, The New Adolescence: Raising Happy and Successful Teens in an Age of Anxiety and Distraction (Dallas: BenBella Books, 2020).

75　Cregg, David R., and Cheavens, Jennifer S., p.344.

致 谢

我一直有写书的想法。当时我想,我能做到。然后我的确做到了。但不是"我"做到了,而是"我们"做到了。对于每一位为我撰写本书做出贡献的人,我对你们的感激之情无以言表。这本书鼓舞我们在一生中不断地经历和学习,去相信一切皆有可能。去尝试,别怕失败;去适应,终会成功。害怕是人之常情,但要学会勇敢;最重要的是:你不是一个人。

首先,我要感谢我的家人,包括帕特森家族(Paterson's)和莫斯利家族(Mosley's),感谢你们给我带来的独一无二的体验。尤其是我的三个可爱的孩子,他们给我的生活带来了平静和混乱,但我永远不能没有他们。我爱他们胜过世界上任何其他事物。如果没有他们,我就无法发自内心地写出这本书。在整本书中,我窥探了他们的内心世界,感谢他们让我向读者分享他们的脆弱之处。我的父母和兄弟姐妹对我现在的成就和未来的发展做出了很多贡献,感谢你们的支持。

接下来是我的啦啦队员,我很幸运有很多人支持我。在我写书的过程中,以及在生活和为人父母的旅程中,那些亲爱而真诚的朋友们给了我很大的帮助。

多年来,我有幸遇见许多年轻人及其父母,并与他们共事。他们让我理

致 谢

解生命和爱、痛苦和勇气。他们是我从事这项工作的原因，也是我写这本书的原因。他们激励并鼓舞着我，让我相信人类精神世界的强大。他们也让我知道了家庭的重要性。

多年来，在我帮助年轻人恢复心理健康的过程中，得到了许多重要人士的支持。有太多的人，我无法一一提及，但我想分别感谢以下这些人：让我在学校里施展才华的道恩（Dawn）和海伦（Helen）；我的学校心理学团队——他们让许多想法成为可能，并对许多人的生活（包括我的生活）产生了非常大的影响；Nest 的汉娜·塔克韦尔（Hannah Tuckwell），我的守护天使（你知道我在说你）；最后也是最重要的是，英国国家医疗服务体系，它在许多层面上支持我的发展和成长，并对儿童心理健康做出持久的贡献。

这本书包含了我在过去二十多年的职业生涯中学习和内化的许多观点和理论。我感谢所有这些了不起的研究人员、理论家和临床医生，他们为这个领域做出了贡献，我已经把他们的想法融入了我对世界和他人的理解中。我无法列举或引用所有人的想法，但对于我已经列举的人，我希望我没有曲解他们的意思。

感谢我的文学经纪人劳拉·麦克杜格尔（Laura Macdougall）和联合代理公司（United Agents）的团队，他们很快就相信了我的想法，并帮助我将其变为现实。感谢我的编辑米雷尔·哈珀（Mireille Harper），与她的密切合作让我感到非常愉快，她帮助我展现了我的写作天赋！与优秀的蓝鸟（Bluebird）团队合作也是一件快乐的事情，他们和我一样热衷于与他人分享这本书，最重要的是，他们有专业知识来做到这一点！同时感谢维白·夏尔（Vimbai Shire）和维多利亚·戈登（Victoria Godden）出色的文字编辑和校对工作。感谢卡洛琳·弗兰德（Caroline Friend）对有声书的大力支持和她对此的付出。这是一次意义非凡的经历。

最后，克里斯（Chris），你恰好在我开始写这本书的时候出现在我的生活中，之后一直耐心且坚定地支持着我。多亏了你对插图的灵感，让这本书变得生动起来。谢谢你。

著作权所有，请勿擅用本书制作各类出版物，违者必究。

图书在版编目（CIP）数据

我们的孩子还好吗 /（英）贝丝·莫斯利著；大南南译. 一长沙：湖南教育出版社，2024.5

书名原文: Happy Families

ISBN 978-7-5754-0104-3

Ⅰ. ①我… Ⅱ. ①贝… ②大… Ⅲ. ①儿童心理学② 儿童教育－家庭教育 Ⅳ. ①B844.1②G782

中国国家版本馆CIP数据核字（2024）第090198号

Copyright 2023 by Dr. Beth Mosley MBE

Simplified Chinese edition copyright: 2024 Hunan Education Publishing House

All rights reserved.

湖南省版权局著作权合同登记章字：18-2023-276号

WOMEN DE HAIZI HAI HAO MA

我们的孩子还好吗

出 版 人：刘新民
责任编辑：陈慧娜
特约编辑：胡　晓
封面设计：凌　瑛
出版发行：湖南教育出版社（长沙市韶山北路443号）
电子邮箱：hnjycbs@sina.com
网　　址：www.jiaxiaoclass.com
微 信 号：家校共育网
客服电话：0731-85486979
经　　销：全国新华书店
印　　刷：湖南省众鑫印务有限公司
开　　本：710 mm×1000 mm　1/16
印　　张：22.25
字　　数：260 000
版　　次：2024年5月第1版
印　　次：2024年5月第1次印刷
书　　号：ISBN 978-7-5754-0104-3
定　　价：78.00元

本书若有印刷、装订错误，可向承印厂调换。